四川大学
学业指导丛书

创新引航发展

——大学生学习发展
指导工作新探

主编／刘晓虎　卢　莉

副主编／朱晓萍　杨　琴　吴近名　钱祉祺　黄小虎

四川大学出版社
SICHUAN UNIVERSITY PRESS

图书在版编目（CIP）数据

创新　引航　发展：大学生学习发展指导工作新探 ／
刘晓虎，卢莉主编 . — 成都：四川大学出版社，
2022.12
　　ISBN 978-7-5690-5941-0

　　Ⅰ . ①创… Ⅱ . ①刘… ②卢… Ⅲ . ①大学生－学习
－发展－研究－中国 Ⅳ . ① G645.5

　　中国国家版本馆 CIP 数据核字（2023）第 017749 号

书　　名：创新 引航 发展——大学生学习发展指导工作新探
　　　　　Chuangxin Yinhang Fazhan——Daxuesheng Xuexi Fazhan Zhidao Gongzuo Xintan
主　　编：刘晓虎　卢　莉

选题策划：宋彦博　刘一畅
责任编辑：宋彦博
责任校对：刘一畅
装帧设计：墨创文化
责任印制：王　炜

出版发行：四川大学出版社有限责任公司
　　　　　地址：成都市一环路南一段 24 号（610065）
　　　　　电话：（028）85408311（发行部）、85400276（总编室）
　　　　　电子邮箱：scupress@vip.163.com
　　　　　网址：https://press.scu.edu.cn
印前制作：成都完美科技有限责任公司
印刷装订：四川五洲彩印有限责任公司

成品尺寸：170mm×240mm
印　　张：20
字　　数：410 千字

版　　次：2023 年 4 月 第 1 版
印　　次：2023 年 4 月 第 1 次印刷
定　　价：78.00 元

扫码获取数字资源

四川大学出版社
微信公众号

目　录

学业指导体系研究

以学业指导引领新时代优良
学风建设的探索与实践
——以四川大学为例 ①

卢莉

（党委学生工作部）

摘　要：学业指导是高校学生思想政治教育工作的新领域，是引领新时代学风建设的重要支撑。结合学业指导工作实践特点，从构建学业指导体制机制、搭建学业指导工作平台、推进重点工作开展等多方着力，探索开展学业指导工作，是学风建设的重要内容，也是引领和促进学风建设提质增效的有力支撑。

关键词：学业指导；学风建设；引领

学习是大学生最核心的任务。开展帮助大学生获得学业成功的学业指导工作，提升学生学习成效，是引领新时代优良学风建设的原动力。

一、学风建设与学业指导

（一）新时代加强大学学风建设的重要性

2017 年 10 月，党的十九大全面开启建设高等教育强国新征程，我国高等教育从大众化阶段迈入普及化阶段。同时，世界新科技革命和产业变革的时代潮流对全球高等教育提出了新的要求。站在全球变革浪潮和中华民族伟大复兴的历史交汇期，

---

①　本文系四川省 2021—2023 年高等教育人才培养质量和教学改革项目"基于大数据的大学生学习行为分析及质量提升研究"（JG2021-65）成果。

我国高等教育积极应变，努力与时代同频共振。2018年6月，150所大学汇聚成都，在新时代全国高等学校本科教育工作会议上共同发出《一流本科教育宣言》（又名"成都宣言"），提出了"坚持以本为本、推进'四个回归'（回归常识、回归本分、回归初心、回归梦想）是高等教育改革发展的基本遵循"，对高校日益突出的学风问题进行系统纠偏，以改变"玩命的中学、快乐的大学"这一教育"倒挂"怪象。同年9月，在中国特色社会主义进入新时代、全面建成小康社会进入决胜阶段的大背景下，党中央隆重召开新时代第一次全国教育大会，进一步提出了培养德智体美劳全面发展的社会主义建设者和接班人，是"教育服务中华民族伟大复兴"的重要使命。教育部于2019年印发《关于深化本科教育教学改革全面提高人才培养质量的意见》，明确要提升学业挑战度，要让"学生忙起来、教师强起来、管理严起来、效果实起来"，明确"提高人才培养质量"是新时代高等教育所有工作的主题和目标，要求各高校扎实践行。

优良学风既是高校立校之本，也是学生成长成才之本。习近平总书记在全国高校思想政治工作会议上的讲话中曾就学风建设特别指出："一所高校的校风和学风，犹如阳光和空气决定万物生长一样，直接影响着学生学习成长。好的校风和学风，能够为学生学习成长营造好气候，创造好生态，思想政治工作就能润物无声给学生以人生启迪、智慧光芒、精神力量。"加强大学学风建设，开创学风建设新局面是新时代高校的重要任务。

（二）国内外高校学业指导工作开展情况

"学业指导"作为一个概念性词语，是一个舶来品，在我国有许多不同的译法。普遍认为，Burns Crookston 和 Terry O'Banion 首次提出学业指导（Academic Advising）的定义。美国学业指导协会 NACADA（National Academic Advising Association）认为，学业指导是一种发展性的过程，它帮助学生认清他们的人生和职业目标，并通过教育来帮助他们实现这些目标。这是一个决策过程，学生通过和指导者的交流获取信息，认识到自己所受教育可能带来的最大潜能。[①]

从全球高等教育发展历程来看，学业指导工作已经在欧美大学中推进了超过一个世纪，形成了自己独特的理论与实践体系，成为专职且专业的大学教育领域，并已然成为主流高校教育评估的一项重要标准。专职专业的学业指导被欧美学者称为"结构化"教育活动，保障了学生获得个性化的学业支持。以美国而言，该国的学业指导工作已经历孕育期（17世纪—19世纪70年代）、专职化时期（19世纪70年代—20世纪70年代）和专业化时期（20世纪70年代至今）三个阶段，是从整体学生工作中分化、发展出来的一个有机分支。

---

① 耿睿，詹逸思，沈若萌. 中国高校学业指导手册 [M]. 北京：清华大学出版社，2017：3-5.

我国高校开展专业化学业指导工作的历史仅十余年，尚处于起步阶段。2010年，教育部高等教育教学评估中心编制的《中国高等教育评估词汇》中对"大学生学业指导"的解释是"高等院校对在校生进行的学术与非学术、课内与课外、大学学习与终身学习乃至职业生涯规划等在内的所有学习活动的指导。内容包括学习思想与观念、学习目标与内容、学习方法与手段、学习心理与道德等。目的是最大限度地挖掘学习潜力，拓宽学生受教育经历，帮助学生顺利地完成学业，培养学生的学习能力，促进学生更好的发展。"[①] 2014年4月，教育部颁布的《高等学校辅导员职业能力标准（暂行）》，将学业指导作为单独的一项职能提出，并制定了相应标准。2015年，北京教育工作委员会出台《关于推进北京高校学业指导工作的意见》，首开地方教育部门推动高校学业指导交流的先河。

在教育主管部门的带动下，国内高校积极探索开展学业指导工作。2009年，清华大学在国内高校中率先成立了学生学习与发展指导中心，2017年出版了《中国高校学业指导手册》，主办了两次全国高校学业辅导工作研讨会。此后，许多高校相继成立了专门的学业辅导机构，配备了专兼职的咨询师，有力支持了优良学风建设和人才培养质量提升。近几年，在国家加快建设世界一流大学和一流学科战略的推动下，高校学业指导工作蓬勃发展。据清华大学一项针对"985工程"高校学业指导工作的调查显示，截至2019年，全国39所"985工程"高校中，已有26所高校成立了校级学业指导机构，占比67%。[②]

二、以学业指导引领新时代优良学风建设的探索与实践

笔者经过多年来对所在高校学生学情问题的调查，发现学生在学习上主要存在学习困境不能有效解决、学习的内生动力不能有效激发、第一课堂与第二课堂不能有机衔接且成效低及吸引力弱、学生教育管理工作针对性与实效性不强等几大痛点。因此，笔者结合多年的教育教学与管理实践，在学业指导工作中针对上述痛点进行了理论探索与实践，以期从根本上发挥优良学风对学生成长成才的引领作用。

（一）构建学业指导体制机制

1. 建立"1+2+N"的学业指导工作体系

"1"即一个平台（线下为"思学"学生发展辅导工作室，线上为"SCU思学"微信平台），"2"即两支队伍（专业导师队伍和"大川小思"朋辈导师队伍），"N"即N个工作模块。在该体系下开展学业指导工作，可以做到"尊重个性，因材施教"，

---

① 教育部高等教育教学评估中心.中国高等教育评估词汇[M].北京：高等教育出版社，2010.

② 耿睿，詹逸思，沈若萌.中国高校学业指导手册[M].北京：清华大学出版社，2017：49.

既解决优秀学生的发展问题，也解决困境学生的出路问题，同时做好普通学生的学习教育与引导。

2.建立"四阶四向"的学业指导体系

"四阶"是指学业指导工作的四个层级，随着学生的成长而逐阶提升，包括难度课程学习、创新思维训练、科研能力提升、学业职业发展。其中有两条主线贯穿始终：一是提升学生的学习力（包括学习动力、学习毅力、学习能力）；二是提升学生的全球胜任力，推进全球胜任力培养融入四川大学人才培养全过程。"四向"是指开展学业指导工作的四个向度，包括新生适应指导、困难学生学业促进、优秀学生学业发展、全面发展学习力培养。"四阶四向"的学业指导体系明确了学业指导工作的主要内容及实施路径，以阶梯式指导模式解决不同年级学生学业及发展重点问题（见图1）。

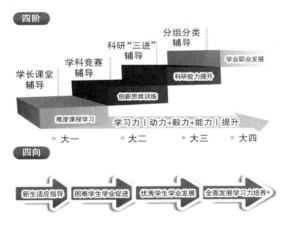

图1　"四阶四向"学业指导体系

（二）搭建学业指导工作平台

笔者所在的工作单位四川大学党委学生工作部（以下简称学工部）根据对本校的学情分析及学生的实际需求，并借鉴国内外高校的有益模式，围绕学业指导工作，建立了"线上＋线下"工作平台。学工部"思学"工作室成立后，吸纳了包括各学院党委副书记、辅导员，学工部、教务处管理人员等在内的学业导师41人，朋辈学业导师112人，开展一对一咨询、"学长微课"、团体辅导等线下学业指导工作。建立了"SCU思学"公众号，关注学生超过12000人；建立了11个日常学习答疑QQ群，群成员10000余人，产生了广泛的影响。2019年，学校提供了专门的场地，在江安校区建立"四川大学学业与发展支持中心"，面积超过3000平方米，用以全面支持学业指导工作的开展，发挥线下学业指导工作的引领与带动作用。

（三）推进重点工作开展

1. 制定工作实施方案

在新时代背景下，四川大学将提升核心竞争力作为学校人才培养的重点任务，提出"增强学生学业发展内在动能，扎实提升核心竞争力"，形成《四川大学学生核心竞争力提升实施方案》。在学校开展的新时代本科教育大讨论中，笔者所在的学工部牵头制定了学生核心竞争力提升实施方案。经过广泛调查和研讨，我们确定将思想政治教育与学生成长发展有机结合，进一步推进学风建设，实施本科生"专业素养提升工程""学业发展指导工程""全球胜任力培养工程"，夯实学生基础理论、基本知识和基本技能，为学生继续深造奠定坚实根基，激发学生成长发展的内生动力；遵循学生成长规律，推进"分阶段""个性化"的学业指导体系建设，绘制好学生学业成长图谱；成立校院两级学业发展服务指导队伍，依托学校"思学"学生发展辅导工作室和学院"教师辅导团队"及"朋辈辅导团队"，充分发挥学业发展指导对人才培养的作用，建设"思学"以学育人品牌，根据学科特点形成"一院一品"的风格。

2. 开展针对性学业指导

要改善学风现状，必须以学生为中心，找准学生的需求，"对症下药"，梳理出学业指导工作中的关键节点、关键环节和关键工作，并将这些工作落细、落小、落实。具体来说，一是开展学生学业需求的现状调查与分析；二是绘制学业指导工作图谱，该图谱面向三类学生（普通学生，学业困难、家庭经济困难、少数民族等特殊群体学生，学业优秀学生），包括四大板块——基础课程提升、学习素质提升、创新科研能力提升、国际视野提升；三是梳理对应的学业指导关键节点工作，绘制工作时间线。

（四）把握好实践工作的特点

学风建设、学业指导均是实践性非常强的工作，具有十分鲜明的特点。一是覆盖面广。学习发展是每个大学生都面临的成长要求，是每个大学生都必须关注的，需要去解决的问题也非常多。二是个性化特征突出。学生在学业上面临的困境类型很多，基础问题、竞赛问题、科研问题、发展问题、心理问题等，学业指导需要个性化开展才能取得实效。三是贯穿立德树人主线。育才首先要育人，要在学业指导工作中贯穿立德树人主线，提高工作团队的协作力与业务能力，应对学生学习发展的需求与挑战。四是需要科学化、专业化。学业指导工作要遵循大学生学习成长规律，针对学生学业共性及个性问题，"对症下药"，并及时反馈，不断改善，螺旋上升。

三、学业指导对学风建设的促进作用

学风建设和学业指导工作是大学育人工作中的重要一环，是解决学生成长成才需要的重要抓手，也是落实学生思想政治工作的重要内容。学业指导工作的实施过程本身就是促进学风建设的重要渠道，"以生为本"的学业指导服务机制的实践过程也是加强学风建设的过程。要将学风建设与理想信念教育、校园文化建设、心理健康教育、日常管理服务等工作统筹安排，整合资源、汇聚力量，化无形为有形，整体推进，构建多序列、多层次、多要素统一协调运行机制，使学风建设更加具体化、可操作。

（一）学业指导和学风建设具有同源性

习近平总书记在全国高校思想政治工作会上强调："高校思想政治工作必须同鼓励学生端正学风、严谨治学统一起来，让学生在刻苦学习中确立科学精神、锤炼品行情操。"作为新时期高校学生思想政治教育工作的重要内容，学业指导和学风建设均聚焦学生学习这一核心任务，从不同方向着力，帮助学生提高学习成效，并通过工作的开展提高学生思想水平、政治觉悟、道德品质、文化素养，促进学生成长成才。

（二）学业指导与学风建设具有同向性

习近平总书记说："高校应该成为使人心静下来的地方，成为消解躁气的文化空间。教师要静心从教，学生要静心学习，通过研究学问提升境界，通过读书学习升华气质，以学养人，治心养性。"优良学风具有教化引导和熏陶浸润作用，对学生的学习习惯、学习动力、学习目标乃至思想品德、意志品质、行为方式都会有积极的影响。专业、科学的学业指导则能直接帮助学生从学习习惯、学习方法、学业规划等方面提升学习成效，促成优良学风的形成。

新时期加强学业指导，以科学化、专业化指导帮助学生完成学业任务，引领和带动优良学风建设，是学风建设提质增效的有效抓手。四川大学自2019年开展学业指导工作以来，学生的基础能力得到明显提升，国内外深造率从2019年46.11%提升至2022年的55.05%，学生培养出口质量显著提高。

新时期加强学风建设，是大学培养高素质人才的重要条件。学业指导既是学风建设的重要内容，也是其提质增效的有力支撑。近年来，国内高校学业指导工作蓬勃发展，但还存在专业教师和辅导员参与学业辅导的意识和能力有待提升、理论创新和实践创新有所欠缺、高校学业指导体系还未完全构建形成等问题，学业指导专业化、职业化之路尚处于起步阶段，还需高校加大力度、加快推进。

"三全育人"视域下大学生学业指导工作体系建设研究①

张琦　李双　黄倩

［华西公共卫生学院（华西第四医院）］

摘　要： 学生学业发展水平是反映高校办校和人才培养质量的重要标尺。大学生学业指导是促进学生成长成才、提升学业水平、培育科学思维能力的重要手段。近年来，全国各高校持续强化大学生学业指导，做出了一定理论探索和实践。结合"三全育人"理念、大学生身心特点和学业发展需求，构建"1+1+3+5"模式的学业指导工作体系，即"一个中心、一支队伍、三大平台、五套体系"，为高校学业指导工作高质量发展提供参考。

关键词： 大学生；学业指导；体系建设

大学阶段是大学生世界观、人生观和价值观形成的关键时期。高校作为培养社会主义现代化建设者和接班人的重要阵地，在课程设置、第二课堂、校园生活、课外活动等多方面的统筹把握和方向引导上，都扮演着重要的角色，发挥着方向标和指挥棒的作用。在推进高校"双一流"建设过程中，应强化大学生学业指导，根据学生的学习目标、需求、定位，充分利用校内外教育教学资源，全员、全过程、全方位地精准施策，使大学生在学业发展的方案制订和规划实施上得到个性化指导，从而促进学生全面发展，提升学生专业素养和钻研精神，提高人才培养质量，推进

① 基金项目：四川大学 2021 年研究生思想政治理论研究课题"高校研究生危机管理理论与实践"（2021YSZ16）。

教育强国的建设进程。

一、基于"三全育人"理念的学业指导的内涵和要素

"三全育人"作为新时代高等教育内涵式发展的战略性要求，是习近平总书记关于教育的重要论述的关键内容[①]。将"三全育人"理念贯穿于高等教育学业指导中，需要广大教育工作者牢固树立大局意识和全局观念，对大学生思想政治教育、文化传承教育、学术科研能力等方面作系统谋划、统筹推进，锻造学生优良的意志品格、高尚的道德情操，激发学生自我革新、奋发有为的内生动力，不断提升学生的学业水平和综合素质，全面服务于学生成长成才。

（一）树立正确的发展理念

国家教育改革发展的关键是全面提升人才培养质量，这也是建设教育强国的迫切要求。根据"双一流"建设高校培养目标要求，须将学生发展目标定位作为核心，通过学业指导，促进大学生提高自我认识，结合性格、兴趣，明确发展目标和定位，科学设计发展规划，充分挖掘潜能，提高自信力、人际交往和沟通能力、分析问题和解决问题能力、组织协调和统筹运作能力等，从而提升大学生核心竞争力。

（二）构建完备的学业指导体系

高校应结合学生需求和目标定位，针对不同学科、专业、年级学生，分层分类制定学业指导方案。例如：结合专业课程体系特点和安排，科学设置学业指导课程；融入第二课堂、课外活动，增强指导的灵活性；开展个性化指导，分阶段进行精准施策。学业指导团队应涉及教学、学工、研工、管理等多个部门，囊括专业教师、辅导员、班主任、学业导师、管理人员、学生等多个角色，将人力资源统筹起来，形成优质高效的学业指导团队。

（三）建立完善的评估机制

学业指导工作的实施情况最后都要体现在学生的学习成效上。在开展学业指导的过程中，应实时对阶段性工作开展情况进行调查研究，了解学生的学习体验和对自身发展目标定位的进一步思考，以定性与定量相结合的方式，评估学业指导措施的有效性和针对性，及时优化学业指导方案。

[①] 新华社.中共中央 国务院印发《关于加强和改进新形势下高校思想政治工作的意见》[EB/OL].（2017-2-27）[2022-6-20]. http://www.gov.cn/xinwen/2017-02/27/content_5182502.htm.

二、目前高校学业指导工作存在的问题

近年来，我国高校多措并举推进大学生学业指导工作。组织架构上，相继建立了学业发展中心、工作室等，组建了指导队伍。课程建设上，设置了学业指导相关课程，包括思想政治教育课、研究生综合素质课、职业生涯规划课、就业指导课、主题讲座等。但总体来看，我国的大学生学业指导工作还处在成长发展期，各地的发展不均衡，仍存在诸多问题。有研究发现，我国高校学业指导工作多存在重视程度不够、满意度不高、效果不理想等问题[①]，主要有以下几个方面的表现。

（一）大学生学业发展意识不足

本科学习阶段，部分大学生尚未适应从高中紧张且节奏感强的学习状态到大学自主学习状态的转变，思想上未高度重视，未形成良好的学习习惯，学习主动性不强、动力不足，缺乏目标感，专业意识不够牢固。研究生阶段，部分学生对研究型人才的认识不够充分，未很好地形成探索性、创新性思维。有研究表明，不少本科生和研究生有较大学业压力[②]，其中多数还会因学业压力出现心理困扰甚至心理健康问题[③]，且学业压力的增大也是研究生心理症状产生的重要因素[④]。

（二）学业指导的主体力量作用发挥不够

高校建立的师资力量、学生组织、行政管理等多位一体的育人格局，理论上可为学生学业发展提供较为全面的人力保障。但在实际运行过程中，各类角色的作用是否有效发挥，值得深究。以辅导员为例，作为学生工作的骨干力量，辅导员在学业指导工作中应该既是主力军也是重要的协调员，但在实际工作开展中则会遇到多种问题：有的认为这项工作不是辅导员的本职工作；有的因自身专业背景与所管理学生专业背景不契合，认为该工作超出自己能力范围；有的则因日常管理等工作占用时间较多而未能深入学习掌握学业指导技能，只能以督促学习、交流谈心等方式对学生进行简单引导。

---

① 尚航，张德祥.我国大学生学业指导状况研究——基于全国56所高校的实证调查[J].中国高教研究，2019（9）：74-79.

② 陈雪飞.疫情防控背景下大学生学业压力特点调查研究[J].曲靖师范学院学报，2021，40（1）：30-35.

③ 武路广.大学生心理健康状况与学业成绩的相关性——基于某农业大学1399名大学生的调查[J].山西高等学校社会科学学报，2021，33（8）：39-43.

④ 侯环.新时代背景下研究生心理健康问题及对策[J].山东农业工程学院学报，2018，35（9）：168-171.

（三）学业指导体系系统性和针对性不强

当前，参与学业指导工作的部门涵盖学工部、研工部、研究生院、教务处、团委等多个部门，多数是根据各自主管事务开展相应指导工作。从实施效果来看，学生虽然能通过各种形式接受各类指导，如新生入学专业教育、班主任交流会、学长分享会、深造就业指导讲座、职业发展规划讲座等，但由于缺少统筹安排，上述学业指导工作的系统性不足，实际效果并不十分理想。同时，从学生需求出发的精准学业指导还未充分实现。

三、构建基于"三全育人"理念的大学生学业指导工作体系

针对上述问题，高校应立足国家人才需求，根据自身人才培养目标定位，以服务学生成长成才为中心，构建多学科融合，"全员、全程、全方位"协同育人的学业指导工作体系。

（一）设立一个体系完备、功能齐全的学业指导中心

高校要大力推进学业指导中心的实体化运行。校级层面的学业指导中心主要负责统筹协调和全校阶段性工作的安排部署。中心应配备固定场所，设置功能性办公区、咨询区以及主题活动室等，日常有工作人员负责运营维护。鼓励二级学院根据学院规模，结合学科和专业特点，设立院级指导中心或辅导站。其指导主题包括大学学习生活适应、学习方法技能、交流沟通技巧、职业生涯规划、科研能力训练等。应按照学业进程，分年级、分阶段确定指导重点，为学生提供分类指导和个性化的培养。

（二）组建一支素质过硬、能力卓越的学业指导队伍

学业指导的师资是高校教师队伍中的重要力量，高校应充分发挥学业指导队伍的关键作用，强化指导队伍责任意识，提高指导队伍思想政治素质，坚持教书、管理和育人相统一。可以辅导员、班主任、党团干部、行政管理人员、后勤管理人员等教职工群体为主，离退休教师、优秀学生、学生组织、校友资源以及家长等多方力量为辅，形成系统的育人资源，积极引导各方人员发挥各自优势，促进"全员育人"的最大功效发挥。其中，应尤其注重发挥辅导员在学生管理等方面的优势[①]。此外，应统筹师资力量，根据教师的工作属性及其特点、特长和在学业指导方面的擅长领域，分类别建立学业指导教师库，针对学生个体配置学业发展顾问。

---

① 赵倩倩.辅导员视域下的大学生学业生涯管理研究[J].湖北经济学院学报（人文社会科学版），2020，17（8）：146-148.

（1）建设校级层面的教师库。以功能版块为重点，如专业教师团队主要负责学生的学习技能和科研创新训练指导；思政教师团队可以纳入党政管理专家、辅导员队伍、就业指导人员，主要负责学习生活和交流沟通技巧辅导、职业规划和就业指导等；心理健康专兼职教师主要负责心理咨询和疏导。

（2）建设院级层面的教师库。以院学工、研工部门为主体，协同教学管理部门、教师队伍（如辅导员、班主任、专业负责人、导师），分专业、分年级开展针对性工作，解决学生在学业困惑、学习压力、学业和职业规划、创新技能培养等方面的问题。

（3）发挥学生"生力军"作用。以优秀学长和学生干部组成朋辈支持队伍，通过建立学习小组、结对帮扶等方式，开展经验分享、问题答疑等各类主题活动，将学业指导工作开展得更有声色。

（4）充分利用校外资源。通过校企合作单位、优秀校友资源，为学生提供校外创新创业训练平台和实习实训机会；加强家校联系，深入了解学生情况，发挥家长协同育人的辅助功效。

（三）聚焦三大功能平台的阵地作用发挥

从"知—信—行"的角度，以提升学生思想认知、完善服务供给内容、促进学生行动实践为目标，全力打造学业指导"全方位育人"平台。

（1）思政教育平台。思政教育重在立德树人，塑造新时代大学生正确的"三观"，培植大学生强烈的社会责任感、家国情怀，调动其学习的积极性和专注度。高校可以思政辅导员为主力，协同专业班主任或学业导师／顾问，通过思想政治教育课、专业课程融入思政教育、第二课堂、主题班会、专题讲座等形式，将"要我学"转变为"我要学"，激发学习原动力，培育专业素养，培养钻研精神和批判性思维，深化专业学习的广度和深度，提升学习的能力。

（2）服务实践平台。立足学生发展定位和阶段需求，驱动被动"投食"转化为主动"觅食"。第一，将学业指导纳入教学培养方案，以职业生涯发展为导向，提供个性化、模块化的学业指导，设立专题模块，学生在校就读期间，须自选构建多模块组合的学业指导方案，并可定期做调整，以满足不同需求。第二，构建多类型核心能力提升实践平台，如通过师长指导、学长分享、第二课堂、能力拓展训练等形式促进学业规划能力提升；通过专业理论实践课、创新科研训练等方式促进专业素质能力提升；通过深造规划、就业指导教育和训练、模拟职场、职业招聘、企业观摩等途径促进职业生涯能力提升。第三，以师生匹配为手段，突出学业顾问／导师的精准指导作用发挥。可将学业顾问／导师作为学业指导的实施主体或联络枢纽，为学生搭建综合性学业指导师资团队，着力精准施策，有针对性地解决个体学业发展问题。

（3）智慧信息平台。第一，实现学生信息与学业档案相贯通，以利于综合分析学生个体发展特点、学业情况，这对于学业追踪、学业发展的精准指导具有现实意义[①]。第二，建设学业指导中心网站，充分利用微信、微博、QQ等网络媒介，打造学业指导线上平台，筛选、整理优质学业指导资源，供学生按需取用。第三，开设线上交流专区和答疑热线，为学生提供"菜单式"学业咨询服务，并根据咨询内容实时更新学生的学业指导档案。第四，开展学业情况分析预测，一方面用于指导学生及时优化学习方法，另一方面为学业指导执行者提供参考。

（四）构建五套体系

（1）网格化管理体系。以点线面结合的方式构建网格化管理体系，即以学生需求为切入点，以校—院—学科（专业）—班级—寝室—个体为轴线，分年级、分阶段地提供指导，如新生入学的认识大学、生活适应、掌握学习方法和技能，二三年级的专业实践技能训练，高年级的学业深造/职业生涯规划和实训能力提升；以网格为单位，组建学习小组/团队，结合学风、班风、室风建设，创新搭建个性化、精细化指导团队和指导方案。

（2）能力培训体系。制定系统的、层次分明的学生群体和师资团队培训方案，主要包括培训计划制定、课程设置、日程安排、培训形式、培训师资配备。学生群体层面重点根据学业发展需求确定培训系列课程，学业指导师资团队层面重点根据指导领域进行教学和辅导能力提升。

（3）困难帮扶体系。重点针对学业发展困难学生做到精准指导、帮扶，如针对家庭经济困难、学业困难、自我管理能力偏弱、专业意识不稳固等情况的学生及少数民族学生，积极构建切实可行的帮扶措施和机制。在开展学业指导初期就密切关注特殊群体的学习状态和学业发展情况，通过辅导员和心理咨询老师的交流谈心、专业教师的课程辅导、学业导师的学业指导和技能训练[②]、朋辈学长的答疑解惑、家长的关心关爱，解决学生的实际困难和现实需求，帮助他们树立自信心，增强自觉性，挖掘学习潜能，不断提高学习能力，并查漏补缺、弥补短板。

（4）效果评价体系。以学生、导师、指导教师为核心进行学业指导效果跟踪评价，形成"评价—反馈—诊断—优化—再评估"的跟踪评价机制；通过科学设置评价内容、评价方法、评价阶段和纳入评价的主体，系统分析评价结果，进而优化学业指导闭环式管理机制，不断提高工作质量，提升学业指导功效。

（5）辅助支撑体系。完善学业指导相关管理制度，优化体系管理运行，积极

① 王伟宾，刘侠.大数据时代高校精准学业指导：路径、条件与反思[J].教育探索，2020（10）：38-41.
② 马静.加强本科高校大学生学业生涯规划与学业辅导的对策研究[J].当代教育实践与教学研究，2020（2）：94-95.

探索涵盖指导教师和学生的多方面激励机制，包括保障服务、考核考评、职称、绩效、荣誉奖励机制等，提高参与学业指导工作各方的积极性。充分整合校外资源，以校企融合发展支持高校实践性教学课程设计，促进创新创业教育和产业融合人才培养。

四、结语

大学生学业指导是高校人才培养的重要组成部分，从人才发展战略角度来看，大学生的学业发展关系到我们培养什么样的人、怎样培养人以及为谁培养人的根本性问题。大学生学业指导应坚持以培养学生能力为导向，突出综合素质、专业技能及创新实践能力的培养，并将学业指导工作与高校发展建设紧密结合，培养一流人才，打造一流队伍，锻造一流技术，成就一流管理。这是一项系统性的育人工程，将有力促进人才培养的高质量发展，促进学生的全面成长成才，也是"双一流"高校的奋斗目标。

基于"三全育人"理念的高校学业指导体系建设研究

陈维操

（华西基础医学与法医学院）

摘　要：构建完善学业指导体系对于学生发展至关重要。"三全育人"理念作为高校育人的指导思想，为学业指导体系建设指明了方向、路径和重点。学业指导体系建设应坚持主导性和自主性相结合、个性化和共性化相结合、纵向和横向相结合的原则。高校学业指导体系建设的主要内容包含组织体系建设、技术体系建设和制度体系建设。

关键词：三全育人；学业指导；体系建设

学业对于学生成长发展至关重要，它是大学生涯的首要任务，也是学生全面发展的基础和前提条件。对高校而言，学生学业发展是学校人才培养的重要内容，直接影响到高校的人才培养质量。目前，高校学生学业发展仍存在一定的问题，不少学生在学习方法、学习习惯、专业发展等方面存在较多问题和困惑。学生对学业指导的需求比较强烈。但是，目前我国大多数高校的学业指导体系尚不完善，难以满足学生学业指导需求。我国高校学业指导存在"指导理念不健全、目标不明确，机构设置不够专业化，软硬件资源配置不完善，受众群体不够广泛等问题"[①]。为了提升人才培养质量，高校需要进一步完善学业指导体系。

[①]　尚航，张德祥.我国大学生学业指导状况研究——基于全国56所高校的实证调查[J].中国高教研究，2019（9）：74–79.

一、基于"三全育人"理念加强高校学业指导体系建设的必要性

习近平总书记在全国高校思想政治工作会议上明确指出:"要坚持把立德树人作为中心环节,把思想政治工作贯穿教育教学全过程,实现全程育人、全方位育人,努力开创我国高等教育事业发展新局面。"①因此,高校需要将全面提高人才培养能力作为培养一流人才、建设世界一流大学的核心点。学业指导作为立德树人的重要环节,其体系建设和发展唯有遵循"三全育人"理念,才能符合新时代高等教育发展趋势。

(一)"三全育人"理念为高校学业指导体系建设指明根本方向

高校立德树人的根本任务是要解决"培养什么样的人"的问题。习近平总书记在全国教育大会上指出,需要培养德智体美劳全面发展的社会主义建设者和接班人。知识传授、能力培养和价值观塑造是人才培养的重要组成部分,三者缺一不可。传统的学业指导注重知识传授,忽视能力培养和价值观塑造。在新时代背景下,学业指导体系建设需要与时俱进,把立德树人融入学业指导各个环节,在关心和关爱学生学业成长和专业发展过程中,融入思想政治教育,实现育人和育才相统一。

(二)"三全育人"理念为高校学业指导体系建设指明具体路径

"三全育人"理念强调高校育人体系是一个系统性整体,需要全员参与,各部门协同发力,各个育人环节有效衔接。因此,高校在构建学业指导体系时,应当将学业指导作为高校育人体系的重要组成部分,注重学业指导体系和其他育人体系的协同。同时,在建立学业指导工作体系时,需要教育主体、教育过程和教育资源的协同。要动员优秀专任教师、辅导员、班主任等各类师资队伍以及学工和教务等有关部门共同参与,覆盖入学教育、培养计划指导、课程学习、科研实践、论文撰写等各环节,形成课内课外、线上线下等多个维度全员参与、全程贯穿、多方联动的工作体系。

(三)"三全育人"理念为高校学业指导体系建设指明工作重点

习近平总书记指出:"思想政治工作从根本上说是做人的工作,必须围绕学生、关照学生、服务学生,不断提高学生思想水平、政治觉悟、道德品质、文化素养,

---

① 习近平.把思想政治工作贯穿教育教学全过程 开创我国高等教育事业发展新局面 [N].人民日报,2016-12-9(1).

让学生成为德才兼备、全面发展的人才。"① 因此，推动学生全面发展，形成完备的育人体系，需要抓住学生最为关心的问题。对学生而言，学习是首要任务，大学是学习的黄金时期。因此，在构建学业指导体系时，其重点并不只是知识传授，还应当鼓励学生将学习作为一种态度和追求，帮助学生树立"梦想从学习开始，事业靠本领成就"的观念，坚定增长见识、丰富学识和追求真理的方向。

二、高校学业指导体系建设基本原则

高校学业指导体系建设应当遵循主导性和自主性相结合的原则、个性化和共性化相结合的原则以及纵向和横向相结合的原则。

（一）主导性和自主性相结合的原则

"教"与"学"是学业指导的两个组成部分，"教"的主体是教师，"学"的主体是学生。在学业指导过程中，需要正确处理教师主导学习和学生自主学习的关系。现代教育理念特别注重以学生为中心，强调学生是学习的主体，教育规律需要符合学生成长规律，要培养学生自主学习的能力和意识，充分发挥学生的主观能动性。但是，在教育教学过程中，教师主导学习也非常重要。教师的指导，有助于学生更快掌握学习的基本方法和知识脉络。特别是一些难度较大的课程以及大一学生，更加需要教师指导。学生学习自主性和教师教学主导性并不是矛盾对立的，而是辩证统一的。在学业指导体系建设过程中，需要将二者有效结合，运用教师主导学习帮助学生掌握科学学习方法，同时，注重激发学生自主学习潜能，提高学业指导有效性。

（二）个性化和共性化相结合的原则

学业指导的个性化是指学业指导需要分类和分专业进行，以提高针对性和有效性。所谓分类，是指指导对象差别较大，存在优等生、中等生、后进生的区别，针对不同学生，学业指导应当注意因材施教。同时，性别、心理和性格等因素也是学业指导需重点考虑的。例如，有的学生性格外向，善于沟通，有的学生性格内向，不善于沟通，对他们需要采用不同的指导方法。所谓分专业，是指不同专业的学习内容和学习方法差异较大，甚至思维方式的差异也较大，因此，学业指导应当紧密结合专业特点，采取不同的方法。同时，学业指导也必须关注共性问题。例如，不同专业的学生有很多共同的基础课程，针对这些课程的学业指导具有一些共同的特

---

① 习近平. 把思想政治工作贯穿教育教学全过程 开创我国高等教育事业发展新局面 [N]. 人民日报，2016–12–9（1）.

点。总之，建设学业指导体系，在考虑个性化的同时，也要兼顾共性化规律，提高指导效率，扩大覆盖面。

（三）纵向和横向相结合的原则

学业指导体系建设是一个系统性工程，需要坚持纵向和横向相结合的原则，构建网络化、立体化的学业指导工作体系。一方面，需要学校进行顶层设计，设置协调机构，完善协同机制，统筹利用各类资源；另一方面，要注重发挥各学院作为人才培养主体的作用，调动学院教职工和各类参与主体的主观能动性。

三、高校学业指导体系建设基本内容

高校学业指导体系建设的基本内容主要包括以下三个方面：一是组织体系建设，二是技术体系建设，三是制度体系建设。组织体系解决"谁来指导"的问题。技术体系解决"指导什么""指导谁"以及"如何指导"的问题。制度体系解决"如何保障指导体系可持续运行"的问题。

（一）高校学业指导的组织体系

目前，部分高校的学业指导组织体系不健全，只在学校层面建立相应机构，没有充分发挥学院和各类教职工在学业指导中的主体地位，难以保证学业指导覆盖面和针对性。高校首先要高度重视学业指导体系建设，将其作为学生全面发展和思想政治教育重要载体。学业指导组织体系建设并不只是在学校层面建立组织机构，而应该形成"学校—学院—教师"三级联动平台。学校层面可以建立专门的学业指导机构，该机构的功能主要在于资源整合和统筹协调，打破教学与行政、教务和学工之间的壁垒，建立覆盖面尽可能广的学业指导平台。各学院可以在学校学业指导机构的指导下，结合专业和学科特点，建立专门的学业指导机构，该机构的指导队伍应该包含辅导员、专任教师、班主任、学术导师和优秀学长等。

（二）高校学业指导的技术体系

高校学业指导的技术体系主要包括学业指导的具体内容、对象和方式。"三全育人"理念下，高校学业指导的内涵和外延不断拓展，学业指导不再局限于传授知识和学习方法，而是成为关照学生的重要平台和立德树人的重要载体。目前，国内部分高校已将学业指导平台建设成为学生发展辅导中心。其指导内容涵盖专业和课程选择、学习方法和学习能力培养、科研指导、学业规划、职业生涯规划等。就指导对象而言，学业指导应从学业困难学生扩展到全体学生，从低年级学生扩展到高年级学生，甚至研究生。针对不同类别的学生，应分级分类进行指导。同时，学业指导需要结合不同学科特点，依据个性化和共性化相结合原则，采取一对一咨询、团体辅导、讲座以及个性化需求定制等相结合的方式，既解决学生在学习发展中遇到的共性问题，又解决学生的个性化问题。

（三）高校学业指导的制度体系

高校学业指导体系的运行和可持续发展需要相应的制度保障。学校层面需要出台相应的文件，为学业指导顶层设计和贯彻落实提供保障。各学院应当按照学校指导和要求，设立相应的机构。除顶层设计的制度外，学业指导体系的运行也需要相应制度作为支撑。例如，学业指导工作参与人员的权利和责任需要厘清，行为边界需要界定。同时，需要建立相应的考核、激励、淘汰制度，一方面激励老师积极参与学业指导工作，另一方面对参与学业指导工作的教师队伍进行动态调整，保证学业指导工作质量。

参考文献

[1] 耿睿，詹逸思 . 中国大学生学习与发展指导体系构建研究——以清华大学学生学习与发展指导中心为研究案例 [J]. 江苏高校，2012（6）：71-73.

[2] 詹逸思，耿睿，刘响 . 中国"985 工程"院校学习指导发展现状研究——基于全国 39 所"985 工程"院校的调查研究 [J]. 江苏高校，2012（1）：83-86.

[3] 余小平 . 高校"三全育人"体制机制建设实践探究 [J]. 学校党建与思想教育，2020（12）：69-70.

[4] 董秀娜，李洪波 . 高校"三全育人"协同机制构建研究 [J]. 思想教育研究，2020（8）：148-152.

[5] 蔡翾飞，余秀兰 . 我国高校学业指导：现实与愿望——基于中国 10 所大学的分析 [J]. 高教探索，2019（6）：30-37.

高校学业指导"点—线—面—体"工作体系构建探究 ①

李珍珍

（化学工程学院）

摘　要： 学业指导是高校提高人才培养质量的需要，是学生成长成才的需求。高校学业指导工作体系的构建，对高等教育的高质量内涵式发展具有非常重要的意义。本研究着眼于"点、线、面、体"四个维度——一个出发点、一条成长线、三个管理面、三个分支体系，探索构建多维度高质量的学业指导工作体系。

关键词： 高校；学业指导；"点—线—面—体"工作体系

一、前言

习近平总书记在 2013 年 5 月 4 日同各界优秀青年代表座谈时曾指出，青年人正处于学习的黄金时期，应该把学习作为首要任务，让勤奋学习成为青春远航的动力，让增长本领成为青春搏击的能量。当前，我国正从教育大国向教育强国转变，走以质量提升为核心的内涵式发展道路，是新时代高等教育发展的必然要求，是高等教育最紧迫的战略任务。提高教育的质量，学业发展至关重要，在教育环境多元化和教育对象个性化的复杂背景中，加强和完善学生的学业指导工作已成为高校的

① 本研究获 2021 年度四川大学青年教师科研启动基金（思政教师专项系列）项目（sksz202106）及四川大学 2022 年辅导员工作精品培育项目（XGJP202211）支持，并得到四川大学"定盘星"辅导员工作室指导和资助。

一项重要任务。因此，新形势下不断探索完善和创新高校学业指导体系，对高等教育的高质量内涵式发展具有非常重要的意义。

二、加强高校学业指导的现实背景

（一）加强高校学业指导的必要性

高校中的青年学生，是新一代社会主义建设者和接班人、实现"两个一百年"奋斗目标的先锋力量、实现中华民族伟大复兴中国梦的生力军，他们的学业发展状况是体现高校办学水平、衡量人才培养质量的重要指标，是学生关注的首要问题。①

首先，加强高校学业指导是培养担当民族复兴大任的时代新人的必要途径。加强高校学业指导，其根本目的是落实立德树人根本任务，提升青年学生的学术创新能力、工程实践能力和国际竞争能力，使其成为创新突破的探索者、创业创新的践行者和创新潮流的弄潮儿，将学生的扎实知识基础和探索创新能力转化为担当民族复兴大任的源源动力。

其次，加强高校学业指导是全面推进高校"双一流"建设的必然要求。"双一流"建设是一项面向国家重大需求、面向世界、面向未来的重大战略部署，其主要任务是加强人才队伍建设和提高自主创新能力。从某种意义上来讲，高校的学业状况不佳，会极大地影响一流学科和一流专业的建设与发展，成为阻碍高校实现内涵式发展的"绊脚石"。

最后，加强高校学业指导是实现学生全面发展的必备要素。近年来，高校一直在落实"五育并举"，培养德智体美劳全面发展的社会主义建设者和接班人方面下功夫。其中，智育在"五育"中占有不可替代的地位，而学业指导正是着力构建完善的智育工作体系的一项重要举措。

（二）学业指导面临的现实问题

1. 学业指导思想理念落后

目前，相当一部分高校对学业指导工作的理解仅局限于加强学风建设，具体工作只停留在辅导员的基础性管理工作层面。还有一部分高校，在加强学业指导时只关注学业成绩本身，而忽略了学习方式指导、学习能力提高、专业思想升华以及学业规划引导等方面的工作。

2. 学业指导团队建设滞后

一部分高校的学业指导团队资源匮乏、人员稀缺。良好的学业指导团队，不仅

---

① 孙强. 论高校大学生学业指导工作室的构建 [J]. 智库时代，2019（7）：51–52.

应包括专业教师和辅导员，还应将退休教师、优秀学生、优秀校友、学生家长、企业家、社会人士等囊括其中，真正落实全员育人。

3. 学业指导制度体系不完善

很多高校的学业指导工作形式单一，缺乏顶层设计，对指导效果的评价、反馈和保障等制度不完善甚至缺失。

三、"点—线—面—体"学业指导体系的构建

习近平总书记在中国科学院第十七次院士大会、中国工程院第十二次院士大会上曾强调，要按照人才成长规律改进人才培养机制，"顺木之天，以致其性"。高校开展学业指导工作，须严格落实立德树人根本任务，从点、线、面、体四个维度，优化"人物时空"等要素，积极探索构建合实际、多维度、高质量的学业指导工作体系。

（一）抓住"点"——"以生为本"为出发点

高校学业指导应全面落实"以生为本"理念，充分尊重学生个性化发展需求，根据学生学习认知、学习理念、学习态度、学习策略、学习方法等理论，围绕学业规范、学业流程、学习资源等开展指导工作，帮助学生认识学习环境，促进学生学业进程。要多方协调，共同推动，丰富学生学习体验，实现对学生的价值塑造、能力培养与知识传授。

（二）把握"线"——一条成长线贯穿全周期全过程

高校学业指导应建立全周期全过程培养机制，让重过程、紧追踪成为学业指导工作的常态。学生一入校，学校就要着手编制"学生成长手册"。这个成长手册不仅包括思想素质评价、每一学期学业成绩、每一学年综合成绩、社会实践情况、获奖情况、学科竞赛情况、科研创新情况等，还可供学生作自我总结并制订下学期和下学年的学业规划，进行自我监督和管理。此外，学业指导团队中的老师还需要根据学生的基本信息和学生本人的成长规划，分别制订引导适应期（大学一年级）、塑造成型期（大学二年级）、巩固定向期（大学三年级）和总结优化期（大学四年级）的阶段目标任务书等，形成连续的、全周期全过程的详细成长手册。

（三）拓展"面"——三个管理层面同向同行

第一个层面是学校层面。在学业指导工作体系的构建和推行过程中，学校应做好顶层设计，统筹教务处、学工部、关工委、研工部、心理中心、校团委等部门联动，成立专门的学业指导小组。

第二个层面是学院层面。学院是学校的二级部门，是学业指导工作的组织者、

引导者和实施者。其工作主要是在学生开学入校到毕业离校期间,执行全周期全过程的学业指导,包括成长手册的建档、修订、完善以及学业指导的落实、监督、考核、反馈和服务等具体工作。①

第三个层面是学生层面。学生作为学业指导的对象,需要及时主动了解学业指导工作体系中的所有信息,进行自我管理和自我提升,从而达到乐学爱学、知学会学、共学共进的目标。

(四)建构"体"——三个分支体系并驾齐驱

1. 团队体系的构建

学业指导团队的构建,要充分考虑到学生在学习、规划、心理、监督、管理等方方面面的需求,整合师资资源实施学业指导多导师制。② 不同的学业指导老师会在学生发展的不同阶段各司其职。其中,要充分发挥辅导员统筹联动的作用,任课教师答疑解惑的作用,专业老师专业指导的作用,校外辅导员和班主任规划指导的作用,退休教师和兼职辅导员引导管理的作用。此外,还要深入挖掘朋辈导师资源,将研究生党建指导员、同年级优秀学生、学生党员和学习委员纳入团队体系中,充分发挥榜样力量。

2. 制度体系的构建

学业指导制度体系的构建,关系到学业指导所有环节的执行和落实,能为高校顺利开展工作提供保障,使学业指导工作落到实处。

第一,完善学业指导团队人员评聘制度。为了充分保证团队的专业能力和职业素养,指导团队人员要经过严格遴选、推荐、培训和考核,才可持证上岗。

第二,完善学业指导激励机制。高校应建立学业指导荣誉考评机制,形成学生荣誉体系、指导教师荣誉体系、朋辈导师荣誉体系,鼓励更多的考评政策如评优评奖、职称晋升或者绩效考核向学业指导倾斜,分享优秀个案,在校内形成传递正能量和共同进步的良好氛围。

第三,完善学业问题预警制度。在学业指导过程中,应通过学业问题预警,尽早找出问题根源,将问题扼杀在萌芽阶段,避免其继续恶化。比如,可结合学生实际需求,将首考挂科率前5位的课程纳入学业指导工作范畴;对成绩较为落后的学生,提前介入指导,采取个体辅导和团体辅导结合、辅导讲座和答疑活动并重、网上和线下衔接的帮扶辅导模式。

---

① 齐晶. 高校二级学院学业发展指导"精准滴灌"模式探索与实践 [J]. 潍坊学院学报,2020(6): 113-116.

② 王晶华,韩晓雨,陈肖东. 大学生学业指导团队建设研究 [J]. 科教导刊(中旬刊),2017(11): 183-184.

第四，完善学业指导评价制度。学业指导评价应包括以学生和教师为评价主体的高校评价考核、以家长为评价主体的家校联动反馈、以社会企业为评价主体的就业社会评价。应持续跟踪反馈改进工作，形成"评价—改进—再评价—再改进"的闭环循环系统，推动学业指导工作不断完善，从而提升高等教育的人才培养质量。

3. 平台体系的构建

一方面，可以充分利用网络平台，如 QQ、易班、微信、网上虚拟自习室等线上工具，及时开展学业指导工作；另一方面，可以充分利用线下教学的第一课堂以及学术讲座、学科竞赛、实习实践等第二课堂，为学生提供学业指导。如此，便可形成课上课下、线上线下、校内校外相结合的学业指导平台体系，分层次、分阶段和分类别进行学业指导。

团队、制度和平台三个分支体系的构建，实现了纵向衔接、横向贯通，既可涵盖课上课下、线上线下、校内校外，又能统筹学校、家庭、社会育人资源，有助于形成多维立体、无处不在、无时不有的学业指导体系。

四、结语

高校学业指导工作是一项系统化的工程，必须抓住"以生为本"这一出发点，把握一条贯穿全周期全过程的成长线，拓展学校、学院、学生三个管理层面，从团队建设、制度建设和平台搭建三个分支体系入手，才能建构"点—线—面—体"统一的多维度高质量学业指导工作体系。这对高校学业指导工作有着重要的理论和实践意义，能够促进学生成长成才，提高高校人才培养质量。

国内外高校学业指导模式
探索及经验借鉴

刘峥

（经济学院）

摘　要： 对高校学生进行学业指导，既有利于提高学生学业成绩，帮助学生规划人生，也有利于提高学校教学质量和社会影响力。目前我国较多高校虽然已经开始了学业指导的尝试与探索，但尚未形成完备的指导体系。而欧美国家的重点高校，具有较长的办学历史，已经在长期的探索中建立完备的学业指导体系，具有重要的借鉴价值。本文对美国、英国、德国及日本等国家的学业指导制度进行了分析，厘清了国外知名高校的学业指导模式，并提出以学业指导助推人才质量提升的建议，以期为我国高校学业指导体系的完善提供参考。

关键词： 国外高校；学业指导；人才质量

一、学业指导概念界定

随着我国高等教育的不断普及，2020 年我国高等教育粗入学率达到了 54.4%。在学生人数增加的同时，也出现了较高的退（休）学率，这无疑给进一步提高学生学习成效带来了挑战，并在心理健康等方面影响着在校学生的成长。因此，系统的学业指导机制对提升学生学业成绩，缓解学生心理压力具有重要作用。

学业指导一词最早起源于美国，英文名为 academic advising，在英国则被表述为 higher education guidance and counselling service，在我国常被翻译为学习指导、学务指导、学术指导等。由于各国的具体国情与教育体系不同，学业指导在各国的含义也不尽相同。我国教育部高等教育教学评估中心编撰的《中国高等教育评估词汇》认为，"大学生学业指导是指高等院校对在校生进行的学术与非学术、课内与课外、大学学习与终身学习乃至职业生涯规划等在内的所有学习活动的指导。主要内容包括学习思想与观念、学习目标与内容、学习方法与手段、学习心理与道德等"。美国学业指导协会提出：学业指导是以教学任务为基础，一系列的课程、教学和学生的学习成果有意识地相互作用的过程，主要包括指导内容、指导方法与指导结果三个要素。日本学者山根薰对学业指导做了更为宽泛的界定，他认为学业指导的目的是使学生更易于学习，是通过创造多种有益于学生学业的环境，更加细致地计划与制订多种学业内容，并在学生的学业过程中给予必要的指导和建议。

结合上述观点，本文认为学业指导应该是一个广泛而综合的概念，不能只停留在学习指导上，而是在时间上要贯穿学生在校学习的所有时间，甚至需要考虑到学生的终身教育问题，在内容上要涵盖学业目标、指导计划、具体方法与技术及指导结果，在体系上既要包括学校、学院及学生组织等纵向系统，也要囊括学业咨询、心理咨询、职业咨询等横向系统。

二、国内高校学业指导现状

为了进一步提升本科教育教学质量，教育部于 2019 年颁布了《关于深化本科教育教学改革全面提高人才培养质量的意见》，旨在通过严格的教育管理，全面提升本科教学质量，而学业指导则在其中起到了重要作用。由于我国高等教育在学业指导方面起步较晚，故国内高校的学业指导工作仍存在一些问题与不足。

（一）学业指导理念不清晰

在高校的日常管理中，学业指导通常以行政部门牵头的形式开展，并没有设立专门的学业指导协会或机构进行直接管理，多部门的参与容易让学业指导找不到主心骨，从而无法形成专业、系统的学业指导体系。在学者张燕妮 2020 年的问卷调查中，对于"学校是否设有专门学业指导机构"这一问题，有 71.45% 的参与学生持否定回答，表示"不清楚，不知"的学生占到了 23.7%，只有 4.85% 的学生给出了肯定的回答。这从现实层面说明高校的学业指导理念尚未深入学生群体，甚至在校级层面也是模糊不清的。学业指导通常是贯穿在日常的教学与管理中的，并没有上升到专业的角度，既无法突显其重要性，还容易造成概念理解上的混淆，进而导致具体指导目标和指导内容上的模糊，造成学业指导理念不清晰、普及率不高等问题。

（二）学业指导个性化不足

从国内的现实情况来看，当前高校的学业指导常以学术论坛、学业讲座、经验交流会及宣传日等形式开展，覆盖的群体是广泛的，内容上也主要是从学校层面出发，在较宽广的领域进行指导。这种"打包式"的指导只能绘制出学生发展的总体轮廓，尚不能帮助学生结合自身特点进行分析和规划。个性化指导的缺乏往往会让学生失去参与的积极性，同时也较难在短期内起到良好的效果。

（三）学业指导体系不完善

目前，国内大部分高校并没有设立专门的学业指导机构，通常是依靠教务部门与学工部门协调开展具体的学业指导活动，学校各个部门及学生组织尚未形成合力，构建一个系统而全面的学业指导体系还处于探索阶段。而现有的指导用书也多是高校编写的学生手册，内容基本上是规章制度，提供给学生的信息较为有限，也较难满足学生对学业指导的长期需求。

三、国外高校学业指导模式

在我国，虽然早在春秋时期，孔子就已经提出了"因材施教""教学相长"等指导理念，并在历代的教育教学中得到积极应用和发展，但其仍停留在学习指导层面，还未发展到学业指导的高度。现代意义上的学业指导概念源于欧美，其中以英美等国家最具代表性，而在东亚地区，则以日本较为有特色。因此，本部分将具体分析英、美、德、日等国家的学业指导模式，为我国的学业指导体系构建提供思路。

（一）英国剑桥大学模式

英国剑桥大学坚持"以生为本"的理念，始终将学生放在学业指导的核心地位。首先，构建了师生相结合的学业指导体系，明确学校宏观指导，学院具体引导，学生组织发挥朋辈导师作用的机制。其次，设立了专门的一站式学业指导服务机构，从学习咨询、心理咨询、职业咨询等方面提供服务，并通过分层级的方式规定了"初步、专业及终极受理"，对具体问题进行渐进式分流处理。在学业方面，除了提供咨询服务，还制定了学业导师制度，严格规定了导师的选聘、指导及考核过程，进一步提升了学生的学术成效。这是英国学业指导方面最具特色的部分。同时，为了给学生提供更多的咨询选择，还以学生联合会为载体，打造了专业的朋辈式学业指导交流组织，提供免费、保密和公正的学业及生活服务，学生可以自由选择适合自己的机构或者方式进行咨询。因地制宜的学业指导不仅增强了学业指导的多元性，还推进了学业指导队伍的专业化，使该制度更加完善。

（二）美国斯坦福大学模式

美国高等教育管理体制关注学生的个性化发展，以"完全学分制""自主选择"为背景，支持学生自主选择感兴趣的研究方向，从而提升学生的综合素质。美国斯坦福大学以"培养全人"为学业指导理念，设置了校院两级学业指导办公室，提供全方位与多阶段相联系的服务，个性化与多元化相结合的指导，以通识性和专业化为标准，致力于培养符合时代潮流的复合型人才。该校的学业指导体系主要有两个支点，首先是以学生手册为载体。该手册每年都会根据实际情况进行更新，其内容并不局限于学生在校需要遵守的各项规章制度，还涉及学业规划、实习事项、海外交流、就业选择等方面，具备四个重要的特征：一是以"生"为本，二是专业性强，三是系统性和综合性强，四是时效性强。这与我国的学生手册存在较大区别。其次是以课程指导为核心，贯彻了个性化教育的理念，在不同阶段分别开设了基础性课程、通识性课程、专业性课程及研讨课，在教授学生通识性和专业性知识的基础上，提升了学生学习生涯的个性化和多元化，积极引导学生主动探索学术前沿，以行业专家为目标不断迈进，最终成长为各个领域的领军人物。

（三）德国蒂宾根大学模式

德国高校普遍构建了多元化的学业指导体系，充分动员行政人员、职业教师及普通学生组建了不同层次的学业指导机构。蒂宾根大学的学业指导体系是鲜明的分级管理模式，分为校级指导、院级指导、课程指导及学生互助四个部分，主要聚焦学生的发展与成功。校级学业指导办公室由一名副校长、五名教师及两名学生助理组成，以自愿、保密为原则，主要为学生提供学习动机、专业选择、课程考试及成长规划等一系列问题咨询。这种模式下，既有一对一的咨询，根据问题的复杂和严重程度，设置了 20 分钟至 60 分钟不等的个性化咨询；也有开放式的集体培训，包括校园开放日、大学见面会和入门学习等活动，用以解决新生入校后遇到的各项具有共性的问题；同时还有专门针对特殊学生群体的专业指导，旨在帮助该类学生顺利就业或升学。院级组织主要为学生提供课程学习、学业考试等方面的专业咨询服务，设计和制定了大量课程手册、考试规定等，帮助学生规划自己的学习生活。学生组织主要发挥朋辈作用，特别是为新生解决学业问题提供咨询。参与咨询服务的学生朋辈导师都需要经过严格培训与考核才能上岗，保证了指导队伍的专业化程度。此外，图书馆与写作中心也是学业指导中重要的一环，这两个机构通过个性化的咨询，指导学生掌握文献查阅、学术写作等各项技能，提升了学生参与学术研究的能力。

（四）日本东京大学模式

日本高校更加注重构建以自主学习为核心的学业指导体系。东京大学的学业指导主要依托两个中心。第一是自主学习中心。首先，东京大学制定了类似于欧美高校"间隙年"的"首年长期自主活动计划"，允许入学的本科生申请一年的特别休学，用于在东京大学以外的地方从事不同种类的学习活动，活动内容完全由学生自主确定，旨在将学生从应试教育中解放出来，使其拥有更多时间探索社会，为多元化的高校学习生活提供了契机。其次，规划了两年的本科教养教育，用于教授学生各项专业知识，类似于国内的专业课程培养。最后，东京大学还制定了后期教养教育，这是日本高校最富有特色的学业指导制度，是指完成两年的专业课程培训后，对学生开展大量的自由艺术教育，跨越了多个学科和领域，甚至超越了国别文化，旨在帮助学生在不同的情景下开展活力十足的思考探索活动，提升知识储备的多元性。第二是心理商谈咨询中心。这是帮助学生解决各类生活问题的咨询中心，以"万事可议"为原则，设置了学生咨询站、交流支持室、心理健康支持室、互助支持室等各类用于交流咨询的固定设施，为学生提供学业、法律、恋爱、身体、心理等方面的咨询，助力学生健康成长。该中心是解决学生学习外问题的主要阵地，照顾到了学生的方方面面。

四、国外高校学业指导模式对我国的启示

（一）坚持学业指导中学生的主体地位

国外高校普遍构建了"以生为本"的学业指导体系，从学生视角、学业视角和生活视角出发，帮助和指导学生规划学业及生活。借鉴这一经验，在我国高校的学业指导体系中，需改变"教师本位"的思想，坚持构建以学生为主体，以学业为核心的指导体系，充分满足学生发展需求，发挥学生主观能动性，同时需要根据各高校的自我定位，突出指导重点，分别以升学、就业、终身学习等为主题，形成一套因地制宜、符合校情的学业指导制度。秉承"以学生为主体"的学业指导与服务理念，是高校发挥育人功能的重要路径，在具体指导过程中应当把服务落到实处，提高指导站位，真正做到"以生为本，规划人生"。

（二）注重学业指导的个性化、多元化和国际化

国外高校在长期的实践中，逐渐形成了具备个性化指导、多元化内容及国际化视野的学业指导模式。首先，学业指导不应当只停留在发现和解决眼前的困难，而是要以发展的眼光看待学生的学业、生活及职业规划，根据不同学生的特点与兴趣，制定符合学生实际情况的个性化指导方案，切实提高指导的成效。其次，一般意义上的学业指导包括入学指导、课程指导和学校资源利用的指导、未来生涯规划等，通过这些指导可以帮助学生根据发展需求和自身特点，充分利用学校提供的各种资源，主动学习，从而提高学业完成质量。学业指导的内容是达到学业指导目标的重要连接点，可以保证相关工作的有序开展。但是随着时代的发展，学业指导的内涵

不断扩展，具体的内容也应该逐渐多元化，既要涵盖课内，也要涵盖课外，除了包括学术性问题，还应当包括非学术性问题，因此需要关注学生心理健康、思想品德、专业学习等维度，将学生的全面发展融入具体指导内容中。最后，重视高校学生学业的国际化指导，已经成为世界潮流，许多知名大学进行了学习指导国际化的广泛讨论，逐渐形成了国际化的办学理念，并开始进行国际化指导模式的尝试。因此，各高校要注重海外优秀师资的引进，拓宽国际科研合作领域，加强国内外高校对学生的联合培养等，从而不断拓展学生国际视野，为学生的职业生涯规划奠定坚实基础。

（三）搭建学业指导的多样化平台

国外高校常通过多样化的平台对本校学生进行学习和生活上的指导。例如，在学业指导专业化的背景下，美国哥伦比亚大学以指导中心为平台，开展学术指导工作，帮助学生确定专业、明确课程内容及利用校内学习资源；日本高校通过细化的学生科、保健中心、心理中心等专门机构对学生进行帮助和指导。健全的多样化的学业指导平台，对高校学生成功完成学业、顺利实现就业有着重要影响。国内高校也应当注重发挥不同机构的作用，将教务处、学工部、图书馆、团委、心理健康中心等机构的学业指导职能进行整合，进行更加细致的划分，形成协调有序、功能专一的多样性平台。

（四）制定完善学业指导制度

相较于国外高校完备的学业指导体系，我国大部分高校尚未建立起较为规范完善的学业指导制度，指导老师的选拔、考核及监督等并没有明确的制度，相关责任和义务得不到明确。一套科学、规范、完善的学习指导体系一般需要兼顾学习咨询辅导、创新性学习能力培养以及学业成效反馈机制等功能，通过培育学生对知识的领悟能力、对学习效果的分析能力等提升其自主学习能力，引导其逐渐成长为有终身学习规划的时代新人。因此，高校在完善学业指导体系的过程中，首先要设立专门的学业指导中心，用于统筹协调学业指导的相关事项，整合校内各机构的资源，打造服务学生学业提升的综合平台。其次要开设"大学生学业指导"系列课程，通过专业认知、技能学习、职业规划等课程帮助学生拓宽视野，提高站位，以更广阔的视角审视自己的学业，提升学业成效。最后要顺应互联网时代发展潮流，打造网络学业指导平台，通过提供专业课学习资料、共享校级精品课程、组织各类证书考试经验分享等途径，为师生之间的交流拓宽渠道，极大地发挥朋辈引导作用，实现学生自我服务的目标。

参考文献

[1] STEELE G E. Student success：academic advising，student learning data，and technology[J]. New Directions for Higher Education，2018（184）：59-68.

[2] CHAN Z C Y，CHAN H Y，CHOW H C J，et al. Academic advising in undergraduate education：a systematic review[J]. Nurse Education Today，2019（10）：75-82.

[3] 陈晏华 . 美国高校学生学业指导研究 [D]. 南京：南京师范大学，2014.

[4] 韩玉青，魏红 . 美国高校学业指导模式初探 [J]. 高教发展与评估，2016，32（6）：83-88，95-96.

[5] 李曼 . 东京大学学业指导体系的特色构成及启示 [J]. 文化创新比较研究，2019，3（18）：162-163.

[6] 尚航，张德祥 . 剑桥大学学业指导体系的构成、特点及启示 [J]. 现代教育管理，2019（1）：119-123.

[7] 孙荪 . 基于"以学生为中心"的高校学业指导体系探究 [J]. 江苏高教，2017（2）：70-72.

[8] 陶敏 . 美国学业指导制度变迁研究及对我国的启示 [J]. 高校教育管理，2012，6（3）：69-72，77.

[9] 夏凤琴，刘青 . 美国高校学业指导模式发展研究 [J]. 东北师大学报（哲学社会科学版），2020（3）：136-142，158.

[10] 谢雯 . 斯坦福大学学业指导模式及启示——以工程学院为例 [J]. 黑龙江高教研究，2021，39（1）：8-13.

[11] 杨明浩 . 德国高校学业指导研究 [D]. 南京：南京大学，2018.

[12] 赵宗更，周敬慧，高峻岭 . 高校大学生学业指导的对策建议研究 [J]. 河北工程大学学报（社会科学版），2014，31（1）：81-84.

[13] 周敬慧 . 高校大学生学业指导研究 [D]. 石家庄：河北科技大学，2014.

国内外高校学业指导模式
探究及启示

何蕾

（党委学生工作部）

摘　要：学业指导作为高校教育的重要环节，不仅能够帮助学生明确学习方向，合理规划本科学习任务，而且有助于提高高校教育教学质量，创新人才培养模式。目前，我国学业指导总体上还处于初步探索阶段，尚未形成较为成熟的学业指导模式。本文阐述了学业指导的含义，综合分析了国内外高校学业指导的基本情况，梳理出当下我国高校学业指导存在的问题，尝试为我国学业指导模式的构建提供理论和实践经验启迪。

关键词：学业指导；本科教育；国内外高校

2019 年，我国高等教育已经实现从大众化向普及化的过渡，标志着我国已正式进入高等教育普及化时代。虽然我国是世界上高等教育规模最大的国家，但是规模背后的"质量"问题却不容乐观，这也成为我国高等教育面临的新挑战。"质量，是伴随教育和学校的永恒主题，高等教育也不例外……质量一词在高等教育中的含义就是人才培养质量或教学质量。"①2019 年 10 月，教育部颁发的《关于深化本科教育教学改革全面提高人才培养质量的意见》（以下简称《意见》）将"严格教育教学"列为第一项，并规定 9 点要求，其中包括"激励学生刻苦学习、全面提高

---

① 邬大光. 探索高等教育普及化的"大国道路"[J]. 中国高教研究，2021（2）：7.

课程建设质量、推动高水平教材编写使用……严把考试和毕业出口关"等。① 由此可见，《意见》的核心要旨是提高本科教育教学的质量。而学业指导是提高教育教学质量的重要一环,对本科学生开展学业指导可以有效帮助他们适应大学学习生活,提高学习效能,树立学习信心,形成良好的学风校风,进而提高本科教育教学质量。

一、学业指导的含义

　　不同国家的教育机构或学者对学业指导具体内涵的见解并非完全一致。教育部高等教育教学评估中心编制的《中国高等教育评估词汇》将"学业指导"解释为:"高等院校对在校生进行的学术与非学术、课内与课外、大学学习与终身学习乃至职业生涯规划等在内的所有学习活动的指导。内容包括学习思想与观念、学习目标与内容、学习方法与手段、学习心理与道德等。目的是最大限度地挖掘学生潜力,促进学生更好地发展。"② 美国学业指导协会（National Academic Advising Association，NACADA）对"学业指导"的阐释为:基于高等教育的教学和学习使命,学业指导是一系列与课程、教学方法和学生学习结果的互动。学业指导将学生的教育背景在其愿望、能力和生活的框架内进行综合和语境化,以便将学习扩展到校园边界和时间框架之外。③ 华东师范大学教师刘佳提出:学业指导是一项为学生提供学业服务的高校教育制度,可以有效地帮助学生确立价值追求,明确人生目标。学业指导可分为学科学习指导、课程选修指导、个人发展规划指导和自主学习指导这四大方面,它们从不同的角度为学生的学业发展提供专业化指导。④ 南京工业大学教师张瑞芳指出,学业指导是高校通过引导和调整学生的学习行为和习惯,让学生找准学习方向,制定符合自身情况的学习计划,在大学期间圆满完成学业,不断增强综合素质和专业素养,培养适应社会发展的人才。⑤

　　综上,关于学业指导的含义,教育机构或学者从学生视角、学校视角和国家制度层面提出了不同的见解,但无一例外都传达出学业指导在高校教育中的重要地位与作用。在笔者看来,学业指导是指高校基于高等教育的教学目标、人才培养计划

① 教育部.关于深化本科教育教学改革全面提高人才培养质量的意见[EB/OL].（2019-10-12）[2022-7-30]. http://www.moe.gov.cn/srcsite/A08/s7056/201910/t20191011_402759.html？from=timeline&isappinstalled=0.

② 耿睿,詹逸思,沈若萌.中国高校学业指导手册[M].北京:清华大学出版社,2017:5.

③ NACADA. Concept of Academic Advising [EB/OL]. [2022-8-20]. https://nacada.ksu.edu/Resources/Pillars/Concept.aspx.

④ 刘佳.以完善学业指导为路径促进高校学风建设的探索[J].思想政治课研究,2015（1）:47.

⑤ 张瑞芳.互联网思维对高校学业指导的启示[J].开封教育学院学报,2017（5）:90.

和学生自身发展需求，根据学生个体教育背景、学习兴趣和特长、学习动力和学习能力，充分利用学校、社会各方面资源，综合运用多种指导方法和手段，针对学生提供专业化学业指导，针对他们在学习方面遇到的困难答疑解惑，引导他们逐渐适应大学的学习生活，增强自主学习能力，实现人生价值。

二、国内外高校学业指导模式及经验

（一）国外模式及经验

高校学业指导是伴随近代西方大学制度建立，为满足大学教育对学生的学业规划、自主学习能力等方面的培养要求而产生的。[①]高校专职化学业指导起源于美国，但英国历史悠久的办学模式也对美国大学的创立产生了重要影响。因此，对于国外的学业指导模式，本文以英美两国知名高校为例进行介绍。

1. 哈佛大学

1870 年，时任哈佛大学校长、被称为"学业指导之父"的查尔斯·艾略特（Charles Eliot）在全校范围内推行选修课制度，为学生提供选修课指导的学业指导服务应运而生，哈佛大学也成为最早开展学业指导的高等教育机构。时至今日，哈佛大学的学业指导体系已趋于完善，成立了专门负责学业指导的机构——学业指导处暨学术与个人发展中心（Bureau of Study Counsel–Center for Academic and Personal Development，以下简称"学业指导处"），该机构服务的对象既包括本科生，也包括研究生。机构内人员主要有专业的咨询师、辅导员和高年级学生，他们分为全职人员和兼职志愿者两类。专业的咨询师和辅导员是全职人员，一般具有教育学和心理学等教育背景；高年级学生是志愿者，他们不仅要经过层层考核和筛选，还要在专业人员指导下开展工作。指导形式分为专业咨询、工作坊和朋辈辅导三种。其中，专业咨询包括个人咨询、学术和研究咨询、冲突解决咨询等，这些均由专业咨询者提供服务；工作坊是指在专业咨询师的指导下，进行自我探索或团队协作，可以个人或集体参加；朋辈辅导是一种学生互助模式，是指在学业指导处的管理下，安排高年级学生为低年级学生提供咨询服务，可以分为团体咨询和一对一咨询。

2. 斯坦福大学

斯坦福大学构建了一套完整的学业指导模式，以学生手册为学业指导的载体，以课程指导为学业指导的核心，构建院校两级组织结构体系，共同致力于为本科生提供个性化和多元化的学业指导服务（见图 1）。学生手册在新生入学时发放，人手一册，其内容每年更新，主要包括课程学习、专业选择、实习、海外交流、就业

---

① 　耿睿，詹逸思，沈若萌.中国高校学业指导手册[M].北京：清华大学出版社，2017：24.

等情况。课程指导主要包括四方面：基础性课程、通识性课程、研讨性课程和专业性课程。在组织结构体系方面，校级层面成立了学业指导中心，为本科生提供四年的学业指导。同时，院级层面配备了学业导师、学生服务主管和学生事务办公室，为学生提供全方位的服务——从新生入学适应到专业课程选择，再到实习就业咨询以及毕业准备。①

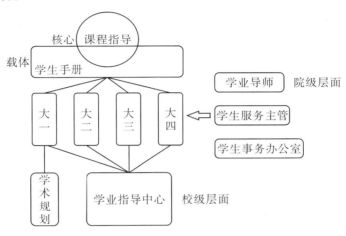

图 1　斯坦福大学学业指导模式

3. 麻省理工学院

麻省理工学院也成立了专门的机构负责学业指导——麻省理工学院本科生咨询与学业规划办公室（MIT Office of Undergraduate Advising and Academic Programming，UAAP），该机构承担了保障麻省理工学院本科生教学质量的职责。UAAP 的宗旨是整合全校学术资源，为本科生提供优质的教学服务，丰富他们的学习生活，帮助他们提高学习效率，在学习方面取得成功。UAAP 的服务包括经常性的服务和学生主动参与的服务。经常性的服务旨在帮助学生适应大学学习，包括学业咨询、学业管理和学习策略训练；学生主动参与的服务有独立活动期（IAP）和本科生研究计划（UROP）。学业咨询旨在帮助在校学生选择专业，指导他们如何达到毕业要求，帮助他们继续深造、实习和就业；学业管理是由学业表现委员会审查学生学术记录和学年表现，并根据学生要求，改变某些学术政策等；学习策略训练旨在为学生提供丰富的学习资源；独立活动期旨在帮助新生选择适合自己的社团；本科生研究计划旨在促进本科生和教师开展联合科研活动，帮助他们提高学术水平。

---

① 谢雯 . 斯坦福大学学业指导模式及启示——以工程学院为例 [J]. 黑龙江高教研究，2021（1）：11.

4.剑桥大学

剑桥大学作为世界上最古老的大学之一，已经形成了一套完整的学业指导体系，嵌套于学生服务体系中。剑桥大学高度重视对学业指导人员的制度约束、综合素质的提升，以及对学生的人文关怀，在此基础上形成了以导师制为基础，以咨询服务机构为补充的学业指导体系。[①]剑桥大学拥有世界上最古老的导师制传统，建立了完整的导师制度体系，明确规定了导师的申请与选聘程序、导师的种类与职责、指导内容与形式、奖励与考核等。咨询服务机构分为剑桥大学咨询服务机构（University Counseling Service）和学生咨询服务机构（Student Advice Service）。前者的工作人员为经过专业训练的专业咨询师，咨询内容广泛，可提供个体和群体咨询服务。后者的工作人员由 2 位全职专业咨询师和 3 位兼职学生会成员构成，主要提供学术、生活等方面的支持，提供服务的方式包括面对面交流、电话交流、电子邮件交流等。

（二）国内模式及经验

1.清华大学

清华大学是国内最早在学业指导方面展开积极探索的高校。该校于 2009 年率先在国内成立专门负责学业指导的机构——学生学习与发展指导中心（以下简称学习发展中心）。该中心围绕"知识传授、能力培养、价值塑造"三位一体的教育理念，贯彻落实"解决思想问题与解决实际问题相结合"的思想政治教育理念，为学生的学业发展提供专业化的指导、咨询和辅导服务。[②]在学业指导内容方面，学习发展中心逐渐构建起一套全频谱学习与发展支持体系，主要涵盖四个方面的内容：新生导引项目、学习困难学生帮扶项目、优秀学生因材施教项目和学习发展能力提升项目。在工作方式方面，主要采用个体咨询和大型讲座两种方式。在组织机构方面，形成了校院两级学业指导体系，校级层面依托学习发展中心开展工作，院级层面支持各院系带班辅导员开展学业指导工作。2017 年，清华大学将多年的实践经验与研究成果结集成册，出版了《中国高校学业指导手册》，这是国内第一本有关学业指导的理论与实践探索结晶。

2.复旦大学

复旦大学设立了学生发展中心，专门负责本科生学业指导工作。该中心致力于学生的学习与发展，以学生的迫切需求为着眼点，整合教育资源，促进学生个性化发展。学生发展中心的工作机制采用学校和书院两级平台，学校一级由党委学生工作部统筹负责，侧重于学生学习能力培养、学习心理建设、新生导航和研究咨询工

---

① 尚航，张德祥.剑桥大学学业指导体系的构成、特点及启示 [J].现代教育管理，2019（1）：119.

② 耿睿，詹逸思，沈若萌.中国高校学业指导手册 [M].北京：清华大学出版社，2017：56.

作；书院一级在各书院设立分中心，由导师、学生和辅导员共同参与，具体内容根据各书院特色而定。指导队伍人员构成主要分为三类：专职中心行政老师、专家咨询团队和朋辈志愿团队。工作内容主要包括四个方面：学业促进，开展各类专业课学习辅导；学业提升，搭建学术科研沟通交流平台；发展领航，举办各类分享交流会；研究咨询，推动课题合作研究。

三、我国高校学业指导的困境

虽然目前我国部分高校已开展学业指导工作的探索，并取得阶段性成效，但总体而言，我国高校学业指导工作还存在很多不足。

（一）对学业指导认识不足，尚未形成常态化工作机制

就制度层面而言，高校管理人员对学业指导的必要性和科学性认识并不充分，专为开展学业指导工作而提供的人才、经费、资源支持较少，导致教师参与的积极性不高。高校任课老师的主要精力集中在为学生授课和科研上，缺乏与学生的沟通交流，没有形成常态化的指导模式。辅导员主要对学生的日常生活进行管理，由于工作任务繁重、专业不对口等因素，对本科生的学业指导较少，只在某些学生出现学业预警的情况下才开展谈心谈话，督促其顺利完成学业。学校职能部门直接接触学生不多，对学生的具体需求了解不详，指导的针对性和专业性不强，无法形成有效的常态化的工作机制。

（二）学业指导专业化程度不够，缺乏专业的学业指导团队

目前，我国大部分高校没有成立专门的工作团队负责学业指导工作，一般由学工部或教务处老师兼任学业指导老师。他们大部分缺少相应的专业知识，也没有经过专业化培训，很难为学生在学业指导方面提供长期有效的帮助。学业指导应当是系统化的、科学化的、专业化的，有一定的方法和目标，要基于学生的现实问题提供长远规划服务。清华大学学业指导团队编写出版的《中国高校学业指导手册》指出，学业指导应当使用多种技术，包括交流技术、助人技术、教学技术等来帮助学生解决困难和做出决策；使用自己掌握的概念和原理，根据学生目前的需求和利益，帮助学生制订计划、设立目标，促进他们成长；根据他们对校园各项政策和设施的了解，帮助学生更快了解学校的政策、校园设施和各类资源。[①]

（三）学业指导内容和形式单一，尚未形成完整的学业指导体系

目前，我国高校的学业指导内容主要是学科专业介绍、课程选修指导及学生事

---

① 耿睿，詹逸思，沈若萌.中国高校学业指导手册[M].北京：清华大学出版社，2017：11.

务工作指导，采用的方式主要是集中讲座或一对一咨询，几乎很少涉及学习能力提升、学习规划、学习心理和学习方法等内容。有些高校会开展新生适应性教育，但是这种教育的组织模式以集体模式为主导，并非针对学生个体特点的个性化指导，故难以形成连贯性指导模式，同时忽略了参与学生的主观意愿。由此可见，目前我国高校学业指导模式较为单一，这显然不符合学业指导长效性和系统性的要求。

（四）学生群体对学业指导认识不足，尚未突出学生主体地位

学生群体对学业指导认识不足主要表现在两方面。一方面，学生初入大学，面对陌生的环境，容易形成抗拒心理，很少主动向外界寻求帮助，更多的是选择自己解决。当自己难以解决时，他们会优先选择向身边成绩优异的同学请教。此外，有些学生性格内向，不善与人交流，也不轻易当众发言，即使遇到学业问题，也很少主动寻求帮助，请老师答疑解惑。另一方面，学校在学业指导方面的推广宣传不到位，导致很多学生不了解学业指导的具体内涵，即使有学生希望得到专业化的学业指导，也不知道该向哪个部门寻求帮助。

四、加强高校学业指导工作的对策建议

（一）加强对高校学业指导的重视，明确学业指导的重要性

学校任课老师、行政管理人员都应明确学业指导对于高校人才培养的重要性，提高对学业指导的重视程度。学业指导不仅仅是为学习成绩较差的学生提供服务，帮助那些对学业迷茫的学生走出困境，更重要的是指导学生在现有基础上更加快乐、高效、有计划地开展学习，提升自身学习能力，改进学习方法。学校行政管理人员应提高学业指导工作的比重，推动学业指导工作常态化发展；任课教师应重视本科生学业指导，利用专业优势为他们提供个性化学习指导和学术规划；辅导员是学生的"知心朋友"，是最了解学生性格、最新动态、学业状况的老师，应当在日常交流中重视对学生的学业指导。事实上，帮助学生解决学业上的问题在很大程度上能够帮助学生解决思想上和生活上的问题。故而，应加强对辅导员学业指导工作的培训，鼓励辅导员积极参与学业指导工作。只有促使学校工作人员不断提高对学业指导工作的重视程度，才能真正推动高校学业指导取得实质成效。

（二）构建专业组织团队，丰富学业指导内容

完整、高效和专业的组织团队更有利于学业指导工作的开展，产生事半功倍的效用。目前，我国高校学业指导队伍不够专业，鲜有专职学业指导人员。要打造一支高素质、高水平和高能力的专业化学业指导队伍，可以采用专职和兼职两种聘用模式。专职工作人员一般应具有教育学或心理学教育背景，或常年从事相关工作并

接受过专业培训。兼职人员的来源可多样化，可以把学校专任教师、专家学者、辅导员和高年级学生吸纳进来，为学生提供全方位、多层次的指导。学业指导的内容越丰富，学业指导越能见成效。目前我国学业指导的内容太少，不仅要有针对性地增加专业课程咨询指导，而且要增加新生适应性教育、学业规划、学习方法、学习心理、时间管理等方面内容。专业化组织团队的建立和学业指导内容的进一步丰富，对学业指导工作常态化机制的建立具有重要推动作用。

（三）建立考评反馈机制，规范学业指导工作

建立学业指导考评反馈机制，有利于提高学业指导工作效能，及时发现指导过程中出现的问题，做出适当的调整与改进。考评机制用于对指导人员和指导部门的工作进行考评。反馈机制用于学生对指导工作中存在的问题提出反馈意见，帮助指导人员和机构进一步改进学业指导工作。考评可以分为外部考评和内部考评。外部考评是其他老师和其他部门对指导老师和指导部门进行考评；内部考评是通过问卷调查和访谈，由学生对相关指导老师和指导部门的工作进行考评。考评结果可纳入教师年终考核，并在评奖评优中予以倾斜，以进一步激发指导教师的积极性。同时，高校应进一步完善、畅通反馈渠道，使参与学生更加及时有效地将意见反馈至相关机构。需要注意的是，高校在建立健全意见反馈制度时应充分保护好学生的隐私。

（四）积极探索建立行业协会，加强专业化培训与交流

行业协会作为一个行业的权威机构，其建立必将有助于规范行业行为活动，保障行业内人员的权益，分享最新的动态资源，促进行业健康、持续发展。美国建立了世界上影响力最大的学业指导协会——美国学业指导协会，英国建立了卓越学习联盟，这两个协会对英美两国甚至世界高校的学业指导工作都产生了举足轻重的影响。我国也应努力建立学业指导的行业协会，通过该平台积聚行业智慧、人才和资源，组织学业指导专业培训和交流，打破行业壁垒，促进信息共享，共同推动国内学业指导工作发展。目前，国内尚未形成统一的学业指导规章制度，除了北京、浙江等少数地区，鲜有规范的制度文件出台，指导老师和学生的权益得不到有效保障。行业协会建立后，将有利于规范学业指导工作，也有利于促进教师职业道德的规范化建设。

五、结语

学业指导工作在高校本科教育教学体系中具有不可忽视的作用，加强学业指导工作是高等教育人才培养质量提升最重要的方式之一。通过借鉴国内外高校学业指导的模式及经验，进一步完善我国学业指导的工作模式，可有效提高我国本科教育教学的质量。

国内高校学业指导经验学习与借鉴
——清华大学"顶层设计"助学结构研究^①

傅哲 赵帅

（艺术学院）

摘 要： 在课堂教学与课后指导的过程中，制度建设、部门保障与全员参与，共同形成了较为科学的学业帮扶系统。该系统在社会语境、文化语境和学术语境的多重架构中，不断地变革与优化，进而与学生群体发生交流与互动，进一步推动部门间的协作。本文以清华大学"顶层设计"助学结构为研究对象，关注高校的学业指导工作在"双一流"建设及学科交叉融合背景下如何落地生根。

关键词： 学业指导；清华大学；朋辈辅导

"学业指导是指高校对学生在学习方面提供的指导和帮助，服务范围涉及学生学习相关的所有方面，旨在充分利用高校资源，设计反映学生能力和兴趣的计划，确立符合学生个性发展的价值目标。"^②百年大计，教育为本。随着我国经济社会的不断发展，我国高等教育粗入学率不断提高，有研究报告指出："我国大学生在校学生规模先后超过俄罗斯、印度和美国，位居世界第一。"^③在我国高等教育普及化的同时，高校学生学业问题不断突显，高校人才培养亟需系统、有效的大学生

---

① 本研究受四川大学 2022 年辅导员精品培育项目"党的二十大精神中关于网络生态建设与研究生思政教育的融合路径研究"（XGJP202207）资助。

② 教育部思想政治司.走进美国高校事务管理 [M]，北京：中国人民大学出版社，2011.

③ 中国高等教育规模居世界首位 超过俄罗斯印度美国 [EB/OL].（2009-09-11）[2022-7-30]. http：// news.china.com.cn/ 2009-09/11/content_18507408.htm.

学业指导体系与制度。

近年来，不断有专家学者对大学生学业指导现状这一课题进行研究，借助大量的文献资料和调查数据分析了我国高校学业指导工作取得的成绩和不足。尚航在其博士论文《高等学校本科生学业指导体系研究》中，通过对我国多所高校7000余名在校本科生开展问卷调查发现，现阶段我国高校学业指导对部分学生起到了很好的效果，但有将近半数的学生表示学业指导收效甚微（见图1）。

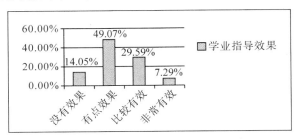

图1 学业指导效果问卷调查结果 [①]

一、清华大学多元、多面和多维的校院保障

与国外高校较为成熟的学业指导模式相比，我国高校专职化的学业指导起步较晚。清华大学相关课题研究组2017年的研究指出："我国高校学业指导处于专职化起步阶段。" [②] 我国部分"双一流"高校在学业指导方面已取得一定成果，在42所"双一流"高校中，约五分之三的高校设立了专门的学业指导机构，负责帮助学生规划学业生涯，提供学习资源，激发学习兴趣，为我国建立大学生学业指导体系提供了经验。

在国内的高校中，清华大学较早地开展了学业指导模式的探索。清华大学在充分吸收美国大学生学业指导体系先进经验后，于2009年建立了我国高校第一个"学生学习与发展指导中心"（Center for Student Learning and Development，CSLD）。经过十余年的发展，该中心探索出了一套相对完善的学业指导模式，这种模式为国内其他高校学业指导体系建设提供了参考经验。

在学业指导运行机制方面，清华大学加强顶层设计，整合校内外资源，在校学生工作指导委员会下设清华大学学习与发展指导中心，挂靠清华大学党委学生部，统筹协调学生学业指导工作。同时，清华大学加强各部门通力合作，明晰权责关系，与30个院系和21个校级部门及组织联合运作，搭建起多维的学业指导运行机制，

---

① 尚航. 高等学校本科生学业指导体系研究 [D]. 大连：大连理工大学，2019：73.

② 耿睿，詹逸思，沈若萌. 中国高校学业指导手册 [M]. 北京：清华大学出版社，2017.

有力促进了本硕人才培养工作。

在学校层面，出台了《本科生学业指导工作手册》《学习适应不良学生学业辅导工作实施办法》等管理文件，不断完善学业指导管理制度。清华大学学习与发展指导中心联合学校教务处开展了本科学生学业预警筛查、"双培计划"等学生培养工作，指导体系覆盖全体学生；与校统战部联合设立专项经费，用于开展对贫困学生、港澳台学生、国际学生等群体的指导。

在学院层面，重视带班辅导员学业指导工作，搭建转专业辅导理论框架，不断提升专业辅导水平，形成扎实有效的转专业辅导机制。院系定期开展辅导员学业指导培训工作，不断提升其理论研究水平。近年来，积累近万个学业辅导个案，供学业辅导员学习借鉴。同时，向学生开放公共学业支持服务，推出覆盖各个学科的百余节微课，策划录制"大学新生适应指南"在线课程，筛选出解决学生四大类学习困惑的咨询工具60余个，院校联手高效解决学生学业难题。

二、清华大学全频谱学生学习发展与支持体系的架构

目前，国内高校普遍存在学业指导体系不健全，指导内容相对宽泛，缺乏个性指导，在学生批判性思维、创造性思维培养及人际关系处理等方面缺乏力度等现实困境。有学者对39所"985工程"学校展开研究，发现"目前我国学业指导工作还没有形成自身的理论体系和实践模式。"[①]

经过多年的研究，清华大学学生学习与发展指导中心搭建了"全频谱学生学习发展与支持体系"（见表1），从学习科研、能力提升、生涯规划三个方面为学生学业生涯提供全方位指导，并对新生、学优生、学困生等因材施教。

清华大学的"全频谱学生学习发展与支持体系"依据学生表现将学生分为学困生、学优生和一般学生，依据学历层次将学生分为本科生和研究生，依据国家招生政策将特殊群体学生分为贫困学生、少数民族学生、港澳台学生与留学生等，针对不同学生的实际情况提供分类指导。依据学生需求，又将指导内容分为三大类，以便于为学生提供"定制"服务。第一类为学习研究，包含基础课程学习、学习科研方法和习惯、学习动力提升、论文写作等内容；第二类为能力提升，包括自我认知、时间及项目管理、演讲表达、写作表达等课程；第三类为生涯规划，包含双学位选择、出国交换和深造决策与准备等内容。

全频谱学生学习发展与支持体系为学生提供了从本科新生入学至研究生毕业的一体化"私人定制"学业指导，针对不同的学生因材施教，协助其完成"学业生

---

① 詹逸思，耿睿，刘响.中国"985工程"院校学习指导发展现状研究——基于全国39所"985工程"院校的调查研究 [J]，江苏高教，2014（1）：83-86.

涯规划"。

表 1 清华大学全频谱学生学习发展与支持体系 [①]

		全体学生		特殊群体学生				优秀学生	
		本科生	研究生	学习困难学生	家庭经济困难学生	少数民族与港澳台学生	双培计划与留学生	科技创新	领导力培养
学习科研	基础课程学习	通用	定制	定制	定制	定制	定制		
	学习科研方法和习惯	通用	定制	定制	定制	定制	定制		
	学习动力提升	通用	通用	定制	定制	定制	定制		
	论文写作	通用	通用						
	MATLAB/LaTeX等常用科研软件	通用	通用						
能力提升	自我认知	通用	通用	定制	定制	定制		定制	定制
	时间及项目管理	通用	通用				定制	定制	定制
	演讲表达	通用	通用					定制	定制
	写作表达	通用	定制					定制	定制
	导学关系	通用	定制					定制	定制
生涯规划	转系双学位选择	定制		定制	定制	定制	定制	定制	定制
	专业、学校及导师选择	定制		定制	定制	定制	定制	定制	定制
	出国交换和深造决策与准备	定制	定制	定制	定制	定制	定制	定制	定制

新生入学伊始，中心即启动"新生导引项目"，协助新生尽快适应大学生活并加强师生沟通。这一项目采用"10+8"模式，即本项目的每位老师负责 10 位同学，每年在寝室或食堂开展不少于 8 次沟通交流活动。针对"学困生"开展"学习困难生帮扶项目"，采用分级、分类和个性化的指导模式，"一人一策、一对一辅导"，加强学生学习方法与能力培养，制定适合个人发展的学业计划。针对"学优生"开展"优秀学生因材施教项目"，以"全过程累进支持、全方位匹配教育资源"的因材施教理念，为优秀学生提供了一系列服务项目。2001 年，清华大学开展"思源计划"，旨在培养具有强烈责任感与服务精神的优秀学子；设立以培养优秀科技创新人才为目标的"星火班"，启动培养具有优秀领导才能、致力于奉献公共事业人

① 尚航. 高等学校本科生学业指导体系研究 [D]. 大连：大连理工大学，2019：81.

才的"学生领导力唐仲英计划"。围绕全体学生的学习和发展能力，学校采取"重点培养与普遍提升"相结合的原则，定期开展学业指导的讲座与工作坊活动，了解学生需求，促进学业发展。

三、清华大学学业指导团队建设与朋辈育人模式探索

学业指导工作的开展，离不开具有专业素养的"职业化"学业指导团队。我国高校学业指导团队，大多以辅导员、班主任为主，存在指导队伍专职化程度不足的问题。在学业指导过程中，指导教师容易以个人经验为出发点，难以形成强大的合力，因而在学生群体中的认可度不高。清华大学在"朋辈指导"方式与策略的探索中，有效地解决了这一问题。

在清华大学的学业指导队伍中，"朋辈志愿者"一直是服务主体。清华大学学生学习与发展指导中心在建立伊始，即招募了一批品学兼优、具有奉献精神与专业素养的青年志愿者，他们以"朋辈志愿者"的身份，在同学中开展学业指导帮扶活动。同时，该中心又邀请了一大批杰出校友做线下报告会，为同学们制定个人学业生涯规划，并提供实践经验和案例，做好导向工作。近年来，清华大学"朋辈辅导"团队成员的素养不断提升，队伍中的博士生比例超过一半。同时，该中心尝试开展为期21天的"小伙伴计划"，借用朋辈激励，以打卡积分的形式，鼓励在校学生坚持早睡、早起和早读的"三早"正能量活动，帮助同学们养成良好的学习生活习惯。

在十余年的建设中，清华大学学生学习与发展指导中心已经逐步形成了"以院系专业教师和专职咨询师为核心，以班主任和辅导员为骨干，以朋辈志愿者为主体，以校友为支持的工作队伍"[①]。专职队伍建设，采用专职人员培养与聘请教育学、心理学等相关专业的专家相结合的模式。该中心重点承担学生学业咨询工作，同时不断开展交流培训，提升辅导员学业咨询专业素养。

截至2019年，清华大学学习与发展指导中心的指导团队规模达百余人，专业素养不断提升，一对一咨询服务的指导老师中能够提供双语服务的超过一半。在专业咨询师队伍中，有3位教师获得了全球职业规划师（GCDF）、全球生涯教练（BCC）、国际心理类型协会认证MBTI施测师资质，有4位获得了心理咨询师资格证。[②] 咨询师队伍骨干中，超半数已经获得博士学位或正在攻读博士学位。同时，中心制定了学业指导相关工作条例，激励学业指导队伍提供长期、专业且稳定的学业服务追踪工作。

---

① 尚航.高等学校本科生学业指导体系研究 [D]. 大连：大连理工大学，2019：80.
② 耿睿，詹逸思，沈若萌.中国高校学业指导手册 [M]. 北京：清华大学出版社，2017.

四、清华大学学业指导模式的经验启示

清华大学学业指导体系，坚持知识传授、能力培养和价值塑造"三位一体"指导理念，为其他高校整合学校资源，多方联合发力，建立适合本校实际的校院两级学业指导体系提供了较为丰富的参考经验。

（一）构建全覆盖指导体系

当代大学生群体，日益呈现多元化和个性化的特征，这就要求学业指导体系根据不同学生的特点，制定富有针对性的学业指导计划。清华大学"全覆盖"的学业指导体系，面向学生开放校内外所有相关资源，设计有"分级分类、个性化指导"的学困生帮扶系统，"全过程累进支持、全方位匹配教育资源"的学优生培养理念以及"重点培养和普遍提升相结合"的学习发展能力提升等方案。中心平均每学期为 1000 余名学生提供学习帮扶服务，开设的全校性学习方法讲座覆盖 2000 余人次，平均满意度达 96.35%；引进和自主编写高效学习手册达 12 册，每学期发放 5000 余册书籍。[①]

（二）加强学业指导队伍建设

清华大学重视扩充指导团队规模，提升指导人员专业素养和指导水平。其学生学习与发展指导中心构建了全方位、多元化和专职化的学业指导队伍体系；打破了原有的学业指导人员由行政人员担任的单一模式，尝试统筹各方力量，建设一支包含专职教师、专家导师、发展导师和朋辈导师在内的专业指导团队，为学生提供全方位、多形式的学业指导。对学业指导队伍，定期开展专业培训，以保障学业指导服务的质量。培训内容因人而异，对新成员着重加强规章制度、学业指导认识和指导资源获取等方面的培训，而对工作经验较为丰富的学业指导人员，则以专业技能提升、最新研究成果学习和经验交流为主。

此外，该中心也重视"朋辈互助"的辅导工作，努力营造互助互爱的校园环境，发展朋辈互助的校园文化。通过开展"一对一朋辈咨询"精品项目，朋辈辅导规模不断扩大，朋辈导师自身专业能力与综合素养不断提高。同时，中心不断完善朋辈辅导激励机制和选拔规范，以提升朋辈辅导的积极性和长效性。

（三）关注特殊学生群体学业指导

不同的学生群体在认知方式、学习习惯和学习效率等方面存在很大差别。因此，清华大学学生学习与发展指导中心针对新生群体、学习困难学生群体、毕业生群体

---

① 耿睿，詹逸思．中国大学生学习与发展指导体系构建研究——以清华大学学生学习与发展指导中心为研究案例 [J]，江苏高教，2012（6）：32.

等不同的学生群体，制定了相适应的学业指导策略。

围绕不同学生群体的帮扶措施，也是各个高校长期探索的热点话题。比如，新生群体由于刚刚步入大学阶段，面对新的环境和挑战，在学业方面往往会经历一段迷茫期，产生"不会学""不爱学"的学业问题。因此，新生群体对适应校园和专业方面的指导需求尤为强烈。

又如学习困难的学生群体，他们更加关注专业技能和学习能力的养成。清华大学的学业指导体系，在调动学生学习的主动性和持续性的过程中，通过"朋辈辅导"等多种形式，达到了较好的效果。其中包括进行"会诊式"帮扶，协助学习困难学生制定中长期学业目标；进行学业预警干预，及时介入，帮助他们走出学业困境，重塑学习自制力和学业自信心。在这方面，四川大学通过长期的探索与实践，亦积累了不少的经验与案例。

再如，毕业生群体面临着学业与就业的双重压力，为了帮助他们度过这一特殊时期，学业指导团队需要加强部门间的协作，调动教务、学工、就业、团委等多部门的力量，及时帮助学生制定合理、有效的学习策略，满足他们学业发展、职业生涯和留学深造等多方面的需求。

研究生学业指导工作机制及体系建设

——基于四川大学生物医学工程学院 2021 届研究生的实证分析 ①

田单　蒲雨吉　周长春　张倪惠

（生物医学工程学院）

摘　要：四川大学作为"双一流"建设高校，早已将学业指导纳入研究生教育范畴，并对导师提出了"七导"——导思想、导人生、导学习、导科研、导心理、导就业、导生活的明确要求。本文以四川大学生物医学工程学院的研究生学业指导工作为例，探讨其工作机制与体系，以期理清思路，推进该项工作迈上新的台阶。

关键词："双一流"大学；工科研究生；学业指导

四川大学生物医学工程学院（以下简称"学院"）是依托国家生物医学材料工程技术研究中心，整合四川大学"生物医学工程"学科近半个世纪的发展成就而成立的理工医交叉的学科型学院，是国际生物材料科学与工程学会联合会前任主席单位、中国生物材料学会挂靠单位。学院牵头建设学科"生物医学工程"在第四轮学科评估中被评为 A-（并列第四），在 2019 上海软科世界一流学科排名中位列全球第十，是四川大学重点建设的"双一流"学科和"高峰学科"。学院 2020 年 12 月毕业研究生 10 人，其中硕士 2 人、博士 8 人；2021 年 6 月毕业研究生 73 人，其中硕士 53 人、博士 20 人。学院于 2021 年 6 月组织毕业生开展了专项无记名问卷调查，剔除实习、在职请假等因素，收回问卷 72 份，回收率大于 90%，相关结果将作为本文的数据依据。

---

①　本研究获得 2021 年四川大学研究生思政精品项目"新形势下研究生党支部引领示范作用探索"资助。

中国高等教育规模、研究生教育规模分别位居世界第一和第二，当前经济转型中所产生的就业压力，势必会逐步传导到高层次学历上来，如何突破瓶颈，变危机为生机，是研究生学业指导中面临的重大挑战。因材施教是教育的宗旨，不同学校、不同学科、不同层次的学生群体可能在多方面存在较大的差异，有的放矢，才能取得实效。多年来，学院在研究生学业指导工作中做了一些探索，也取得一些成效。

一、学院研究生学业指导工作机制

（一）以科研为引领，推进"五育并举"

调查显示，学院研究生求学目标明确，排名前三的选项分别为"提升竞争力""对科研/知识/行业的热爱""为深造/出国/工作做准备"，合计占96%。而目标不明确，选择"随大流，先缓冲"的仅占4.2%。正是在这样的基础之上，多年来，学院坚持以科研为引领，推进"五育并举"。

1. 以科研为引领，帮助学生明确目标、坚定志向

研一学生刚进校时，都怀揣梦想，却难免对专业和科研工作一知半解。"梅花香自苦寒来"，令人瞩目的成果，往往需要付出无比艰辛的努力。在"在校期间主要压力来源"调查中，86.1%的学生选择了"学业、科研压力"，其占比几乎是另外三个选项占比的总和。在此情况下，因理想受阻而自暴自弃的情况极易发生。而以科研为引领，正可对症下药，帮助学生修正目标，坚定志向，展现出自信与自强，有助于充分挖掘学生个人学习的主观能动性，可以最大限度地激发学生的个人潜力。[①]

2. 以科研为抓手，培养学生家国情怀、务实精神

高等教育旨在落实立德树人根本任务，大力培养德智体美劳全面发展的社会主义合格建设者和可靠接班人。学业指导的目的是帮助学生明确学业发展方向，确立学业发展目标，开展学业发展规划，提升学习发展动力，改进学习方式方法，深入挖掘学习潜能，培养独立思考和创新创造能力，[②]而这些目标正好能在科研工作中较为完美地实现。学院以生物材料、医疗器械、医学信息和仪器为重点的学科方向，正是面向世界科技前沿、面向经济主战场、面向国家重大需求、面向人民生命健康等"四个面向"的集中展现，相关科研项目无不体现出家国情怀、求真务实精神，是实现研究生学业指导工作多重目标的有利抓手。

---

① 屈林岩.改善大学生学习指导　促进学与教的创新[J].中国高等教育，2010（Z1）：47–49.

② 吴晓昊.大学生学业发展指导的价值、现状及体系建设策略[J].学校党建与思想教育，2020（12）：76–78.

本届研究生中，81.9% 的人参加过国家级项目，13.9% 的人参加过省部级项目及"大创"项目。这些实实在在的项目，有助于学生变高谈阔论为求真务实，脚踏实地为新时代中国特色社会主义建设贡献力量，让爱国主义精神和家国情怀找到最直接的载体，不断开拓进取、砥砺前行。

此外，各类科研项目是团队既有成果的结晶，也承载着相关研究课题和方向的最前沿资讯，有利于学生站在巨人肩上，形成知识和技能的传承与累积，紧跟时代步伐，立足国民经济建设主战场，练就过硬本领，形成不可替代的竞争优势。

3. 以科研为引领，推动"创先争优"，促进"五育并举"

学院推进"创先争优"和"五育并举"成效显著，2021 届学生中，1 人荣获贵州省五一劳动奖章，5 人获国家奖学金，5 人获评省优秀毕业生，1 人入选"四川省残疾人励志报告团"，25 人获评校优秀毕业生 / 优秀毕业生干部，1 人获评校学术之星，1 人入选校研究生党史宣讲团，另有多人获得校级奖学金、校自力奖学金、校迪康奖学金、纽脉奖学金……

（二）创新创业工作蓬勃开展

创新是新需求产生的催动力，新需求才能创造未来发展的新空间，与之相对的旧产业的发展空间必然会被压缩。[①] 高校毕业生是促进社会发展进步的生力军，需要增强创新意识，强化创业本领，将自身专业知识转化为解决实际问题的能力，才能更好地实现自身价值。因此，高校的人才培养模式应从传统的"知识接受型"转变为"能力开发型"。[②]

学院高度重视创新思维与技能的培养，通过各类创新创业大赛和横向课题的开展，帮助同学更全面了解行业前沿和产业化实操，并对实验室工程化技术成果予以积极推广。学院还以党员学长牵头成立了30 余人的创新创业实践小组。2018年以来，学院研究生牵头的创新创业项目获得"互联网 +"国赛金奖 1 项、银奖 1 项，"创青春"国赛金奖 2 项，"挑战杯"国赛银奖 1 项，生物医学工程创新设计大赛国赛金奖 1 项，实现国家创新创业三大赛事国赛金奖的"大满贯"。

2021 年 6 月，学院牵头承办第一届四川省大学生生物医学工程创新设计大赛，学院共有 40 个项目参赛，并获得一等奖 2 项、二等奖 6 项。

实践是最好的老师。各项创新创业实践，不仅让学生接受了实践的历练，得到了企业家的青睐，还帮助学生实现准确定位，为未来职业发展明确目标、夯实基础。

---

① 雷益龙，吴晓晖，李天依 . 创业创新对促进国内大循环及就业的研究 [J]. 中国市场，2021（18）：181.

② 来梦婕 . 新时代高校深化创业带动就业的策略分析 [J]. 就业与保障，2021（7）：81–82.

（三）充分运用平台资源，全方位培养行业英才

学院坚持"顶天立地"的人才培养理念，"顶天"是瞄准国际前沿，"立地"是聚焦行业发展的关键性技术和工艺。长期以来，学院研究生作为国家生物医学材料工程技术研究中心、国药局监管科学研究院、材料基因组研究中心、国际互认的四川医疗器械生物材料和制品检验中心等科研机构的生力军，在多项工作中做出积极贡献，同时，上述科研机构也作为学生培养的助力者，反哺研究生培养，协同培育行业英才。

习近平总书记指出："高水平研究型大学要把发展科技第一生产力、培养人才第一资源、增强创新第一动力更好结合起来，发挥基础研究深厚、学科交叉融合的优势，成为基础研究的主力军和重大科技突破的生力军。要强化研究型大学建设同国家战略目标、战略任务的对接，加强基础前沿探索和关键技术突破……"①以此为指引，学院研究生培养基本实现科研项目全覆盖，学习和研究也得到了工程化、技术化、产业化指引，获得国家生物医学材料工程技术研究中心所组建的中试平台及检验评价机构的有力支持，形成强有力的平台支撑。相关项目和机构还为学生的工程化、产业化研究提供了有力的项目支持、岗位锻炼和资助。

当前，国家生物医学材料工程技术研究中心正以申请转建国家技术创新中心为目标，积极开展各项筹备工作，以期实现从科学探索到技术应用的转化，促进重大基础研究成果产业化。这将为学生提供更为广阔的发展空间，帮助他们充分发挥自主性和能动性，最大限度激发个人潜力，练就过硬本领，为中华民族伟大复兴的伟大事业贡献力量，在推进行业和产业的发展进程中实现自我的价值。

（四）加大国际化教育力度，拓展学生的国际视野

学院建立了广泛的国际交流与合作，与英、日、美等10多个国家的著名大学及科研机构签订了正式的科学研究与教育合作协议，已成为重要的生物材料国际合作基地。作为中国生物材料界对内对外联系的窗口，学院是国家一级学会中国生物材料学会挂靠单位，发挥着窗口和示范作用，发起、主办了一系列高层次、高质量的学术交流活动，推进了科学与产业进步并提升了中国生物材料的国际影响力。此外，学院还是国际生物材料科学与工程学会联合会主席单位（2016—2020），这进一步加强了中国与世界的合作与交流，促进了我国生物材料科学与工程进入国际前列并提高了中国的国际地位。

学院依托科技部生物医用材料国际科技合作与交流基地、教育部组织再生性生

---

① 习近平总书记在中国科学院第二十次院士大会、中国工程院第十五次院士大会、中国科协第十次全国代表大会上的讲话[EB/OL].（2021-5-29）[2022-8-15]. https://baijiahao.baidu.com/s？id=1701054394522616193&wfr=spider&for=pc.

物材料与工程创新引智基地，开设了"海外名师讲坛"，组织"大川视界"海外访学及海外实习，拓展了学生的国际视野。

在读期间，2021届学生中共有13人（占18.1%）具有参加国际学术会议经历，另有2名学生分别在德国和美国联合培养两年以上。

二、学院在学业指导工作体系建设方面的主要工作

（一）充分发挥研究生导师的主体作用

根据教育部《关于全面落实研究生导师立德树人职责的意见》，导师是研究生培养第一责任人，研究生导师的主要工作不仅在于"教"更在于"导"，除了学业科研方面的指导，更应当承担立德树人职责，指导学生的价值观念、科研品质和道德修养，实现全面育人。研究生导师要以德立身、以德立学、以德施教，做好研究生成长的指导者和引路人。[①]

四川大学作为"双一流"建设高校，早已将学业指导纳入研究生教育范畴，并于2017年正式出台《四川大学关于进一步加强和改进研究生思想政治教育的实施意见》，确立导师是研究生思想政治教育的首要责任人，教书和育人是导师的两大基本职责。导师负有对研究生进行思想政治教育和专业培养的首要责任，要把思想政治教育与研究生专业学习、科研训练指导工作相互渗透、有机结合，对学生完成"七导"，即导思想、导人生、导学习、导科研、导心理、导就业、导生活。

学院加强师德师风建设，研究生导师工作有效深入，还创造性地实行"小导师"制度，"老中青"协同，全面落实落细各项导师职责，有力推进研究生学业指导等各项工作，取得较好效果。参与问卷调查的72名学生对导师的评价情况为：非常优秀，46人（63.9%）；挺好的，20人（27.8%）；合格，3人（4.2%）；不做评价，3人（4.2%）；总体满意度91.7%，平均分4.43分（满分5分），无一例"基本合格"和"不合格"的评价。这体现出了学院研究生导师的高度责任感与担当，反映出导师们学业指导工作的用心与细致。

（二）坚持研究生班主任制度，选派优秀青年学者担任兼职辅导员

长期以来，学院坚持研究生班主任制度，选派优秀青年学者担任兼职辅导员。

研究生班主任制度的优点：首先，老师们在学术上是专家，在学业指导和思政工作中是过来人，能为学生提供全方位服务和快速准确的指引；其次，班主任和学生的作息时间、研究时间甚至开组会的时间都保持高度一致，可提供全天候指导；

---

① 王霁．"双一流"建设背景下的研究生导师职责探究[J]．教育教学研究，2019（11）：135–136．

再次，班主任更容易同导师深入沟通，发挥师生间的"桥梁"作用，学生更容易将班主任看作"娘家人"而不是"管理者"，敞开心扉交流，有效解决问题；最后，班主任工作大多属义务奉献，无形中发挥了榜样示范作用，激励学生增强自我管理的意识，勇于担当责任，不断成长。

在既往的工作中，班主任们能准确把握学科发展的规律与前景，掌握前沿资讯，以身作则，以鲜活的案例为镜，动之以情，晓之以理，规范学生的思想与行为，帮助学生健康成长。

在本届毕业生对学院各项工作的评价中，"对班主任和所在年级思政工作评价"获得了最高分，平均分为4.49（满分5分），体现了学生对其工作的高度认同。

（三）形成"三全育人"的学业指导统一战线

学院各项研究生学生活动蓬勃开展，党支部、研分会、班团组织较好发挥出桥梁和纽带作用，有力推进了研究生学业指导工作的全面落实，较好地避免了"死角"和"盲区"的出现。在学业指导中，学生可以以更加专业的身份发挥主导作用。[①]同时，由于朝夕的相处与共同的际遇，同学间本就是"贴心人"，学生党员和学生干部的工作更容易得到同学的认同。近年来，学院的"交叉学科硕博学生论坛""企业家和学长经验分享""院士新春茶话会"等活动得到了学生的一致好评。

三、结语

四川大学生物医学工程学院在研究生学业指导方面做出了一些积极探索，以科研为引领，推进创新创业蓬勃开展，充分发挥科研平台优势，拓展研究生国际视野，并充分发挥研究生导师主体作用，坚持研究生班主任制度，通过研究生组织配合形成"三全育人"的协同机制，取得了一定效果。

当然，上述机制和体系还须进一步完善。比如在调查中发现，学生学业以外压力的倾诉对象中，前四名为校内外老朋友（55.6%）、自己承受（47.2%）、家人（45.3%）、课题组成员（43.1%），而向老师、同班同学倾诉的比例明显偏低。所以在学业指导中，一方面应当更加积极主动，另一方面应加强个性化指导，以学生为中心，注重对学生自我发现、自我规划、做出决策等能力的培养。[②]

---

① 蔡翮飞，余秀兰. 我国高校学业指导：现实与愿望 [J]. 高教探索，2019（6）：30–37.

② 夏凤琴，刘青. 美国高校学业指导模式发展研究 [J]. 东北师大学报（哲学社会科学版），2020（3）：136–139.

探索本科生综合素质评价改革
驱动学生全面发展内核
——以四川大学为例

郭睿忻

（党委学生工作部）

摘　要：学生评价是教学发展的指挥棒，是落实办学导向的重要环节之一。落实《深化新时代教育评价改革总体方案》，改革学生评价，引导学生以德为先、能力为重、全面发展，是做好本科生综合素质评价的应有之义。改革本科生综合素质评价，一是从梳理评价指标的分类着手，以德智体美劳全面发展为导向，在原有评价基础上，丰富评价观测靶向；二是探索增值评价，建立基础性—发展性—奖励性评价分级，引导学生扎牢基础、积极发展；三是以强化过程评价为手段，建立第一课堂与第二课堂联动评价，在教学与实践中完成评价闭环。

关键词：综合素质评价；增值评价；过程评价

一、引言

大学生综合素质评价是根据一定的教育价值观和教育目标，对学生的思想道德、学业水平、能力素质、身心状况等进行的综合评价。[①] 对当代大学生的综合素质评价事关大学生学习发展的方向，也影响着教育发展方向指挥棒如何挥动、向哪

---

① 潘玉驹，何毅.论发展性大学生综合素质评价体系的构建[J].高等工程教育研究，2009（5）：113–117.

挥动等问题。综合素质评价体系的建设和完善是明确大学办学方向，落实立德树人根本任务和坚持发展十大育人体系的重要环节。中共中央、国务院印发的《深化新时代教育评价改革总体方案》（以下简称《总体方案》）将大学生综合评价体系提升到新的高度，即着眼于完善立德树人的教育体系，建立科学评价体系，提高教育能力和水平，推进建设教育现代化和教育强国。

二、综合评价体系的构建

综合评价体系的构建事关综合评价的全面性和可信性，应考虑导向性、全面性、合理性、客观性、可操作性等五大原则。[①] 部分学者依据对学生发展的综合指标的研究，制定了不同的综合评价体系（见表1）。例如，许二平等（2005）将学生综合评价分为基本素质评价和发展性素质评价，基本素质评价以德、智、体为基本评价指标，发展性素质评价以创新能力、组织管理能力、文体特长、操作技能、辅选修情况、特殊表彰为考核指标，分层次建立了综合评价体系。董卓宁等（2005）结合大学生的特点和导向性需要，将综合评价体系的指标分为思想政治素质、专业知识素质、实践创新素质、人文素质、身心素质。陈睿等（2018）在前人的基础之上，提出将志愿服务与社会实践、创新创业与国际视野纳入综合评价体系之中。

此外，不同高校的综合评价体系也各具特色。相比于早期高校"德智体"的三维评价，现在更多高校关注多维评价体系的构建（见表2）。

表1 不同研究构建的综合评价体系及其指标

研究者	评价指标（一级）						指标个数
刘国华等（2001）	思想道德素质	科学文化素质	身心健康素质	发明创造素质	劳动素质	—	5
夏怡新等（2003）	政治思想评价	智能素质评价	身心素质评价	审美意识评价	创新和实践能力评价	个性发展评价	6
许二平等（2005）	基本素质			发展性素质			2
	德	智	体	创新能力、组织管理能力、文体特长、操作技能、辅选修情况、特殊表彰			9
刘学伶等（2007）	思想道德素质	文化素质	科技创新能力	人文素质	组织实践能力	身心素质	6
董卓宁等（2012）	思想政治素质	专业知识素质	实践创新素质	人文素质	身心素质	—	5

---

① 陈睿，许蓓蕾，黄芳.大学生综合素质评价体系的构建 [J].高校辅导员学刊，2018（4）：64–68.

续表

研究者	评价指标（一级）					指标个数
何苏、黄伟（2013）	思想道德素质	科学文化素质	身心健康素质	创造创新素质	—	4
陈睿等（2018）	思想道德修养	学习与工作能力	志愿服务与社会实践	创新创业与国际视野	身心健康状况	5

表 2　不同高校的综合评价体系指标

高校	评价指标			
电子科技大学	思想品德素质	专业素质	身心素质	发展性素质测评
西安交通大学	品行素质	能力拓展	额外奖励	—
山东大学	学业成绩	基础性素质测评	发展性素质测评	—
浙江大学	思想政治素质	学业成绩	能力素养	体质健康
中国海洋大学	思想政治素质测评	科学文化素质测评	发展性素质测评	—

注：此表根据各学校网站公开信息整理。

中共中央、国务院 2020 年印发《深化新时代教育评价改革总体方案》，对现有学生评价提出了更为明确的要求，即"改革学生评价，促进德智体美劳全面发展"。针对人才培养观念，《总体方案》提出"坚持面向人人、因材施教、知行合一，坚决改变用分数给学生贴标签的做法"的具体要求。落实《总体方案》文件精神，探索综合素质评价改革，一是要贯彻全面发展、以德为先的评价导向，坚持立德树人为育人根本任务，树立德才兼备的人才发展理念，培养有德有才的真正人才；二是坚持面向人人，将评价主体从"少数精英"扩展为全体本科生，实现人人皆可参加评价，评价不仅是选优，更是促发展；三是破除唯分数论，要以评价为主、测评为辅。在不同评价指标中，要厘清评与测的关系，将分数作为评价的一个维度，丰富多维度评价成效展示。

根据以上思考，立足四川大学实际情况，本研究建立了四川大学本科生综合素质评价基本框架（见表3）。该评价体系以第一课堂的学业为主，旨在发挥评价导向作用，突出学业要求是学生学习发展的基本要求，也是评价的主要内容；以第二课堂为辅，旨在突出学生按照学校要求，从德智体美劳五个方面自我能动的发展。注重探索增值评价，在评价时采用"基础性评价＋发展性评价＋奖励性评价"评价方式。以基础性评价明确学生自我发展的基本要求，对标学校人才培养基本要求的学习实践情况；以发展性评价明确学生自我发展努力方向，发挥评价在人才成长过程中的"指挥棒"作用；以奖励性评价明确拔尖创新人才成长发展导向，重点突出追求卓越的价值导向。将评价从选拔导向转变为发展导向，直面评价对象发展起点的差异性，追踪被评价对象在某一时间段内数据的变化，真正关注每个评价对象的发展和进步，倡导"少比基础、多比进步""少比背景、多比努力"，以更全面、系统、理性、客观地判断评价对象的真实发展态势。

表3　本科生综合素质评价体系

评价内容		评价内容	素质评价分类		
学业评价		学业成绩学习情况			
素质评价	德	理想信念、责任担当、价值取向和精神风貌等方面的表现	基础性评价	发展性评价	奖励性评价
	智	参与学术文化讲座、学术会议、学术成果、学科竞赛以及学习实践活动的情况			
	体	积极锻炼身体，积极参加校院体育活动，认真参加体育课内教学，积极参与体育竞赛等，全面促进大学生体质健康水平，促进身心健康			
	美	选修美育课程的完成情况，参加美育、文艺活动的情况，学生参加文艺活动获奖情况			
	劳	勤俭、诚实、奋斗、创新、奉献的劳动精神，领会"幸福是奋斗出来的"内涵与意义			

三、关于改革评价办法的思考

落实教育评价改革，实施本科生综合素质评价，评价办法是关键。改革评价办法，一是落实信息化评价方式，要充分利用信息技术完善评价内容的过程化记录和过程性考核，充分提高教育评价的科学性、专业性、客观性，完善综合素质评价的监督与反馈机制。二是改进结果评价，改变唯分数论，实现评与测的统一，丰富评价主体，完善评价维度，将学生互评、教师评价、社会评价、家庭评价纳入其中。三是正确理解评价的深刻含义，发挥教育教学发展的指挥棒作用，树立科学成才观念，坚持以德为先、能力为重、全面发展，坚持面向人人、因材施教、知行合一，坚决改变用分数给学生贴标签的做法，创新德智体美劳过程性评价办法，完善综合素质评价体系，切实引导学生坚定理想信念、厚植爱国主义情怀、加强品德修养、增长知识见识、培养奋斗精神、增强综合素质。

医学一流人才培养的探索与实践①

孙晓东　　王镛伦　孙钰婷　张媛媛

（华西基础医学与法医学院）

摘　要： 医学一流人才是卫生健康事业高质量发展的基础。在党和国家的领导下，四川大学已经建成宽基础、精专业的一流人才培养模式。四川大学华西基础医学与法医学院在学校一流人才培养体系下，经过多年探索和实践，通过引导本科生尽早参与科研训练，培养学生的科研思维和能力；结合兴趣指导医学生有目标地深造，引导学生早立志、立长志；在人才培养全过程中贯彻思政教育，使学生树立健康中国的理想、理念，培育推进新科技革命的动力，培养担当民族复兴大任的一流医科人才。

关键词： 人才培养；科研实践；论文写作；思政教育

　　建设教育强国是中华民族伟大复兴的基础工程，培养医学一流人才是实施健康中国战略的重要任务。2018 年 5 月 2 日，习近平总书记在北京大学师生座谈会上发表重要讲话，强调新时代党和国家事业发展对高等教育的需要，对科学知识和优秀人才的需要，比以往任何时候都更为迫切。② 四川大学前校长李言荣指出，建设一流本科教育，培养一流人才是四川大学重要的工作。大学生独立研究能力的培养，一方面是让学生早一点接触科研，培养学生的研究能力，另一方面就是写作训练，

① 本研究受到四川大学研究生教育教学改革研究项目（YJSJG056，YJSKCSZ2019014，GSKCSZ2020019）和四川大学新世纪教育教学改革工程（第九期）研究项目（SCU9311）的资助。
② 习近平在北京大学师生座谈会上的讲话 [EB/OL]．（2018−05−03）[2018−10−20]. http：//politics.people.com.cn/n1/2018/0503/c1024−29961468.html.

学生通过不断地写作，其研究能力和深度学习能力就会提高。[①] 笔者团队在医学相关专业人才培养工作中就采用了以上方法，坚持通过科研训练和论文写作培养学生的创新研究能力，并结合兴趣指导其升学深造，尤其是用思政教育领衔人才培养的全过程。现将实践内容和心得总结如下。

一、尽早参与科研实践，让本科生有充足的时间和耐心培养创新科研能力

科研训练是让本科生参与科学研究的全过程，理解科学研究的要求，掌握科学研究的基本方法，提高发现问题、分析问题和解决问题的能力，是培养本科生科研能力和综合素质的重要途径。[②] 本科生参与科研实践对一流人才培养具有重要意义，对本科生的学术能力增长有显著影响。[③] 美国麻省理工学院最早开始对本科生进行科研训练，目前研究型大学大多都对本科生科研训练有成熟的管理体系，为培养高质量人才发挥着重要作用。[④] 四川大学高度重视大学生创新创业训练计划，每年立项校级项目千余项，为本科生开展科研训练提供了非常好的机会。据统计，四川大学超过 95% 的学生认为有必要进行科研实践活动。此外，四川大学大力建设本科生科研平台，倡导推进本科生进课题组、进实验室的多种模式。但实施过程中尚存在以下问题：①学生对科研活动与自身发展相关度的认识不足，认为老师应该是科研活动的主要参与者，学生是次要的；②学生对独立开展科研实践自信心不足，对导师的依赖性高；③学生对科研训练的认识不足，部分学生功利性太强。

针对上述问题，笔者团队主要采取了以下措施：第一，营造良好的科研环境。科研环境不仅包括实验空间和仪器设备，也包括科研人员。本科生开展科研实践一定会遇到很多困难，这时老师的支持和指导就非常重要。因此，作为老师，笔者团队在不上课的时间都尽可能常驻实验室，以保证随时为学生们提供指导、解决问题。第二，吸引学生尽可能早地进实验室。有三名本科生大二就进入笔者课题组，开始接受科研训练，整个本科期间跟着老师做了不止一个大学生创新创业项目。他们有足够的时间来培养科研思维、锻炼实验能力及论文写作能力，也自然就不功利，而

---

① 李言荣. 对建设一流本科教育的思考 [J]. 中国大学教育，2019（9）：4-6.

② 杨金燕，黄成敏. 不同年级本科生对科研训练的认识及参与 [J]. 高等理科教育，2021（2）：100-109.

③ 钱莉. 本科生科研参与及其对学生学术能力发展的影响——基于南京大学 SERU 调查的研究 [J]. 教学研究，2018，41（4）：93-98.

④ 王启立，何京敏，窦东阳，等. 研究型大学创新型人才培养体系探索与实践 [J]. 高等理科教育，2014，114（2）：32-35.

只以学术为念。第三，尽早进实验室，尽早以研究生为标杆，向研究生看齐。笔者课题组的组会每周一次，本科生进入实验室早，就可以在定期参加组会满一年后，像研究生一样在组会上汇报实验进展、分享文献、分享实验技术，这对培养科研思维非常重要。

二、尽早发表学术论文，让本科生爱上科研并有信心从事科研

尽早发表学术论文对学生的深造和未来的发展至关重要。首先，做科研一定会遇到挫折，而且短期之内无法看到成果，学生们很容易质疑自己是不是适合做科研，自己到底能不能走科研这条路。本科生刚进入实验室的时候，心中对科研的那点小火苗需要老师们小心翼翼地呵护。尽早发表学术论文就是给学生们吃的一颗"定心丸"，能让他们体会到科研的乐趣，对自己有信心，愿意坚定地在科研这条路上走下去。其次，发表论文能增强本科生的论文阅读和撰写能力，这是科研的基本功。

学术论文包含多种体裁，最常见的两种就是综述和论著。作者针对某一专题，分析、归纳大量原始研究论文中的数据和观点后，撰写成文，就是综述。论著则是作者将自己的科研、临床、教学的成果，按照一定的规范撰写成的论文，它是医学论文中最具典型性和代表性的文体，也是学术交流的重要方式。本科生最开始是对论文写作一无所知的，因此大多数本科生都是从中文综述开始锻炼自己的文献阅读和论文撰写能力。撰写综述是一个漫长的过程，在这个过程中需要先与老师讨论，确定选题，确定综述提纲，再搜集、阅读、整理、分析原始论文，形成自己的观点，然后撰写成文，并根据期刊社要求进行修回，最终被接受。这个过程对学生的多项能力都有很好的锻炼作用。[①] 笔者实验室的一位学生曾经撰写中文综述被拒稿，但他没有放弃，而是按照老师的要求修改综述重点并改写为英文综述，然后又对论文进行了大幅度的增删，重新画图，最后这篇文章在经历两次修回后终于被接受。这个过程前后历时接近两年，不仅锻炼了该学生的科研能力，也帮助他形成了迎难而上、坚忍不拔的科学精神。

三、结合兴趣指导深造，让学生们早立志、立长志

学生在实验室里接受了一段时间的科研训练后，自然而然会考虑是否继续深造、去哪里深造、选择什么专业深造等问题。这时，学校、专业、研究方向的选择，

---

① 张丽，黄芩，张旋，等 . 高等医科院校开设科技论文写作课的实践探索 [J]. 昆明医科大学学报，2015，36（4）：171-173.

经常会困扰他们。笔者课题组的一位本科生在进实验室一年后就决定深造，两年后就决定以后独立成立实验室，把学术作为自己的终身追求。兴趣在本科生对深造的追求中占有主要地位。[①] 这时，老师不仅需要结合学生未来的志向，也要结合他的兴趣、家乡、个性等，帮助学生分析，并坦诚地对学生提出建议，包括读研后应该怎么做，可能会遇到什么情况，需要如何应对，读研期间需要着重培养什么能力，等等。事实证明，老师的建议对学生读研期间的发展至关重要。要鼓励学生早立志、立长志，志向能给他们带来源源不断的动力，让他们在读本科期间锻炼出更强的科研能力。在引导学生立志的时候，语言是苍白无力的，老师要用自己的实际行动让学生明白什么是对科研的热爱，让学生体会到科研的快乐，让学生感受到充分的支持。这样，学生才能顺理成章地早立志、立长志，将科研作为自己的终身追求。

四、思政教育领衔，培养担当民族复兴大任的时代新人

高校的立身之本在于立德树人，培养社会主义建设者和接班人。四川大学要培养一流人才。什么是一流人才呢？四川大学前校长李言荣认为："国际上基本一致的看法是，学生要思想好、能力强、知识广、身心健康。国外也讲思想好，而不仅是只有中国讲。但我国更加注重培养出又红又专的人才。"本文之前讨论的实践和方法都是"术"而非"道"。要真正培养出"双一流"的人才，最需要的是以思政教育领衔人才培养全过程[②]。因此，对学生的思想政治教育刻不容缓。本科生加入实验室后和老师朝夕相处，随着与老师的接触和沟通增多，学生对老师的信任感自然也会增强，老师可以在很多问题上潜移默化地影响学生，这正是结合热点开展思政教育的好机会。老师可以通过一些鲜活的案例，因势利导，对学生开展关于家国情怀、科学精神、实验室安全、科研伦理的教育，将其培养成能担当民族复兴大任的时代新人。

五、结语

为了达到培养一流人才的目的，我们要通过大创项目、实验室自筹经费的开放项目等对本科生开展规范的科研训练，用论文写作锻炼学生的科研思维、阅读文献的能力和论文撰写能力，在这个过程中培养学生对科研的兴趣，引导他们走上科研

---

① 高雅，邹玉仙，郑丹莹.眼科学研究生读研动机与专业选择影响因素研究——以中山大学中山眼科中心为例 [J].中国高等医学教育，2019（9）：127-128.

② 罗仲尤，段丽，陈辉.高校专业课教师推进课程思政的实践逻辑 [J].思想理论教育导刊，2019（11）：138-143.

之路，并结合他们的兴趣指导他们深造。最关键的，则是用思政教育领衔人才培养全过程，引导学生早立志、立长志，成长为堪当民族复兴大任的时代新人。

"打铁还需自身硬"，教师自己的思想理念，教师如何对待科研工作、如何对待学生、如何对待科研伦理，这些都将对学生产生深远的影响。可以说，人才培养的关键在于教师以身作则。在人才培养过程中，教师对人才培养的热爱和激情是根，教师自身的科研发展是干，学校的政策和经费支持是雨水和阳光，根深干壮，阳光、雨水充足，才能最终结出硕果。

大学生学业指导现状调查及发力方向分析

——以 S 大学为例 [①]

李娟 孙克金 吴雨珊

发展规划处（"双一流"建设与质量评估办公室）

摘　要： 大学生学业指导是促进大学生学业发展与提升高等学校人才培养质量的一项重要工作。本文以 S 大学 2019 届毕业生本科教学质量问卷调查以及毕业半年后培养质量追踪评价问卷调查的数据为基础，对高校毕业生在培养结果和培养过程两方面所反映出的学业指导问题进行了基线分析，以期为高校本科生学业指导工作的发力方向提供有价值的参考。

关键词： 大学生；学业指导；发力方向

大学生学业指导是促进大学生学业发展与提升高等学校人才培养质量的一项重要工作。教育部思想政治工作司指出："学业指导是高等学校对学生在学习方面提供的指导和帮助，服务范围涉及与学生学习相关的所有方面，旨在充分利用高校资源，设计反映学生能力和兴趣的计划，确立符合学生个性化发展的价值和目标。" [②] 可以看到，学业指导工作是贯穿学生学业全程的系统工程，指导内容包括专业介绍、课程介绍、政策解读、制订学业规划、专业学习指导、课程学习指导、科学研究发展建议、国内外学习引导、职业规划与就业指导等各个方面。 [③] 一所高校的学业指

---

① 基金项目：2021 年四川省科技计划项目"新工科视域下工程教育创新能力培养路径研究"（2021JDR0317）。

② 郭晓亮，王东梅.高校辅导员开展大学生学业指导工作探析 [J]. 广西教育学院学报，2017（3）：109-111.

③ 温卓，马腾，汪祥松，等.论高校学业发展指导体系的建立 [J]. 智库时代，2018（36）：59-61.

导模式，是由教务和学工等部门合力搭建的一个立体化、全方位的学生专业引导和学习帮扶体系，是在对大学生学习状态深入分析研判的基础上，对学生学习方向、学习方法、学习习惯、学习效率等问题进行针对性、系统性的部署，其目标就是帮助学生更加清楚地认知自我，充分激发学生的学习兴趣和潜能，提高学生的学习能力、研究能力、创新能力、终身学习能力等。我们以 S 大学 2019 届毕业生本科教学质量问卷调查以及毕业半年后培养质量追踪评价问卷调查的数据为基础，对毕业生在培养结果和培养过程两方面反映出的学业指导问题进行基线分析，以期为本科生学业指导工作的发力方向提供有价值的参考。

一、从培养结果看学业指导工作需要发力的方向

从图 1 可获知，S 大学 2019 届毕业生以"正在读研和留学"（47.97%）、"受雇全职工作"（35.74%）为主，且"正在读研和留学"的比例较 2018 届（43.50%）有所上升，超过全国一流大学 2019 届平均水平（45.0%）。毕业生深造意愿持续增强，更多毕业生希望通过深造来丰富自身学历背景，从而提升自身的就业竞争力，体现出 S 大学着力培养高水平研究型人才的培养目标。同时，2019 届"准备读研和留学"的毕业生比例（9.52%）与上届（9.92%）基本持平，高于全国一流大学 2019 届平均水平（4.8%）。这表明学校需持续关注该部分毕业生的深造需求。2019 届考研失败的毕业生反馈，在准备考研的过程中的困难主要是"竞争激烈、压力大""复习过程枯燥，难以坚持"（分别占 58.49%、57.99%，见图 2）。

综合分析，毕业生初次考研失败的主要原因是初试总分未达到录取线，说明部分毕业生在考研规划、复习备考等方面存在不足。高校教务和学工部门可以在上述方面提供更加有针对性的帮助，尤其是针对大四复习考研群体进行心理调适的跟踪帮扶，搭建考研群体的互帮互助平台等。

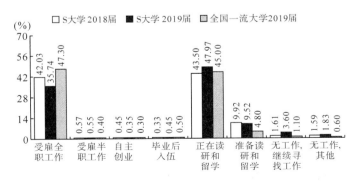

注：图中数据均保留两位小数，由于四舍五入，相加可能不等于 100%。

图 1　S 大学 2018、2019 届学生就业情况与全国一流大学 2019 届学生就业情况对比

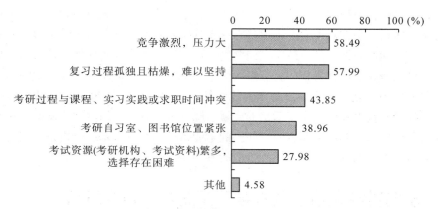

图2 S大学2019届毕业生准备考研过程中的困难调查

此外，在此次调查中，2019届仍有3.60%、1.83%的毕业生正在继续寻找工作和暂不就业。在"无工作，继续寻找工作"的人群中，有六成以上收到过录用通知，且人均收到过两份录用通知。从具体原因来看，个人发展空间和薪资福利是这部分毕业生拒绝已收到录用通知的主要原因，还有部分毕业生是因单位管理制度和文化而拒绝。这在一定程度上说明毕业生可能对自身及职业规划缺乏清晰的认知。因此，高校可通过从低年级到高年级的学业指导引导学生树立科学的就业观，同时注重学生能力素质的培养，促进学生更好地就业。

二、从培养过程看学业指导工作需要发力的方向

2019届毕业生本科教学质量调查的对象为S大学2019年毕业的全体本科生。共向8179名毕业生发放调查问卷，有5043名毕业生参与问卷填写，最终有4179名完成问卷填写，有效填报比例为47.93%。从数据统计结果我们获知，S大学学生对学校本科教育的满意度高达95.63%，对本科经历的满意度为87.10%，对所在院系的满意度为91.79%。但认为"所就读专业的实际情况非常符合学生预期情况"的仅有28.07%，有62.19%的学生认为"所就读专业的实际情况比较符合学生预期情况"，还有9.74%的学生认为"所就读专业的实际情况不符合或非常不符合学生预期情况"；同时还有5.91%的学生"不清楚或非常不清楚自己所在专业的培养目标"。这在一定程度上反映了学院和专业在学生学业指导方面仍存在真空地带，让每一个学生熟悉专业的培养目标，了解专业的实际情况应该是在大一大二就要全面实现的。因此院系应加强专业认知、专业发展等方面的信息宣传，多开展专业认知实践活动，促使学生全方位地了解和积极参与专业学习。

进一步了解学生在各个学期的成长轨迹，可以看出，大多数学生在大二上、大二下以及大三上学期开始知道自己在本科期间要做什么；从大三上学期开始，多数

学生知道本科毕业后要去哪，并找到自己长远的目标与方向，清晰地感觉到自己的成长与蜕变；但仍有 10% 的学生表示自己一直没有找到长远的目标与方向（见图 3）。

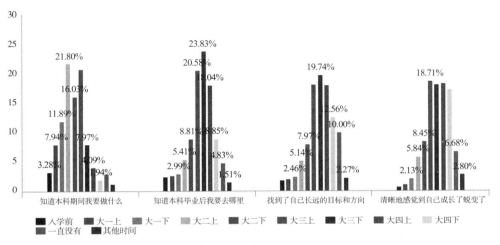

图 3　S 大学 2019 届毕业生成长轨迹

从"您大概在什么时候觉得自己真正迈进了专业的门槛？"一项的调查结果中，我们获知，认为自己在大一就已经跨入专业门槛的学生占比为 6.08%，认为是大二上学期的占比为 17.06%，认为是大二下学期的占比为 15.43%，高达 33.26% 的毕业生认为自己真正跨入专业门槛是在大三上学期，同时认为自己一直没有跨入专业门槛的毕业生占比达 3.54%。我们进一步调查了与学生的这种转变关系最为密切的事件，得出如下结论：促使学生意识到自己跨入专业门槛的最主要事件是修读专业必修课（占 40.37%），其次是进实验室 / 课题组（占 12.18%）、毕业论文 / 设计（占 11.17%）、参加本科生科研项目（占 7.90%）、学业引导或学业规划（占 6.46%）、参加学术类竞赛（占 5.29%）等。因此，大力度、全方位地推行课题制、项目制的学习方式，加强专业的学业指导和规划，全面开展各类学科学术竞赛活动，使本科生能亲身体验专业的科研、实践活动，能够促进学生更加积极主动地了解所学专业，从而从被动接受学业指导转变为自己做好学业规划，真正做到"授人以渔"。

在学生能力培养方面，由调查结果可知，S 大学 2019 届毕业生中有 40% 以上的学生认为自己在专业知识与技能，现代技术工具的使用，批判性思考能力，发现、分析与解决问题的能力，终身学习的意识，自主学习能力，包容心与同理心，清晰的自我认识，合作精神与团队意识以及抗压与心理调节能力等方面都有较大提升；但同时也有 11.34% 的毕业生认为自己的专业兴趣下降，12.04% 的毕业生认为自己的身体素质与运动频率下降，4.62% 的毕业生认为自己的自我控制与时间管理能力下降，2.06% 的学生认为自己的口头与书面表达能力下降，2.68% 的学生认为自己的好奇心下降。这在一定程度上说明 S 大学的学业指导工作还存在诸多不足，例如，需要通过更加有效的方式促使学生重视自己的身体素质和终身锻炼的习惯，也要从新生的学业引导开始就更加重视口头与书面表达能力的培养，等等。

三、结语

综上所述，S大学2019届毕业生对本科教育的满意度高达95.63%，说明S大学在学业指导方面的工作成效较好。从培养过程和培养结果两方面来看，学业指导工作在指导大四学生考研，帮助学生树立科学的就业观、促使学生重视身体素质等方面需要更有针对性。学业指导应始终坚持"以学生为中心"，坚持把指导学生学业发展与引领学生思想成长结合起来，在目前教育环境多元化和教育对象个性化的新挑战中，统筹全校的资源，切实为学生提供"全程化、多元化、全员化、个性化、分层次、专业化、信息化"的有效学业指导服务，助力学生成长成才。

积极心理学视域下硕士生学业指导现状与优化路径探究
——以四川大学文学与新闻学院为例

雷子慧

（文学与新闻学院）

摘　要：本文基于积极心理学的理论视角，以四川大学文学与新闻学院硕士生为研究对象，通过深度访谈的研究方法，对四川大学硕士生学业指导现状开展研究。访谈发现在学业指导过程中存在学生抑郁焦虑情绪凸显，师生间互动频率低、朋辈间互动频率高，实习及实践指导较为薄弱等问题。从心理建设、增加积极情绪，接受朋辈正向引导，加强实习实践环节等层面提出硕士生学业指导优化路径。

关键词：学业指导；积极心理学；硕士生；优化路径

一、引言

　　教育部高等教育教学评估中心编制的《中国高等教育评估词汇》中明确提出，"大学生学业指导"是指"高等院校对在校生进行的学术与非学术、课内与课外、大学学习与终身学习乃至职业生涯规划等在内的所有学习活动的指导。主要内容包括学习思想与观念、学习目标与内容、学习方法与手段、学习心理与道德等"[①]。近年来，国内围绕学业指导的研究路径归纳起来集中在实践和理论两大方面：前者重点介绍高校在学业指导工作中的做法，主要涵盖对国外高校学业指导的个案研

[①]　教育部高等教育评估中心.中国高等教育评估词汇[M].北京：高等教育出版社，2010：37.

究^①、对全国高校学业指导的宏观调查^②、对面向不同学生群体的学业指导方式方法的探索^③。后者重点介绍学业指导的人员培养^④、理论规范^⑤等。上述研究主要以本科生为研究对象，对硕士生学业指导的研究尚处于空白阶段。与本科生相比，硕士生的学业压力增大，对创新思维能力、心理素质及思想道德素养提出了更高的要求。在硕士研究生录取人数不断攀升的背景之下，探索适合我国国情的本土化硕士生学业指导模式意义重大。

积极心理学是以赛利格曼为代表的一批心理学家极力倡导的心理学研究方向，关注人类的和谐发展与健康幸福，倡导心理的积极取向，强调人的内在积极力量与外部环境的共同影响与交互作用，主张通过心理激励来最大限度地激发人的潜能，调动人的积极性和能动性，进而促进人们不断地向更高的人生目标奋斗。^⑥积极心理学理论现已广泛运用于各学科领域。学生是学业指导的对象，能否最大限度地激发其自身潜能，是衡量学业指导工作是否科学、有效的重要标准。因此，基于积极心理学理论来探索硕士生学业指导工作具有借鉴和启发意义。

二、研究设计

（一）研究问题

本研究将围绕三个方面的问题对四川大学文学与新闻学院硕士生学业指导状况进行分析：

第一，学业指导现状如何？

第二，学生对学业指导工作的满意度如何？

第三，学院现行的学业指导工作应该在哪些方面进行改进？

---

① 谢雯．斯坦福大学学业指导模式及启示——以工程学院为例[J]．黑龙江高教研究，2021，39（1）：8–13.

② 詹逸思，耿睿，刘响．中国"985工程"院校学习指导发展现状研究——基于全国39所"985工程"院校的调查研究[J]．江苏高教，2014（1）：83–86.

③ 高岳涵，张瑜．少数民族工科生学业指导现状与优化路径——以天津市T大学为例[J]．民族教育研究，2021，32（1）：169–176.

④ 李永山．论高校辅导员学业指导能力标准的完善——基于《高等学校辅导员职业能力标准（暂行）》的分析[J]．思想教育研究，2016（10）：104–107.

⑤ 王向红．大学学习指导中的伦理冲突及其调适[J]．高等教育研究，2016，37（9）：73–79.

⑥ 姚本先．大学生心理健康教育[M]．合肥：安徽大学出版社，2015：15.

（二）研究方法与对象

本研究采用深度访谈的研究方法，先用"目的性抽样"方法来选择适宜的研究对象，再利用"雪球抽样"方法筛选出具有较高信息密度和强度的个体来进行研究。最终，笔者在文学与新闻学院共选出14位不同专业的硕士生（男生7人，女生7人，且涵盖研一至研三年级）作为访谈对象。与每位受访者的访谈时间控制在40分钟内。为确保访谈资料的真实性、准确性和完整性，研究者注重与受访者建立和谐的研究关系。

三、访谈结果分析

（一）硕士生学业指导现状分析

在关于"遇到学业困难时向谁求助"访谈中，有12位受访者倾向于自己解决或向同学、朋友咨询，仅2位受访者提及更愿意向老师寻求帮助。受访者表示，与本科阶段相比，硕士生阶段因面临的挑战和压力更大，故日常生活和学习过程中情绪波动较大。在"情绪与学业的关系"这一问题上，14位受访者均表示情绪变化对学习效率有显著影响，积极情绪能够有效提升学习效率；10位受访者认为情绪变化对学习兴趣及学习动机无影响，剩余4位受访者表示积极情绪能够激发学习兴趣，强化学习动机。

在关于"学业指导专业化程度"的访谈中，受访者均表示目前接受的学业指导主要来自专业导师、任课教师、辅导员和朋辈。

在关于"学业指导内容丰富度"的访谈中，受访者均表示现阶段老师的学业指导集中在学习方法和论文写作上，在"实践"和"学业生涯规划"方面略显不足。

在关于"师生互动"和"学业指导同辈互动"访谈中，受访者均表示同辈互动频率高，师生互动频率低。

（二）硕士生学业指导满意度分析

在"对教师和行政管理人员的满意度"访谈中，9位受访者的满意度较高，3位受访者的满意度中等，2位受访者的满意度较低。在"对学校提供的各种资源的满意度"访谈中，13位受访者对学校提供的学习资源满意度较高，而对提供的专业实习、实践的机会满意度较低。

（三）访谈发现

通过上述访谈，本研究获得如下发现：

1. 学生抑郁焦虑情绪突显

随着社会竞争日趋白热化，硕士生群体出现了学习压力剧增、学习效率低、求职艰难等突出问题。一些硕士生对个人未来发展感到迷茫，浮躁、抑郁、焦虑情绪滋生，部分硕士生因此陷入负面情绪中。

2. 师生之间互动程度较低

在师生互动方面，硕士生受专业知识掌握有限、自信心不足、表达沟通能力欠佳、对师长天然存有畏惧感等因素影响，积极、自发与教师进行互动的较少。研一学生学业任务重，遇到学业困难时倾向于自我解决或向朋辈求助；研二阶段多数学生参加了校外实习，与老师接触、沟通的机会少；研三学生以毕业论文和就业为重点，与老师互动的频率有所增加。

3. 朋辈影响力较大

与师生互动不同，受兴趣爱好、思维方式、年龄等因素影响，硕士生朋辈间互动较为频繁。不同学科背景的人，思考问题的角度不同，在交流互动的过程中极易碰撞出创新思维的火花；低年级学生倾向于向高年级学姐、学长请教学习方法及求职策略。

4. 实习及实践指导有待加强

人文学科存在理论性强的特征。与理工医等学科相比，人文社科类硕士生参与实习及实践的机会大幅度降低，进而导致其信息检索、软件操作、数理分析等能力不足。受新冠肺炎疫情影响，可供部分专业（如汉语国际教育）的学生申请的实习及实践机会匮乏。

四、积极心理学视域下的硕士生学业指导理念

1. 以生为本，致力其全面发展

积极心理学理论重视人文关怀，尊重个体的个性差异和发展规律，强调主观幸福感的获得和生命价值的实现。积极心理学不是把人的积极状态仅当作解决心理问题或克服缺点的一项工具，而是以现实的个人作为出发点，充分尊重个体的主体性地位，通过积极暗示、合理归因等方式，帮助个体提高自我效能，以积极自觉地、有意识地培养积极品质，形成健康完整的人格，在主观能动性的充分发挥中实现全面发展。

高校硕士生学业指导是培养人、发展人、塑造人、转化人、完善人的社会实践活动。作为一项育人、育心、育德的综合教育活动，在积极心理学理论指导下的硕士生学业指导应注重"以生为本"。同时，高校硕士生学业指导还承载着人与人之间心灵沟通、思想碰撞和情感交流的功能，须以人文关怀为精神引领，强调对学生的尊重与信任，关心学生成长，重视学生精神需求，切实了解并帮助高校硕士生解决自身的思想困惑。

2. 充分调动积极力量

积极心理学认为每个个体心中都有积极和消极两股力量,积极力量能够帮助个体提升潜力、增强免疫力,获得心理和生理上的双重健康,因此主张研究积极品质的培养、积极情绪的体验和积极环境的塑造。在开展硕士生学业指导的过程中,应充分考虑个体的情绪变化及其所处校园环境氛围,充分调动学生的积极力量。

五、积极心理学视域下的硕士生学业指导路径优化

1. 继续深化心理健康教育,增加积极情绪

心理学家弗雷德里克森在《积极情绪的力量》中提出:情绪分为积极和消极两类。积极情绪具体表现为喜悦、感恩、宁静、兴趣、希望、自豪、逗趣、激励、敬佩和爱十种形式[1]。

为有效应对在校大学生心理问题日渐高发现象,增加其积极情绪,四川大学虽已开设心理健康教育相关课程,形成了校、院系二级心理咨询服务系统(校级层面:心理健康热线及线下一对一心理健康咨询;院系层面:二级心理辅导站),但选修心理健康教育课程的硕士生人数少;受在校学生人数庞大、顾虑隐私泄漏、院系二级心理辅导站师资队伍专业化程度较低等因素影响,硕士生预约校级及院系级心理咨询服务的人次较少。针对上述情况,笔者建议:将心理健康教育设为硕士生的必修课;扩大校级心理咨询的接待容量;院系二级心理辅导站进一步加强师资力量建设(现阶段以辅导员老师为主体),诚邀更多的专业心理咨询师和专业课教师加入。

2. 发挥朋辈正向引领作用,营造积极的校园环境

朋辈群体是学业指导的关键力量之一,朋辈群体通过模仿方式来实现外显行为的相互认同和转化,最终实现自己的期望倾向[2]。

如上文所述,硕士求学阶段,受年纪、思维方式、求学经历等因素影响,朋辈间互动较为频繁。在此条件下,笔者认为需进一步完善优秀学姐、学长的朋辈辅导机制,营造积极友爱的校园环境。可筛选出不同性格、不同专业、不同求职意向的朋辈代表,分别在心理建设、时间管理方法、学习方法、生涯规划等多个方向,通过专题经验分享会的形式,为朋辈指点迷津。

3. 整合校内外资源,加强实习及实践指导,形成积极体验

学校层面可依托学工部、研工部、就业指导中心在全校范围内匹配理、工、医优势力量,为人文社科类硕士提供息检索、软件操作、数理分析等实践课程学习指

---

① Fredrickson B L. What good are positive emotions? [J].Review of General Psychology,1998(2):300–319.

② 张家军. 论学生同辈群体的作用及其实现机制 [J]. 当代教育科学,2009(11):47–51.

导，实现跨学科交流互助。

此外，学院层面可分阶段、分步骤与中小学、事业单位、企业等签订实习协议，为在读硕士生提供更为充足的实习岗位，使其形成积极的体验，为后续的生涯规划奠定基础。与此同时，学院应建立专门的实习指导师资队伍，帮助学生解决在实习过程中遇到的各种问题，并在实习结束后对学生进行考核评价。

"新文科"建设背景下激发"00后" 大学生学习能动性的机制研究 ①

杨珊

（文学与新闻学院）

摘　要： 本文以"00后"大学生为研究对象，以"新文科"建设为研究背景，聚焦文科学生的学习能动性问题。研究在自我决定理论的指导下，采用深度访谈的研究方法系统把握"00后"文科大学生的学习动机，并针对学生中存在的没有树立远大学习目标、缺乏交叉学科学习意愿、自主思考探索能力有待提升等问题，始终围绕立德树人的核心，从学院、专业教师、教务老师、辅导员、学生五个方面入手构建五位一体的提升"00后"大学生学习能动性的机制体系，为改善"00后"大学生的学习能动性提供针对性指导。

关键词： 新文科建设；"00后"大学生；学习能动性

2018 年 9 月，首批"00后"大学生走入大学校园，成为大学中一股独具特色的新鲜力量。少年强则国强，作为新时代大学生中最年轻的群体，"00后"大学生以朝气蓬勃的面貌在大学的学习和生活中展示着他们的创新性和创造力。他们心怀使命意识与责任意识，敢为人先，熟练使用各类互联网学习平台，将线上互动与线下实践深度融合，全方位进行着思想理论学习与专业技能训练，将求知欲和质疑

① 本文系四川大学新世纪高等教育教学改革工程（第九期）研究项目"新文科建设背景下激发 00 后大学生学习能动性的机制研究"（SCU9060）、2019 年度四川大学青年教师科研启动基金（思政教师专项系列）项目"新时代大学生基于移动 QQ 平台的自我表达与网络素养研究"（sksz201907）、四川省2021—2023 年高等教育人才培养质量和教学改革项目（JG2021-324）的阶段性研究成果。

精神充分发挥，在努力成为新时代人才的同时，为实现中华民族伟大复兴贡献着自己的力量。

但随着年级的升高以及学习难度的增大，"00后"大学生在升学压力下逐渐暴露出"内卷性"学业竞争蔓延、以功利性学习目标为导向、厌学情绪突出等问题。尤其是对学习人文社会科学的学生而言，在"新文科"建设的背景下，如何应对国家、社会对文科人才发展提出的新要求，如何有效利用"新文科"建设的时代契机从提升学生学习能动性入手改善"00后"文科大学生的学习效果、全方位提升"00后"文科大学生的综合素养，是本文研究的重点问题。针对此，本文将从"新文科"的内涵与时代价值、"00后"文科大学生的学习现状与存在的能动性问题、提升"00后"文科大学生学习能动性的策略三方面入手，探究"新文科"建设背景下激发"00后"大学生学习能动性的机制体系，以期能为解决"00后"文科大学生在学习过程中面临的问题，提升"00后"文科大学生的培养质量提供有效的建议。

一、"新文科"的内涵与时代价值

"2019年4月29日，教育部、中央政法委、科技部等13个部门在天津联合启动'六卓越一拔尖'计划2.0，全面推进新工科、新医科、新农科、新文科建设，旨在切实提高高校服务经济社会发展能力"[1]，并将2019年定为新文科建设启动年。"新文科"成为当下高等教育发展中需要认真思考与探索的重要问题。

"新文科"这一理念由美国希拉姆学院于2017年率先提出，"是指对传统文科进行学科重组、文理交叉，即把新技术融入哲学、文学、语言等课程之中，为学生提供综合性的跨学科学习"[2]。国内学者王铭玉、张涛则提出："新文科是相对传统文科而言的，是以全球新科技革命、新经济发展、中国特色社会主义进入新时代为背景，突破传统文科的思维模式，以继承与创新、交叉与融合、协同与共享为主要发展建设途径，促进多学科交叉与深度融合，推动传统文科的更新升级，从学科导向转向以需求为导向，从专业分割转向交叉融合，从适应服务转向支撑引领。"[3]此外，安丰存等认为，"新文科"建设具有"战略性、创新性、开放性、系统性、针对性"五个方面的特征[4]。

习近平总书记在全国教育大会上强调："改革开放和社会主义现代化建设、促

① 新华社.教育部启动实施"六卓越一拔尖"计划2.0[EB/OL].（2019-4-30）[2022-7-20].http：//www.moe.gov.cn/jyb_xwfb/xw_zt/moe_357/jyzt_2019n/2019_zt4/tjx/mtjj/201904/t20190430_380202.html.

② 张俊宗.新文科：四个维度的解读[J].西北师大学报（社会科学版），2019（9）：13-17.

③ 王铭玉，张涛.高校"新文科"建设：概念与行动[N].中国社会科学报，2019-03-21.

④ 安丰存，王铭玉.新文科建设的本质、地位及体系[J].学术交流，2019（11）：5-14.

进人的全面发展和社会全面进步对教育和学习提出了新的更高的要求。我们要抓住机遇，加快推进教育现代化，不断使教育同党和国家事业发展要求相适应、同人民群众期待相契合、同我国综合国力和国际地位相匹配。"① 就"新文科"建设的时代意义而言，一方面，"新文科"与传统文科相对，能够有效解决传统文科受市场功利主义价值观影响的危机，培养具有人文精神、适应国家发展需要的"新文科"人才；另一方面，建设高水平的"新文科"，能从文科入手，通过学科重组与交叉、深度融合数字技术与互联网技术，拓展文科的内涵与外延，从而有效提升我国高等教育的质量。与此同时，"新文科"建设也是构建中国学科体系、学术体系、话语体系，展现与我国综合国力和国际地位相匹配的文科学术发展水平的必然要求。用中国特色"新文科"向世界展现中华文化的博大精深与时代魅力，在全球化飞速发展的今天对展现我国的大国形象具有重要的价值和意义。

在"新文科"建设理念的指导下，新时代高等教育迎来了前所未有的发展机遇，肩负着"培养知中国、爱中国、堪当民族复兴大任的新时代文科人才，培育新时代社会科学家，构建哲学社会科学中国学派，创造光耀时代、光耀世界的中华文化"②的历史使命。而要取得"新文科"建设的胜利，实现这一系列伟大目标，国家、高校、教师、学生需要协同并进。基于此，四川大学通过"夯实、提升国家级科研基地，培育、创新准国家级科研平台，凝聚、构建中国特色的川大学派"三大举措，大力推动哲学社会科学的繁荣发展。面对学校提供的一系列优势平台和特色学派资源，我校文科大学生应该如何通过交叉学科学习来改善并提升学习能动性是目前需要解决的重点问题。

二、"00后"文科大学生的学习现状与存在的能动性问题

笔者作为辅导员，在日常的教学和学生管理工作中，通过与学生谈话和深入课堂发现，"00后"文科大学生在学生工作中展现出了突出的创新性和创造力，但在学习中却相对缺乏活力。学生虽然能在学习中充分运用自己的理解力、领悟力、感受力，快速高效地理解掌握专业知识，但在学习的自主性、能动性以及交叉学科学习成效上却存在以下三点突出问题：

---

① 新华社 . 习近平出席全国教育大会并发表重要讲话 [EB/ OL]. （2018-9-10）[2022-7-20].http：//www. gov.cn/xinwen/2018-09/10/content_5320835.htm.

② 吴岩 . 积势蓄势谋势 识变应变求变 全面推进新文科建设 [EB/OL].（2020-11-3）[2022-7-20].https:// www.eol.cn/news/yaowen/202011/t20201103_2029662.shtml.

（一）对思想政治类课程的学习动力不足，对国情大势理解不深入，难以确立"成为堪当民族复兴大任的新时代文科人才"的学习目标

树立明确的学习目标是激发大学生学习能动性的前提和基础。"00后"文科生自进入大学校园以来，根据不同阶段的学习重点先后制定了阶段性目标，具体包括：提高学习成绩、加强科研训练、在学科竞赛中获奖、获得国内外攻读研究生的机会……这些目标指导着"00后"文科生在不同学习阶段取了良好的学习成果。与之相对，少有学生在大学阶段能够站在"堪当民族复兴大任"的高度树立宏大的学习目标。这一现状与当前"00后"文科生对思想政治类课程学习兴趣低，对国情大势理解不深入有直接关系。没有宏观层面的学习目标统领，"00后"大学生在不同阶段确立的阶段性目标就缺乏坚定的统领和指导，从而表现出随机性强、执行力弱、学习成果有限等问题。

（二）受成绩"内卷"竞争影响严重，修读其他学科的课程尤其是理科课程的意愿低

近两年，"内卷"成为流行于"00后"大学生间的热词。不少文科生深度陷入以"成绩"为唯一导向的"内卷"竞争之中。大批学生为达到"拿高分"的目的，在撰写论文时一味地增加字数，在课堂展示时重形式不重内容，在小组讨论时只关注提出问题的数量而不关注质量……这一系列流行于学生间的"潜规则"严重影响了"00后"文科生以"人文底蕴"为核心的学习氛围，消解了他们对专业学习的兴趣和能动性。与此同时，对"成绩"的过分追求，也导致文科大学生在选课期间会进行精准的筛选和计算，"哪位老师给分高就选哪位老师的""理工科课程坚决不能选"成为学生选课的主流准则。这些准则显然与"新文科"建设的主旨相悖，无法实现高等教育培养交叉复合型人才的目标。

（三）习惯依赖网络进行搜索式学习，自主思考和探索能力降低

"00后"大学生作为互联网的"原住民"，是在网络传播环境中长大的一代。他们深谙网络化生存方式，不仅日常生活的各个领域都依托互联网平台进行，在学习中也养成了遇到问题就上网搜索的习惯。尤其是到了大学阶段，大量的小组讨论和课堂展示都需要查阅文献资料才能完成，上网搜索成为文科大学生的首选手段。虽然互联网中有大量有价值的文献资料可以辅助文科大学生进行学习和研究，但网络信息的海量性也导致大学生检索到的信息质量参差不齐，误导学生对所学知识的认识和理解。与此同时，习惯于网络搜索资料的便捷高效后，大量文科大学生在学习过程中遇到问题时不再愿意花时间独立思考和研究探索，这一点与文科学习的思辨性、批判性产生了强烈冲突，也引发了任课老师的普遍担忧。

综上所述，在"新文科"建设的背景下，"00后"文科生在学习目标、学习动力、学习质量方面仍然存在着突出的问题。这些问题都深刻影响着他们学习的自主性和能动性，进而影响"新文科"人才培养的质量，是目前需要解决的关键问题。

三、提升"00后"文科大学生学习能动性的机制探究

针对前文提到的"00后"文科大学生的学习现状以及存在的三大能动性问题，笔者以自我决定理论为指导，将我院"江姐班"2018级汉语言文学基地班和新闻班作为访谈对象，采用深度访谈的研究方法，深入了解中文专业和新闻传播专业同学的学习动机，并以此为切入点，展开提升"00后"文科大学生学习能动性的机制探究。具体而言，本文以"质量为王、守正创新、分类推进"为原则，把握"新文科"建设过程中"专业优化、课程提质、模式创新"的三大重要抓手，立足我院建设"中国新闻传播大讲堂"这一突破口，从学院、专业教师、教务老师、辅导员、学生五个方面入手，构建提升"00后"文科大学生学习能动性的"五位一体"复合型机制体系。

自我决定理论由美国学者 Edward L. Deci 和 Richard M. Ryan 提出。该理论认为人的自主决定行为以自主性动机为基础。自主性动机主要包括内部动机和整合的外部动机。二者在作用过程中相互影响。其中，内部动机是完全自主性的动机，它不受外在因素影响，是个体由于行为对象有趣或为了满足心理需求才产生的行为。外部动机则是指个体为了得到奖励、他人的支持或避免惩罚等外在的收获而产生的行为。[①]通过深度访谈，笔者了解到两个专业的学生学习的内部动机以获取知识、提升素养为主，外部动机则以取得好成绩、实现升学、为找工作储备知识为主。在访谈过程中，多位受访者提到自己在学习期间由于受成绩压力和同辈竞争影响逐渐丧失了学习交叉学科的动力，进而产生了对所学专业单薄，毕业后无法在社会立足的担忧。其中尤以新闻学专业学生表现得最为突出。由此可见，跨学科的融合式交叉学习是"00后"文科大学生顺应学习动机、满足学习需求、提升学习获得感的重要突破口。

以访谈结果为指导，本研究提出提升"00后"大学生学习能动性的"五位一体"机制体系。即将"立德树人"作为核心，在学院层面全方位推进课程思政与交叉学科教学计划体系建设；在专业教师层面加强一对一交叉学科兴趣培养教育；在教务老师层面打通与其他学科的连接通路，优化课程培养体系；在辅导员层面增强以"成为堪当民族复兴大任的'新文科'人才"为导向的学习目标指导；在学生层面鼓励、

---

① Edward L Deci.Intrinsicmotivation and self-determination[J].Encyclopedia of Applied Psychology，2004（2）：437-448.

指导学生根据不同学习动机制订有针对性的学习能动性提升指南。在具体实践过程中，可采用以下五个层面的应用策略：

第一，就学院层面而言，必须大力推进课程思政建设，从思政课与专业课两个体系协同入手，切实有效地帮助"00后"大学生逐渐树立起"成为堪当民族复兴大任的'新文科'人才"的发展目标，从根本上调动学生学习的能动性。与此同时，学院还需以"新文科"建设的规划为指导，进一步完善教学计划，细化学生修读跨学科选修课程的细则和类目，组织学院各学科的专家制定跨学科学习的课程修读指南，帮助学生克服跨学科学习的畏难情绪。

第二，就专业教师而言，应立足于其在"00后"大学生中的影响力和引导力，在讲授专业知识的同时，从对专业学习的有用性和有效性入手，有意识地培养学生跨学科学习的兴趣，引导学生科学看待课程考核。同时，通过优化课程考核方式，将课程考核的重点转移到考查学生的思辨力、创造力和交叉学科体验力上，以考促学，逐渐弱化学生在传统应试过程中的"内卷"压力。

第三，就教务老师而言，应在选课、教学、学习的流程和条件方面进一步改善学生跨学科学习的环境。尤其应该通过与其他学院的教务老师协商、交流，逐渐降低各个学院对外学院学生选修本学院专业课程的门槛，畅通学生跨学科选修课程的通道，使"00后"大学生能够有更多的机会接触到门类多样的其他学科的课程，并根据自己的学习需求自主选择所需的课程，从而通过良好的学习环境调动学生学习的能动性。

第四，就辅导员而言，则应该在继续做好思想政治教育的同时，引导学生树立明确的学习目标。同时，发挥辅导员深入学生的优势，通过一对一谈话了解"00后"文科大学生在不同阶段的学习需求和学习目标，与专业教师协作培养他们学习交叉学科的兴趣，指导他们树立通过不断学习为共产主义远大理想和中国特色社会主义共同理想而奋斗的信念和信心，在宏观与微观两个层面调动"00后"大学生学习的能动性。

第五，就学生而言，作为学习的主体，则是本文提出的"五位一体"机制体系的核心。从根本上而言，学校、专业教师、教务老师、辅导员老师的教育和引导对学生来说都是外部影响因素，学生能否科学看待"内卷"压力和同辈竞争，能否形成志存高远的学习目标和学习理想，仍需学生认真检视自己当前的学习问题和学习状态。学生应在学校和老师的带领下不断思考，开阔视野，通过能动性的学习不断提升自己的能力、素养，努力成长为能当民族复兴大任的新时代人才。

整体而言，本文通过对"新文科"建设的时代背景与价值、"00后"文科大学生的学习现状与存在的能动性问题以及提升"00后"文科大学生学习能动性的机制进行系统分析，深入了解了"00后"文科大学生在学习过程中存在的紧迫问题并提出了切实可行的对策建议。而落实到实践中，本文提出的"五位一体"复合型机制体系将始终以学生为主体，依托"00后"大学生依赖的互联网平台，通过构建交叉学科学习的兴趣交流群、学业指导论坛、通知发布网站等空间把学院、教师、学生三大主体有机结合，实现多向联动，全方位提升学生在"新文科"建设背景下学习的能动性，为改善文科教学质量、提升文科科研实力提供新的突破口。

学业指导实践探索

辅导员在学生考研过程中的角色扮演

张波　唐禹　唐娟

（物理学院）

摘　要：近几年，"考研热"不断升温。考研不仅是大学生的个人选择，更反映出社会发展对高层次人才的需要。本文以高校辅导员的视角，从激发学生考研热情，整合各类资源为考研学生提供指导和服务等方面着手，分析辅导员在学生考研过程中的作用发挥。

关键词：考研；辅导员；作用发挥

一、大学生考研的现状和意义

据教育部数据统计，自 2017 年全国考研人数突破 200 万后[①]，2023 年全国考研报考人数更是达到 474 万[②]，短短 7 年时间，考研人数翻了一番。从数据来看，近几年我国考研人数不但持续增加，而且增幅也越来越大。

我国历来高度重视人才的培养。党的十九大报告提出要"坚定实施科教兴国战略"，推动经济高质量发展。习近平总书记也指出，发展是第一要务，人才是第一资源，创新是第一动力。[③]因此，培养高层次人才，不仅是经济发展的需要，更是

---

① 2015—2019 年全国硕士研究生报考数据分析报告 [EB/OL].(2019-9-30)[2022-7-30].https：//yz.chsi.com.cn/yzzt/fxbg.

② 众志成城护研考——二〇二三年全国硕士研究生招生考试回眸 [N]. 中国教育报，2023-01-11（1）.

③ 聂晨静 . 习近平：发展是第一要务，人才是第一资源，创新是第一动力 [EB/OL].（2018-3-7）[2022-7-30].http：//xinhuanet.com/politics/2018lh/2018-03/07/c_1122502719.htm.

国家产业转型升级、建设创新型国家、实现民族振兴的需要。就考生个人而言，继续深造也是其未来在更大舞台实现个人价值、在激烈的就业市场竞争中脱颖而出的有效途径。

二、辅导员在学生考研过程中的作用发挥

辅导员作为学生思政教育的主力军，不仅要负责学生理想信念的教育，还要负责学生日常事务的服务和日常行为规范的管理。可以说，辅导员是大学老师中与学生接触次数最多、交流最为频繁的老师，同时也是学生最熟悉、最信赖的老师，对学生的影响贯穿整个大学阶段。因此，辅导员能否引导学生做好学业规划，能否激发学生继续深造的愿望，能否在学生考研过程中做好指导和服务，对学生能否考研成功显得尤为重要。

辅导员在学生考研过程中的作用发挥主要包括以下三个方面。

（一）统一思想认识，激发学生考研热情

从新生入校开始，辅导员即可利用各种渠道，帮助学生做好学业规划和学风建设，引导学生树立继续深造的目标。

一是重视新生入学教育。新生一进校，辅导员就要讲好"开学第一课"，从引导学生理想信念着手，让学生明白继续深造不但是自身增长才干的需要，也是国家发展的需要。同时，从学业生涯规划入手，让学生了解进一步深造需要做好的能力储备，提前做好相应的计划。

二是充分利用"学长计划"。组织优秀学长现身说法，举办推免或者考研的经验交流会；进行典型人物、典型事迹宣传报道；给每个班配备学业指导小导师等，用榜样的力量去激发学生继续深造的愿望。

三是多渠道、多维度宣传和动员。辅导员可利用形势政策课、主题班会、年级大会、面对面交流等渠道，结合国家形势、社会发展、行业发展和个人发展的需要，给学生讲通讲透继续深造的理由，让学生结合自身的兴趣和能力，合理定位，合理选择。

四是扎实做好学风建设。要始终把学风建设放在最重要的位置来抓。一是抓习惯的养成，比如检查课堂出勤情况、组织统一的早晚自习等；二是抓重点课程，如专业基础课和英语课的学习；三是抓重点人群，特别关注学业困难或者学习基础差的学生，成立若干帮扶小组，尽可能不让学生掉队。

（二）充分整合各类资源，为继续深造注入动力

一是充分发挥学生自我管理的作用。一方面，可建立若干考研互助小组，要求

组内学生互相监督、每日打卡。每周末由组长组织组内学生交流，及时发现和讨论备考过程中存在的问题。辅导员每两周回收一次考研打卡的记录表，及时掌握学生的思想动态与学习情况。另一方面，充分利用"小导师计划"，建立"一个人关心几个人""几个人带动一群人"的帮扶机制，定期关心与鼓励考研学生，营造良好的学习氛围。

二是建立一对一谈话制度。辅导员首先应对准备考研的学生开展全覆盖的一对一谈话，建立一人一册的考研学生台账。此后，应及时督促同学不掉队、不放弃。辅导员原则上要同学生进行至少三次谈话：7月上旬，整体谈——了解意愿；10月中旬，一对一谈——了解进度；11月下旬，个别谈——了解困难。

三是充分发挥家校联动作用。大三放暑假前，辅导员可以亲笔给学生家长写一封信，告诉家长怎么和学生一起做好大四的学业和职业规划，让家长也积极加入学生的考研阵营，家校同心，共同为学生考研助力。

四是充分利用学院的资源。例如，为拓展学生的国际视野，可利用暑期组织有意向的同学到国外一流大学访学；为提升学生专业能力，可组织学生参加全国大学生各类学术竞赛；为解决复习备考场地紧张问题，可准备专门的考研复习教室；等等。

（三）高度重视考研调剂，提升考研录取率

考研的复试，特别是调剂，是非常重要的。在考研过程中，学生往往对初试很重视，而对复试掉以轻心。因此，辅导员可对学生加强复试指导，助力学生走完考研的"最后一公里"。

一是提升学生考研面试能力。可邀请专业机构或老师举办讲座，帮助学生学习面试技巧，增加实战经验。

二是班主任、辅导员和学生志愿者积极行动起来，从各种渠道收集考研调剂信息，合理引导学生申请调剂，提高调剂成功率。如笔者所在的学院2020届学生考研上线人数为76人，录取67人，其中调剂学生就多达28人，占录取学生的40%。因此，调剂对于考研而言至关重要。

三、结语

近年来，社会对高层次人才的需求越来越大，与之相对应的是学生考研热度越来越高。这不仅是学生自身成长的需要，也是国家和民族发展的需要。在当前社会和经济快速发展形势下，高校思政教育也要与时俱进，因势而新，立足国家发展需要，培养既有专业素养又有家国情怀的人才。辅导员作为在高校一线工作的老师，在推进本科生继续深造的工作中，必须要坚持从学生中来、到学生中去，将引导学

生、管理学生、服务学生作为工作的出发点和落脚点，切实发挥在高校人才培养中的重要作用。①

---

① 刘喜玲，胡益侨，吴佳.高校辅导员在本科生继续深造中的作用研究 [J].兰州教育学院学报，2017（7）：75-76.

高校辅导员开展学业辅导的路径探析

李佳鞠

（党委学生工作部）

摘　要： 学业辅导是以学生的未来发展和综合素质提高为目标，面向全体学生，提供学习动力、学习方法、知识面拓宽、文化自信树立等诸多方面交流、咨询和辅导的立体化体系。本文通过分析学业辅导不断发展和完善的过程，总结高校辅导员在学业辅导体系中的重要作用，提出了高校对大学生进行学业辅导的组织架构，并深度探析了高校辅导员对学生进行学业辅导的路径。

关键词： 学业辅导；高校辅导员；组织架构；路径探析

一、学业辅导的定义及背景

学业辅导，最初建构于对学习困难学生的支持与帮助。随着当代大学生学业日趋多元化、专业化和综合化，学业辅导也不断发展和完善，逐步形成了学校相关部门、教师、学生工作者、辅导员共同参与，以学生的未来发展和综合素质提高为目标，面向全体学生，提供学习动力、学习方法、知识面拓宽、文化自信树立等诸多方面交流、咨询和辅导的立体化体系。

当前，学业辅导已经成为"深化高等教育综合改革、实现立德树人根本任务的客观要求""提高高校人才培养质量的现实要求"，以及"拓展思想政治教育内涵、促进学生健康成长的内在要求"[①]。

《国家中长期教育改革和发展规划纲要（2010—2020 年）》强调，高等教育

---

① 习近平 . 把思想政治工作贯穿教育教学全过程 [J]. 江淮，2016（12）：4.

要以人才培养为中心，面向全体学生、促进学生全面发展。[①]坚持以人为本，对大学生进行学业辅导，不仅顺应了当代大学生的实际需求，也是中国高等教育未来的发展方向。

学业辅导的概念在实践中不断发展变化。高校大学生的学业辅导，最初只是同伴之间的互助，即具有相同背景或兴趣爱好的大学生在一起分享经验、观念或行为技能。[②]这种模式后来由个别案例发展为普遍现象，演变为学业辅导的早期雏形。高校大学生学业辅导体系在很大程度上即来源于此。詹逸思等（2014）对中国 39 所高校研究发现，各高校的学生指导中心基本都有少量专职教师，普遍以"教师＋朋辈辅导"为主，有一小部分高校以辅导员作为学生学业辅导的主要承担者。辅导工作主要以讲座的形式展开，并以团体专题辅导为中心，辅以个体的专项指导。指导对象则从偏向于"后进生"以及部分提出申请的学生，逐步发展为全体学生。[③]

二、高校辅导员在学业辅导体系中的作用

辅导员作为最贴近大学生学习和生活的教师，熟悉大学生从入学到毕业的全过程，对学生在各个阶段会遇到的问题和困扰有清晰的认识，因此在了解学生学习状态、掌握学生学习心理变化以及与学生交流学习心得等方面有着天然的优势。对于学业辅导工作，辅导员有受众角度的切身体会。

学生是学校教育教学管理工作的中心。学校教务处、学工部、团委、就业中心等部门对学生的了解相对片面，而辅导员会同时与众多学生和各部门接触，能更全面而真实地理解学校工作。因此，辅导员在学生学业辅导中能够起到重要作用。

简言之，辅导员是教学和学生实践的协调者，是大学生学业辅导的重要桥梁和纽带。[④]一方面，辅导员能够清楚地知道大学生具体在哪些学科有辅导需求，并能根据需求帮助学生找到最合适的辅导途径；另一方面，辅导员对专业课和公共课教师有一定的了解，能够有效地与授课教师沟通和合作。这样，辅导员作为学业辅导供求双方的代表，是大学生学业辅导工作的最佳发起者。相比于学术导师、专业教师，辅导员因其职业的特殊性和职责的全面性，在学生的学业适应、学业规划、学

① 国家中长期教育改革和发展规划纲要（2010—2020 年）[J]. 中国民族教育，2010，8（3）：1–17.

② 王云海，滕云，童德毅. 朋辈教育视角下的学业辅导工作探索 [J]. 北京教育：德育，2014（12）：7–10.

③ 詹逸思，耿睿，刘响. 中国"985 工程"院校学习指导发展现状研究——基于全国 39 所"985 工程"院校的调查研究 [J]. 江苏高教，2014（1）：83–86.

④ 徐志. 高校辅导员学业指导能力及提升研究——以 H 省部分高校的抽样调查为例 [D]. 武汉：华中师范大学，2020.

风建设等方面发挥着更为直接的作用。在对学生的日常管理中，辅导员可以将学业辅导和日常管理紧密结合，落实育人举措，充分调用高校各项资源，根据学生的能力和兴趣发展倾向，为学生确定个性化发展目标。①

　　教育部 2017 年颁布的《普通高等学校辅导员队伍建设规定》正式将学风建设明确为辅导员的职责之一，规定辅导员应"熟悉了解学生所学专业的基本情况，激发学生学习兴趣，引导学生养成良好的学习习惯，掌握正确的学习方法。指导学生开展课外科技学术实践活动，营造浓厚学习氛围"。高校辅导员作为思想政治教育工作队伍中的骨干力量，是落实高校思想政治教育工作的主力，是学生群体思想政治教育、价值观念塑造的管理者、实施者和引导者，是学生学业指导的直接承担者。作为学生成长成才的人生导师和健康生活的知心朋友，辅导员可通过学业辅导，在学生面对学习压力、学业挫折，建立自信心，正确认识自身等方面提供有力的帮助。

三、高校学业辅导组织构架设计

　　1. 建立大学生学业辅导中心，明确高校辅导员在学业辅导中的重要作用

　　在学校层面，应建立高校大学生学业辅导中心，根据新时代高等教育高质量发展要求，把握学生成长发展规律，围绕学生学业能力提升这一中心目标，为学生提供学业能力提升精准服务，解决学生学业中的合理诉求，引导学生学业发展。习近平总书记在全国高校思想政治工作会议上强调，"要遵循思想政治工作规律，遵循教书育人规律，遵循学生成长规律，不断提高工作能力和水平"。大学生学业辅导中心的成立，是贯彻和落实总书记教书育人理念的重要措施，有利于集中制定管理制度，完善辅导员工作规章和评价体系，明确辅导员的工作范围和程序，让辅导员成为高校大学生学业能力提升的重要力量。

　　2. 成立大学生辅导社团，搭建大学生学业能力提升平台

　　在学院层面，各学院应成立学生学业辅导社团，作为大学生学业辅导中心在学院的延伸，为学业辅导工作落地提供支持。学业辅导社团以学生为主体，发挥朋辈辅导的自主性、灵活性和即时性优势。同时也要注意到，朋辈辅导也存在一些不足，例如学业优秀的学生缺少为学业困难的同学提供辅导的动力，可能因某一方失去耐心而导致辅导中断。因此，学生辅导社团还应以辅导员作为引导、组织、管理和监督者，对朋辈辅导工作进行模式化、正规化和结构化管理，在发挥学生自主互助优势的基础上，通过对学业较为优秀的学生群体采取相应激励措施，确保学业辅导的持续性，从而将大学生学业辅导社团打造成有效、可持续的学业辅导平台。

---

① 廖旭梅. 以学习共同体模式促进大学生自主学习——基于文华学院学习指导工作坊的探索 [J]. 中国高教研究，2017（1）：91–94.

3. 合理配置资源，构建高校辅导员学业指导能力提升的长效机制

辅导员对所带学生专业和成长路径的了解，是对各类学生进行学业辅导的前提。辅导员的专业程度、学业背景，在学业辅导工作中起着重要作用，作为辅导员综合能力的一部分，应该受到足够的重视。四川大学等高校通过招聘具有博士学位的辅导员等方式，吸收走过完整学业路径的年轻辅导员，充分利用辅导员的学业背景和知识背景，更好地为学生提供学业辅导，是一种很好的尝试。

针对辅导员的职业发展，高校还应建立绩效考评、职业晋升等长效机制。例如，四川大学为辅导员晋升打通了双线晋升通道，使辅导员职业发展路径更为畅通。

最后，应打造一支专业化的辅导员学业辅导队伍，稳步提升高校辅导员学业指导能力。一是通过与有经验的辅导员以及任课教师、学术导师沟通，加深对专业的理解以及对学生的了解；二是开展与学习方法、时间管理、效率提升、生涯规划、心理健康教育等学业能力相关的培训，提升辅导员学业辅导能力；三是辅导员自身通过学习实践、总结经验、发现规律，不断优化工作方式方法。

四、辅导员对学生进行学业辅导的路径分析

1. 强化思想认识，明确工作定位

《高等学校辅导员职业能力标准（暂行）》将高校辅导员称为"学生的人生导师和健康成长的知心朋友"，除了是最初的"政治引路人"，还是学生的"知心朋友"。[①]从引领者到同行者，从导师变朋友，辅导员应该在主观上重视自己的工作定位，把握学生在学业发展方面的需求变化，将学业辅导作为工作的重要切入点，帮助学生完成学业，促进学生学业提升。辅导员自身的角色定位是其价值理念的基础，是其学业指导能力提升的前提。

2. 构建健康的学习机制，引导学生树立正确的学习观

大学生在刚进入大学时，都会经历从高中生到大学生的身份转换。部分大学生在进入大学前没有养成良好的学习习惯，学习上缺乏自主性，对学习没有明确规划，对未来感到迷茫。[②]因此，辅导员需要构建健康的学习机制，引导学生树立正确的学习观，帮助其完成身份转换。

3. 明确辅导对象，实现精准化学业辅导

大学生的学业辅导需求不尽相同，部分学生基础较好，但因目标设定或学习规

① 教育部关于印发《高等学校辅导员职业能力标准（暂行）》的通知 [EB/OL].(2014-3-27)[2022-7-30].http://www.moe.gov.cn/srcsite/A12/s7060/201403/t20140327_167113.html.

② 沈颖达，林强，周衍彤. 新时期高校学业辅导模式的探究 [J]. 吉林省教育学院学报，2014，30（10）：36-37.

划不合理造成学习结果达不到预期；部分学生学习基础较差，因学习方法不科学造成学业困难；还有部分学生的学业困难伴随着心理健康等问题。因此，学业辅导首先要全面了解学生情况，明确学生的核心需求，再根据需求精准制定辅导方案。对基础较好的学生，应指导其调整预期，合理规划，树立科学的目标，并开阔视野，努力成为拔尖型人才；对基础较差的学生，应帮助其提升学习主观能动性，加强时间管理，优化学习方式方法；对部分学生还需要提供心理帮扶，进行精准辅导。[1]

4. 加强学风建设，营造浓厚的学习氛围

对学生进行学业辅导，是一项综合性的工作。加强学风建设，营造浓厚学习氛围，建立有效的监督与鼓励机制等，将对提高大学生学业辅导效率发挥重要作用。一是通过树立榜样、经验分享、案例解析，加深大学生对学业的认识，使其树立信心、增强学习动力。二是调动学长学姐、朋辈中学习优秀者等资源，发挥学生互助优势，营造良好的学习氛围。

五、结语

习近平总书记在全国高校思想政治工作会议上指出："思想政治工作从根本上说是做人的工作，必须围绕学生、关照学生、服务学生，不断提高学生思想水平、政治觉悟、道德品质、文化素养，让学生成为德才兼备、全面发展的人才。"[2] 这对大学生学业辅导提出了明确要求。辅导员作为最贴近大学生学习和生活的教师，作为教学和学生实践的协调者，是大学生学业辅导的重要桥梁和纽带。高校建立大学生学业辅导中心、大学生辅导社团，有利于搭建大学生学业能力提升的平台，构建高校辅导员学业指导能力提升的长效机制。辅导员通过构建健康的学习机制、明确辅导对象、加强学风建设等路径对大学生进行学业辅导，有助于促进学生成才。

① 彭庆红. 高校辅导员素质结构模型的构建 [J]. 清华大学教育研究，2006（3）：90-94.

② 习近平. 把思想政治工作贯穿教育教学全过程 [J]. 江淮，2016（12）：4.

以班主任制带动本科生核心竞争力提升之探析

——以四川大学服装与服饰设计专业为例

姚云鹤

（轻工科学与工程学院）

摘　要：本文结合艺术设计学科的专业特点与学情特征，围绕班主任制提升学生核心竞争力的路径，分别从班级的日常管理措施、学业引导与激励、提升专业兴趣以及个性化发展与规划等四个方面进行分析，阐述了多种具有实操性的工作方法，以期为艺术设计学科的班主任工作提供借鉴与参考。

关键词：艺术设计；服装与服饰；班主任制；学业规划

习近平总书记曾在北京大学师生座谈会上指出："培养社会主义建设者和接班人，是我们党的教育方针，是我国各级各类学校的共同使命。"班级是我国高校最基本的人才培养单元，专业学习是大学生的根本任务。[①] 高校班主任应针对所处学科的专业特点及学生群体特征，建设良好的班级环境，指导学生树立明确的学习目标，为不同学生提供个性化引领与帮助，带动学生提升核心竞争力。以下以四川大学服装与服饰设计专业为例，对相关情况展开分析与讨论。

一、艺术设计学科及学生特点

艺术设计学科是指以艺术功底及审美修养为基础，以培养设计人才为目标的学

---

① 汪阳，刘宏达.我国高校班主任制度建设的历程、经验与启示[J].思想教育研究，2021（5）：134-139.

科门类。区别于通常意义的文、理、工、医等学科，该学科以强调创新性思维、艺术审美及大量的设计实践为特色，也由此形成了不同的学业要求、学生群体特点等学情特征。

四川大学多个学院均结合自身特色开设了相关艺术设计专业，如轻工科学与工程学院开设的服装与服饰设计、艺术学院开设的视觉传达设计，以及建筑学院开设的景观建筑设计等。

（一）服装与服饰设计专业概况

四川大学轻工科学与工程学院服装与服饰设计专业是我国西南地区首批开办的服饰专业本科教育摇篮，也是目前西南地区唯一的贯通本硕博教育的服饰设计高等人才培养基地。本专业紧密围绕国家经济社会发展的需求，全面融入"新文科"建设体系，培养具有深厚人文底蕴、扎实专业知识、强烈创新意识、宽广国际视野的复合型一流人才，为服装与服饰设计行业的科技创新和技术进步提供智力支持和服务。经过三十余年的探索和沉淀，该专业现已成长为在服装与服饰设计领域具有重要影响力的人才培养基地和科技创新策源地，形成了"以人为本，面向实践，注重创新，全面发展"的专业特色。

（二）学生学情分析

四川大学轻工科学与工程学院服装与服饰设计专业自开办以来，坚持"以学生学习成效为中心，以产出为导向"的模式，不断革新教学理念，已培养了数十届优秀毕业生。本专业学生因为在入学前需分配较多时间进行艺术训练，所以在文化课程的学习方面相对薄弱。同时，大一学生对大学生涯的规划与发展较为迷惘，缺乏目标感。即便部分学生对此有所思考，但对于目标的实现路径的认知也较为模糊。

艺术专业天然具有崇尚个性化与差异化的特征，因此该专业的学生在学习上也极易产生个人思维方式、学习行为。就思想意识而言，部分学生对学习及其他一些事物的认识与理解容易出现偏差，甚至影响到自身未来的规划。同时，设计专业对作品的原创性极为重视，这有助于培养学生独立思考的习惯，但部分学生容易对原创性作过度解读，在一定程度上形成了不善于合作的错误倾向，影响了自身协作能力的发展。

二、以班主任制为切口引导学生提升核心竞争力

班主任的具体工作主要分为日常教学管理、专业学习引导、兴趣及能力培养等几个方面。相较于任课教师的课堂教学，班主任可以采用更为丰富的教学形式、更为灵活的指导方式和更为多样化的沟通模式对学生进行学业上的指引。同时，结合艺术设计学科的特点，班主任可在学习方法、学业规划、科研探索等方面为学生

提供多层面的学业指导[①]，采用多样化的方式激励与引导学生，助推其提升核心竞争力。

（一）班级日常管理

1. 多样化的班级主题例会

在日常的班级管理中，班主任主要以班级例会的形式展开管理与教学，除基础的选课指导、各类事项通知及常见问题讨论与答疑以外，还可以不定期开展服装与服饰专业相关的主题班会，以实时掌握学生的专业学习近况，并给予及时指导。例如，大学生的寒暑假时间较长，如何利用假期查漏补缺是极具价值的话题。尤其是对于艺术设计学科而言，需要花大量的时间进行创意训练与动手实践，利用好假期学习新的知识、打磨技能就显得尤为重要。

2. 班级凝聚力的提升与维护

由于艺术设计学科的特点，学生往往会形成自由、发散的思维方式，对集体活动参与度较低，不太习惯团队协作，因此，班级的凝聚力往往会有所欠缺。鉴于此，班主任需与班委积极沟通，及时掌握班级动态与学生情绪；组织丰富多样的班级活动，增强学生在集体中的认同感和归属感，培育其主体意识，提高其自我服务水平，形成积极向上的班风。[②]总之，要让每个学生真正融入集体当中，使他们认识到独立创新与团队协作并不矛盾，学会从不同的角度看待问题，获得更丰富的学习感受与生活体验。

3. 及时响应与落实其他问题

在常规的班主任工作以外，不少学生常因各类学习或生活问题等向班主任咨询或求助。对此，班主任应尽量做到有问必答。及时的响应与落实，可以促进师生之间相互信任，形成师生之间的良性沟通效应。

（二）学业引导与激励

1. 公共课程学习引导

相较于文、理、工、医科学生，多数艺术设计专业学生的综合知识较为薄弱，尤其在英语学习方面基础较差。因此，班主任需要在学生入校之初即着重强调公共课程学习的重要性及其在学业生涯中的价值，提供相应的学习方法。例如，在英语学习方面，可针对不同学生的问题，加强引导与鼓励，并明确建议学生在大一阶段通过英语四级考试，在大二期间通过六级考试，等等。此外，班主任还应与各门公

[①] 项进，高歆. 论高校班主任在育人工作中的地位及作用 [J]. 思想教育研究，2011（11）：73-75.

[②] 郭荣. 落实立德树人根本任务的高校班主任队伍建设探讨 [J]. 西南林业大学学报（社会科学版），2021，5（2）：93-96.

共课程的授课老师积极沟通，及时获取班级学习情况，并同学生交流学习中存在的问题，起到沟通桥梁的作用。

2. 构建科研探索空间

为激发学生的科研兴趣，班主任可在班级内以小组为单位组建科研小组，定期组织专题讨论，引导学生深入思考科学问题，并结合实际情况加以指导，培养学生的探究意识与学术思维能力。在此基础上，进一步组织学生申报各类创新创业项目，如四川大学大学生创新创业项目，以及"互联网+"大学生创新创业大赛、"挑战杯"中国大学生创业计划竞赛等团体赛事，培养学生的沟通协作能力与团队合作意识。

同时，应为学生构建学术探索的空间，发掘其研究潜力。例如，积极吸纳学生参与班主任的科研课题，并进行有效管理，逐步形成阶段性学术成果，如专利、学术论文等。

3. 积极搭建科研桥梁

班主任除自身带领学生参与科研外，还应积极帮助学生联系相关研究方向的教师，为学生提供更多样化的科研平台与发展机会，为班级搭建更立体的学习与探索空间。

（三）提升专业热情

基于艺术设计学科的特点，班主任可不定期组织学生参观艺术画展、设计展览等，这不仅可以提升学生的专业兴趣，也是学生拓展眼界、提升审美素养的重要渠道，可为学生深入学习奠定基础。

艺术设计学科是典型的应用型学科，班主任应引导学生积极参加相关设计大赛。这一方面可以使学生更好地融入专业学习与探究当中，另一方面可以让学生在参赛中得到肯定或发现差距，有利于他们对自身形成更客观的认知，进而明确学习的重要性，树立学习目标。

（四）个性化的发展与学业规划指导

针对班级中不同学生的具体情况与未来规划，班主任应设身处地，结合每个学生的专业潜力、自身兴趣、家庭情况等多方面因素，指导学生合理规划自身学业与未来发展。尤其是进入二年级下学期后，学生就业、深造的意愿会逐步明朗，更需班主任积极引导与鼓励，并不时监督，帮助学生一步步实现目标。

三、结语

班主任工作是高校提升本科教育质量的着力点。班级是本科生最有归属感的学校基层组织之一，是提升本科教育质量的关键领域。[①] 作为班级这一基础单元的管理者与引导人，班主任应结合学科特点与实际学情，多角度、多层面、多方式地为学生构建良好的班级氛围与学术空间，有效培养班级凝聚力与团队协作能力，增强学生专业学习热情，提升学生核心竞争力。

---

① 卜叶蕾.新时代高校班主任核心素养提升路径研究——以华北电力大学"名师班主任"工作为例 [J].学校党建与思想教育，2020（19）：87-90.

浅析研究型高校辅导员在大学生国内升学中的指导作用

——以 S 高校为例

唐娟

（马克思主义学院）

摘　要：辅导员处于思想政治教育工作的第一线，与学生接触和互动较多，十分了解学生的性格特点和发展规划。因此，辅导员在对大学生进行思想政治教育的过程中，引导学生树立"学习要向更高层次发展"的意识[①]，并取得各方面支持，协助学生合理制订和落实考研计划，提高学生升学成功率，为学生搭建通往更高科研平台的阶梯，是一项具有重要意义的工作。

关键词：研究型高校；辅导员；国内升学；指导

一、问题的提出

改革开放以来，特别是党的十八大以来，我国高质量发展迈出坚实步伐，经济总量跃居世界第二，200多种工业产品产量居全球第一。然而，我国的核心技术和底层技术稍显薄弱，制造业还处于全球产业链中低端。造成这个问题的原因，主要在于创新型人才的缺乏。新一轮产业变革和科技创新持续推进，大数据、人工智能等新兴领域快速发展，也对顶尖人才、领军人才和创新人才提出迫切需求。如何解决人才缺乏问题，这是一个重要课题。

---

① 郭红彦.新时期高校学风建设的现状及对策研究[J].湖北广播电视大学学报，2010，30（3）：2.

　　"双一流"高校既是各行各业领军人才培养的主要阵地，也是推动前沿理论创新的重要场所，在新时代人才工作中肩负重任。[①]大学生是各行各业人才的储备军，通过培养和训练，最有机会成为各行各业领军人才，担当建设社会主义现代化国家的重任。高校为大学生制定了相对完善的课程学习、科研训练和文体活动体系，使大学生积累起一定的专业基础知识，锻炼出一定的科研能力和综合素质。但是，经过短短四年的学习和训练，大部分大学生在专业知识积淀和独立科研能力方面还存在不足，还需要上升到更高一阶段的学习和科研平台，接受更专业的培养和锻炼，从而成长为"创新型"人才。而研究生入学考试是通向更高学习和研究平台的重要渠道。辅导员处于思想政治教育工作的第一线，与学生接触最多，十分了解学生的性格特点、学习情况和发展规划。因此，发挥辅导员工作优势，借助各方力量，形成支持合力，构建一条适合大三、大四学生学习和考研特点的路径，协助本科生更顺利地进入高层次学习和科研平台，是一个非常重要的研究课题。

二、研究现状

　　关于辅导员对学生考研的作用的研究由来已久，已经形成了许多的理论成果。其一，辅导员对学生考研的影响。王国强（2011）根据独立学院学生考研工作的实际情况，指出辅导员对学生考研有很重要的影响，并从自身工作经验出发，总结了独立学院辅导员更好地开展学生考研指导工作的若干方法。李春燕（2016）提出，辅导员对学生考研影响很大，要注意将考研工作贯穿大一到大四，侧重做好考研思想动员和引导工作，让有意向考研的学生能够及时得到信息，安排好考研复习。其二，辅导员如何做好考研指导工作。刘玲玲（2013）提出，在实际工作中，可以从氛围营造、丰富校园文化活动、加强师资队伍建设、利用网络资源以及依托学生公寓等方面入手，在创建优良学风的同时，推动思想政治教育工作的发展。胡雅妮（2015）立足于四川大学锦城学院文学与传媒系的实际，结合辅导员的实际工作经验，分析了该系近年考研的成功模式和辅导员的考研指导方法。马晶晶（2015）认为，辅导员要从培养良好学风，指导学生进行院校和专业选择、引导学生有效收集信息、跟进考研过程、疏导考研过程中的心理问题、引导复试和调剂等多个方面，做好考研组织工作。

　　从现有研究成果来看，研究者从高校的总体情况出发，研究了辅导员对学生考研的重要影响，探讨了辅导员该如何做好考研指导工作。但是，他们没有具体分析研究型高校学生的学习和备考特点，故上述研究成果对研究型高校学生的针对性不

---

① 　郝平.服务世界重要人才中心和创新高地建设 扛起"双一流"高校的时代使命 [N]. 学习时报，2022-2-5（1）.

强。因此，本文在探讨研究型高校学生的学习和备考特点的基础上，提出一条适合研究型高校本科学生的考研路径。

三、本科生继续深造情况及研究型高校学生的备考特点

（一）本科生继续深造情况

近年来，攻读硕士学位已经成为越来越多大学生的目标，故研究生考试报名人数年年攀升，录取率不断走低。根据教育部相关数据统计，2022 年全国普通高校毕业生规模预计达 1076 万人，其中考研报名人数达到 457 万人，同比增加 35 万人，考研报名学生占总毕业学生的 42.4%。2022 年研究生招生人数为 110.7 万人，报录比超过 4∶1。对于"双一流"高校学生来说，考研压力也不小。根据各高校公开的 2020 届毕业生就业质量报告统计，在 42 所"双一流"高校中，有 23 所高校的本科生继续深造率超过 50%，有 3 所大学国内升学率超过 50%。清华大学、中国科技大学、西安交通大学、电子科技大学和南京大学名列前茅。本科生继续深造率排名前五位的清华大学、中国科学院大学、西安交通大学等高校国内升学率超过50%。S 大学本科生继续深造率为 39.06%，与"双一流"高校中该数值最高的清华大学相差 22.3 个百分点，具有较大提升空间。

（二）研究型高校学生的备考特点

1. 研究型高校学生在考研复习中的优势

首先，研究型高校学生一般具备扎实的专业基础知识，为考研专业课复习减轻了负担。在大学前三年里，他们接受了系统的专业知识教育和较为严格的科研训练，为通过研究生入学考试的专业课考试创造了条件。其次，研究型高校学生的英语和数学基础较好，为通过研究生入学考试的公共课考试奠定了一定基础。通常情况下，学生会在大一、大二期间准备"全国大学英语四、六级考试"，在复习过程中，他们的英语水平和考试技巧将得到提升，为通过研究生入学考试的英语考试创造了条件。再次，研究型高校学生的学习能力较强，掌握了较为有效率的学习方法，形成了合理分配时间的能力，为同时开展多项学习任务和短时间突击考试奠定了基础。

2. 研究型高校学生在考研复习中面临多重压力

首先，专业课学习、毕业准备与考研复习时间重叠，学习压力很大。大三、大四上半学年，学生要完成专业课学习、科研训练、创新实践、毕业设计等多重任务，而且研究型高校学生学习的专业课较难、论文要求较高，在此期间抽时间准备研究生入学考试，他们会感觉学习压力很大。其次，考研周期较短，学习时间碎片化。以 S 大学学生为例，准备考研的时间一般从大三下学期到大四上学期，总共 10 个月。具体到每天，他们只能见缝插针，在课余时间或周末进行研究生考试复习，学习时

间不固定、碎片化。再次，在专业学习压力、毕业压力和考研压力叠加的情况下，学生容易背负较大的心理负担，情绪低落，甚至罹患心理疾病。

四、辅导员开展考研指导的有效途径

辅导员处于思想政治教育工作的第一线，与学生接触和互动较多，十分了解学生的性格特点和发展规划。因此，辅导员在对大学生进行思想政治教育的过程中，应引导学生树立"学习要向更高层次发展"的意识，并取得各方面支持，协助学生合理制订和落实考研计划，提高学生升学成功率，为学生搭建通往更高科研平台的阶梯。

（一）加强思想引导，坚定考研目标

1. 组织讲座和座谈，引导学生确定适合自身的目标学校

首先，辅导员可以通过新生教育课程、职业规划指导活动、主题班会等，潜移默化地引导学生树立考研目标，进而规划学习生涯。其次，可通过组织考研讲座，帮助学生了解对口院校情况，掌握报考、备考、复试等考研流程，确立适合自身的目标院校。再次，可结合学生的备考计划，开展一对一座谈，帮助学生优化备考计划，进一步明确备考时间线和学习任务。

2. 全程关注学生情绪，引导学生保持努力、坚韧、豁达

在学生备考过程中，辅导员应全程关注学生情绪变化，不让一个学生因考研罹患心理疾病。例如，应通过年级大会、QQ、微信等平台，一对一谈话等形式，定期与学生交流，帮助学生疏导情绪，引导学生保持坚韧、豁达的心态，不断努力。

（二）加强汇报和沟通，形成支持合力

考研并非孤军奋战，学生需要多方力量的支持。首先，辅导员要定期向直管领导汇报学生情况，得到领导理解和支持，营造学院重视和支持学生升学深造的氛围。其次，定期向系主任、班主任反映学生专业课备考情况。再次，定期与学生家长沟通。通过"给家长的一封信"，在家长 QQ 群发布本月复习任务、考研关键节点，一对一沟通等形式，让家长了解学生学习情况，给予学生更多支持和鼓励。

（三）加强班级建设，发挥朋辈力量

首先，辅导员要召开年级大会，动之以情，晓之以理，让推免、考研、就业的同学之间相互理解、相互支持。其次，辅导员要发挥年级长、班长、班委的带头作用，在年级、班级形成良好的学习氛围。再次，要发挥党支部的带动作用，通过支部会议宣传、学习型党支部创建活动，发动党员带头学习、示范学习，带动全年级共同学习。最后，根据自愿原则，让学生组成考研小组，选出小组长，定期与辅导

员沟通复习情况，辅导员要与学习效率不高的学生进行有针对性的谈话。

（四）加强全程管理

1. 备考阶段

辅导员每周要与考研小组组长、班长、年级长沟通，了解每个学生的考研复习情况。同时，辅导员要特别关注和指导没有通过全国大学英语六级考试的同学，全程指导考研学生的英语和政治学习，力争不让一个学生英语和政治不过线。

2. 调剂与复试阶段

在考研成绩公布后，辅导员要引导学生准备复试和调剂。对成绩超出分数线较多的学生，应指导他们集中精力准备复试；对成绩刚刚过院校线、国家线的学生，要鼓励他们参加调剂。与此同时，辅导员要多方收集调剂信息，与学生的意向相匹配，尽可能帮助学生调剂成功。

参考文献：

[1] 王国强. 独立学院辅导员开展学生考研指导工作的方法初探 [J]. 科教纵横，2011（7）：238.

[2] 胡雅妮. 独立学院辅导员指导学生的考研工作方法研究——以四川大学锦城学院文学与传媒系为例 [J]. 鸭绿江（下半月版），2015（10）：248.

[3] 刘玲玲. 以考研为切入点促进学风建设全面推进大学生思想政治教育 [J]. 教育教学论坛，2013（3）：270–271.

[4] 李春燕，韩卫国. 高校辅导员应如何引导学生考研 [J]. 福建质量管理，2016（1）：234.

[5] 程琦元. 浅析民办高校辅导员如何做好学生考研工作——以郑州工商学院会计学院为例 [J]. 中国民族博览，2013（5）：65–66.

[6] 刘飞. 联合办学体制下辅导员对学生考研的引导作用 [J]. 华章，2013（17）：133.

[7] 杜常青. 辅导员在学生考研指导中应发挥的作用 [J]. 科技信息，2009（6）：43.

[8] 倪海儿，岑淑儿，韩雯琛. 从考研情况看学科和学风建设 [J]. 宁波大学学报（教育科学版），2008（8）：81–86.

[9] 林勇. 考研热对高校学风建设的影响 [J]. 法制与社会，2010（4）：297–298.

[10] 何文娟. 以考研为着力点引领高校学风建设 [J]. 现代经济信息，2015（13）：370.

[11] 徐奇志，王雪. 考研引领学风，促学生成长成才 [J]，佳木斯职业学院学报，2018（10）：121.

[12] 马晶晶. 高校辅导员在学生考研中的引导作用 [J]. 科技导刊（电子版），2015（11）：39.

以朋辈学业指导引领优良学风
传承示范的实践探索
——以四川大学"大川小思"朋辈学业指导中心为例①

朱晓萍

（党委学生工作部）

摘　要： 学生是学风建设的主体。近年来，国内高校学业指导工作的蓬勃发展，提供了以学业指导夯实优良学风根基的新思路。探索开展以学生为中心、以学习为中心的朋辈学业指导工作，强化品学兼优学生的引领示范效应，激发学生在学风建设中主体作用的发挥，是优良学风传承示范的有效路径。

关键词： 朋辈学业指导；优良学风；传承示范

习近平总书记在党的十九大报告中指出，加快一流大学和一流学科建设，实现高等教育内涵式发展。②我国高等教育发展的时代课题，就是要实现从高等教育大国到高等教育强国的转型。同时，世界新科技革命和产业变革的时代潮流对全球高等教育提出了新的要求。我国高等教育积极应变，努力与时代同频共振，教育部在新时代全国高等学校本科教育工作会议上提出了把人才培养的质量和效果作为检验

---

① 本文系四川大学 2020 年辅导员工作精品培育项目"大学生朋辈学业指导工作实践研究——以'大川小思'为例"（XGJP202005）研究成果。

② 习近平. 决胜全面建成小康社会 夺取新时代中国特色社会主义伟大胜利——在中国共产党第十九次全国代表大会上的报告 [R/OL].（2017-10-18）[2022-7-30]. https：//www.12371.cn/2017/10/27/ARTI1509103656574313.shtml.

高校一切工作的根本标准[①]；随后印发《关于深化本科教育教学改革全面提高人才培养质量的意见》（教高〔2019〕6号），明确要提升学业挑战度，要建立健全本科生学业导师制度，要让"学生忙起来、教师强起来、管理严起来、效果实起来"。

学习是学生最核心的任务，帮助学生获得学业成功的学业指导工作是新时期高校学生工作日益重要的组成部分。以学业指导夯实优良学风根基，引领推动学风建设，是新时期高校提升人才培养质量的有益探索。优良学风是大学立德树人、办学治校的基础和保障。近年来，在国家加快世界一流大学和一流学科建设的推动下，国内高校学业指导工作蓬勃发展，但尚处于专职化起步阶段。[②] 如何做好学业指导工作，高校仍在理论和实践的探索之路上不断前行。[③][④][⑤] 大连理工大学尚航通过对我国56所高校本科生进行学业指导问卷调查发现，大学生学业指导工作还未能引起我国高校足够的关注与重视，学业指导的专业化、规范化、多样化等程度明显不够，大学生对高校的学业指导工作总体满意度不高，大学生学业指导实施效果不甚理想。清华大学学生学习与发展指导中心耿睿等在《中国大学生学习与发展指导体系构建研究》一文中提到，清华大学于2009年在中国高校中率先成立专门机构为学生提供学习发展指导。目前，该校已经构建起以学生为中心的学习发展指导体系，尝试为学习困难学生提供专业而切实的帮助，为各方面有专长的学生提供个性化指导和支持，探索因材施教的新理念和新方式，并取得了初步的育人成效。北京化工大学以学风朋辈引领行动中心的建设为切入点，充分发挥学生朋辈教育，认为这是做好高校学业发展辅导工作的重要方法。本文试就笔者所在高校开展的朋辈学业指导略作探讨，以求教于方家。

一、以学生为中心，谋划朋辈学业指导

学风建设是一个系统工程，优良学风的形成需要教学、管理、服务部门齐抓共管，需要全校师生员工共同参与、通力合作。在这一系统工程中，起关键和核心作用的是学生这一学风建设主体。以学生为中心，谋划朋辈学业指导，既要充分激发

① 教育部. 坚持以本为本 推进四个回归 建设中国特色、世界水平的一流本科教育 [EB/OL].（2018–06–21）[2022–7–30]. http://www.moe.gov.cn/jyb_xwfb/gzdt_gzdt/moe_1485/201806/t20180621_340586.html.

② 耿睿，詹逸思，沈若萌. 中国高校学业指导手册 [M]. 北京：清华大学出版社，2017：51.

③ 尚航，张德祥. 我国大学生学业指导状况研究——基于全国56所高校的实证调查 [J]. 中国高教研究，2019（9）：74–79.

④ 耿睿，詹逸思. 中国大学生学习与发展指导体系构建研究——以清华大学学生学习与发展指导中心为研究案例 [J]. 江苏高教，2012（6）：71–73.

⑤ 李浚，邢飞. 朋辈教育在学业辅导中的运行探究——以"北京化工大学学风朋辈引领中心"为例 [J]. 教育教学研究，2019（30）：136–137.

优秀朋辈导师的主动性，也要尽力满足全体学生多元化的学业指导需求，切实发挥学生在学风建设中的主体作用。

（一）在朋辈学业导师团队组建上，充分激发优秀学生的主动性

为贯彻落实国家和教育部门关于提升高校人才培养质量的决策部署，在高等教育深化改革和国内高校学生学业指导工作蓬勃发展的新形势下，围绕学校"双一流"建设一流拔尖人才培养核心目标，笔者所在高校党委学生工作部于 2019 年 6 月组建了"思学工作室"（以下简称"工作室"），专注于探索开展本科生学业指导工作。

全新的学业指导工作如何开局？如何找到突破点？在有幸参加了多次全国性学业指导工作研讨会后，兄弟高校在分享工作经验时不约而同提到的朋辈学业辅导优势给我们带来了有益启发。[①] 工作室率先组建好以辅导员为主体的学业导师队伍后，即依托导师团队，将重点放在了打造一支精品朋辈学业导师队伍上。首先，将团队定位为学生公益性组织，并面向全校学生进行公开招募。其次，招募时不限定招募人数，但要求申报者学业成绩排名前 10%（少数岗位 20%）。简言之，团队的组建，在思想素质和学业成绩上设置了双重门槛，以确保朋辈学业导师均为真正品学兼优的学生。

工作室朋辈学业导师团队简称"大川小思"。朋辈学业导师们个个"星光熠熠"，身怀"独门绝技"，其中有推免 C9 名校的大四学生、考研成绩排专业第一的学习高手、网络签约作家、英语 6 级考试成绩超过 670 分的"英语达人"、"互联网 +"等大赛国奖获得者……他们以"朋辈携手、共赢成长"为宗旨，尽其所能，探索如何用学生的方式帮助同学们解决学业问题。

（二）在指导工作模式设计上，充分满足学生的多元指导需求

近年来，由于高校招生类型、地域背景和学生家庭环境的不同，越来越多的学生在同样的课程学习中表现出多种多样的不适应。同时，大学教育对学生的研究能力、分析能力和快速学习新事物的能力要求较高，而这些能力在基础教育阶段未得到充分、全面的训练，这中间的群体性、个性化的差距需要弥补。多样化的学习问题需要多元化的指导工作模式来解决。

---

① 所参加会议有：2017 年 10 月 27 日在清华大学举办的第一届全国高校学生学习与发展工作研讨会，2019 年 5 月 28 日在北京航空航天大学举办的新时代高校优良学风建设研讨会，2019 年 11 月 8 日在清华大学举办的 2019 年高校学业辅导工作研讨会，2020 年 11 月 27 日由北京高等教育学会学业辅导研究分会主办、北京工业大学承办的疫情防控背景下高校学业辅导工作在线研讨会，2021 年 12 月 8 日在北京航空航天大学举办的北京市高等教育学会学业辅导研究分会 2021 年学术年会暨"一站式"学生社区学风建设论坛。

1. 充分调研，把准学生对学业指导的共性需求

工作室定期和不定期以学生访谈、问卷调查等形式开展学生学业指导需求调研，依据调研结果有针对性地设计学业指导工作内容，并根据学生指导需求的变化进行动态调整。

在陆续完成《学生学习情况及学业指导需求调查报告》《本科生学习成长发展及需求情况调查报告》《大学生基本素养与专业能力调研报告》后，工作室基本摸清了学生的主要需求，包括：学业目标的确立、时间管理、专业选择等学业规划方面的指导，具体技能和课程的学习指导，以及推免、考研、科研、竞赛等学业发展提升方面的帮助（见图1）。

选项	小计	比例	选项	小计	比例
学业目标的确立	2716	56.51%	学习效能提升	2389	49.71%
专业选择	2214	46.07%	学习焦虑应对	2009	41.80%
学习方法指导	3024	62.92%	技能类证书备考	2538	52.81%
如何学好数学	1981	41.22%	常用软件使用	2437	50.71%
如何学好英语	2058	42.82%	保研指导	2864	59.59%
学科竞赛指导	2134	44.40%	考研指导	2279	47.42%
科研入门指导	2581	53.70%	留学指导	1025	21.33%
时间管理	2631	54.74%	其他	30	0.62%

图1 学业指导需求调研结果

数据来源：工作室2021年《学生学习情况及学业指导需求调查报告》。

2. 多形式、多平台，满足学生的共性及个性学业指导需求

在工作形式上，"大川小思"不断推陈出新，搭建多元工作平台，既可针对同学们的个性化问题进行精细指导，也能就同学们的共性问题进行多形式的辅导（见图2）。

针对同学们的个性化问题，"大川小思"设计了一对一预约咨询、QQ群答疑、专用QQ号投稿等指导方式，确保同学们可及时获得朋辈学业导师的帮助。

针对同学们的共性学业困惑，"大川小思"提供了直接辅导和分享学习资料两类指导模式。直接辅导模式包括线上线下"学长微课"、专题团体辅导、大型团体辅导、学院定制团体辅导等形式；学习资料分享则包括通过"SCU思学"微信公众号发布学业指导推文、出版学习指导书籍等。同学们可根据自身需求选择相应指导方式。

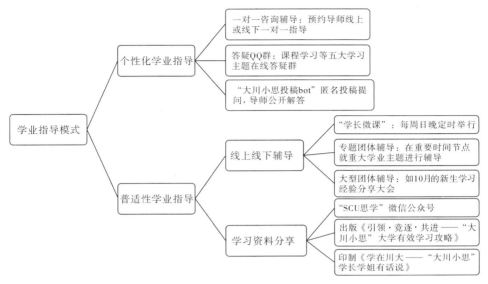

图2　"大川小思"朋辈学业辅导模式

二、以学习为中心，开展朋辈学业指导工作

（一）依据不同学业主题建构团队组织

有别于其他学生组织惯常的组织架构，如设办公室、活动部、外联部等，"大川小思"在组织架构上，围绕学习这一核心主题，针对同学们的学业指导需求，富有创意地设置了英语组、数学组、科研竞赛组、学习效能组、升学组五个朋辈学业辅导小组，以便分门别类、各有侧重地开展工作。

在工作实践中，同学们对组织结构不断优化。将竞赛组扩充为科研竞赛组，并新增运营组，以从容应对不断增长的朋辈学业指导活动的开展。目前，经过两年多的发展，"大川小思"朋辈学业辅导团队成员已从初创时的26名发展到170余名。

（二）构建全程进阶式学业指导体系

"大川小思"全面梳理了大学不同学习阶段的学业重点和难点，将其作为多元化日常学业指导的重要内容，在不同时间节点，针对不同学业重点，有序组织开展相应学业主题的辅导，构建起从入学到毕业全过程的进阶式学业指导体系。

以图3所示某学期定时定点开展的"学长微课"为例，从初入大学时的时间管理、学习技能的掌握，到大一学年最重要的数学、英语两门公共基础课的学习，大二学年的学科竞赛、科研，到大三学年为未来升学深造的准备，都被纳入指导范围，并在时间上做了明确安排。

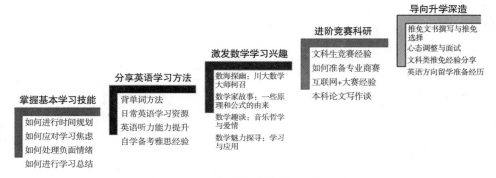

图 3　2021 年"学长微课"主题一览

（三）突出新生适应性学业指导

刚迈入大学的学生普遍对未来学习感到迷茫，一些学生对"为谁学，为什么学，学什么"等问题认知模糊，学习内生动力不足；一些学生则存在学业规划不明、学习方法欠缺、学习习惯不佳等学习过程中的问题。如何帮助他们尽快适应大学节奏，引导他们顺利进入大学学习状态，是大学应该认真思考的问题。

作为同样从新生阶段走过来的学长学姐，"大川小思"对新生们初入大学的迷茫感同身受，他们结合自身的学习与成长经历，将从日常学业指导工作实践中总结出的共性问题与应对经验结集出版，[①] 并及时为每位新生发放，做到新生朋辈学业指导全覆盖。此外，"大川小思"于每年 10 月举办大型学长学姐经验分享会，线上线下参与学生逾千人。

（四）建立工作反馈制度

"大川小思"自开展朋辈学业指导工作伊始就同步执行工作反馈制度。在日常的一对一和团体辅导中，均会向参与同学发放调查问卷，并第一时间收集、整理问卷，以便及时发现问题，调整工作内容和方式。同时，问卷结果也是考核朋辈导师的重要参考依据。工作反馈制度的实施，使朋辈学业指导工作形成了从谋划到实施到反馈的完整链条，产生了良性循环。

三、朋辈学业指导引领优良学风的传承示范

"大川小思"遴选品学兼优的学生作为全校本科生朋辈学业导师，通过多种形

---

① 陈森，卢莉.引领 竞逐 共进——"大川小思"朋辈有效学习攻略 [M].成都：四川大学出版社，2020.

式，多方位、多层次为有不同学业指导需求的同学提供多元化公益辅导。团队成立两年多来，累计指导 20 余万人次，广获受助学生好评，开辟了新时期学校优良校风学风传承示范的新模式。

（一）学生好评度高，辅学效果好

"大川小思"以亲切活泼的方式帮助同学们解决学业问题，让大家告别"求问无门，迷茫无措"的学习状态，打破了不同学院、不同年级的学习交流壁垒。他们怀着诚挚热情的心，毫无保留地将自己有益的学习经验传递给学弟学妹，建立了共学共进的学习共同体。他们丰富、亲切的朋辈学业辅导方式有效帮助同学们解决了学业困惑，赢得同学们的高度好评。据统计，受助同学中 95% 以上反馈"有帮助"（见图 4）。

"大川小思"一对一咨询效果反馈（2021—2022 秋季学期：截至 11 月 16 日）

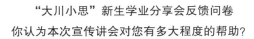

"大川小思"新生学业分享会反馈问卷
你认为本次宣传讲会对您有多大程度的帮助？

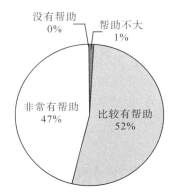

图 4 朋辈学业指导工作满意度调查结果

（二）优秀朋辈引领，促进优良学风建设

"大川小思"汇聚了全校学业拔尖（学习成绩基本排名前 10%）、乐于分享的品学兼优学生。他们勇敢承担起了学校朋辈学业指导工作的重任，主动引领和帮助更多同学在大学学习中收获进步，赢得成长。他们富有责任感、使命感，不断开创更具创新性、更活泼有趣的朋辈辅导方式，为大学学习路上的同行者点亮灯盏，助同学们找准方向，告别迷茫，激发更多川大学子在学习成长及学风建设中的"四自"（自我管理、自我服务、自我教育、自我监督）主体作用的发挥，营造出互帮互助、团结奋进的良好学习氛围，使良好的学习风气和正能量得到更广泛的传播，促进了校园良好学习氛围的形成。

"大川小思"打破了不同学院、不同年级学子的学习交流壁垒，建立了共学共进的学习共同体。同时，"大川小思"通过网站、QQ、微信公众号等现代网络媒体，宣传朋辈学业导师在学业帮扶方面的典型案例，分享团队中优秀集体和个人的成长故事和学习经验，用身边的事教育、影响、感染身边人，开创了更具创新性、更活泼有趣的优良学风传承示范模式，产生更有成效的引领和示范作用。

（三）朋辈公益辅导，弘扬志愿服务精神

从招募到学业指导，朋辈学业导师的工作完全遵从"自愿"及"志愿"原则。秉承"传承与奉献"的志愿服务精神，是"大川小思"的出发点和立足点。朋辈学业导师们有情怀有担当，有品格有思想，秉承"助人自助"理念，依托"大川小思"这一平台，奉献着他们的光和热。不少同学坦言，正是自己在求学道路上得到了学长学姐的帮助，他们才更希望有这样一个平台，能够汇聚全校的优秀学子，大家一起接下"热情与奉献"这个接力棒，利用自己学习上的优势，去帮助更多的同学，薪火相传，生生不息。

四、结语

以朋辈学业指导引领优良学风的传承示范，笔者所在高校的探索实践取得一定实效，也获得校内外认可。工作室"大学生朋辈学业指导工作实践研究——以'大川小思'为例"入选学校辅导员工作精品培育重点项目；2021 年，工作室获批为中国科协首批学风传承示范基地。但朋辈学业指导以及学业指导工作整体的体系化、规范化、专业化建设还有很长的路要走，还需要各高校共同努力。

科技竞赛活动引领高校学风建设研究

张韵

（共青团四川大学委员会）

摘　要： 科技竞赛活动是大学生创新能力培养的有效载体。在建设教育强国、推进教育现代化的历史进程中，高校推进科技竞赛活动引领学风建设工作是落实立德树人根本任务的重要举措。应紧扣高校育人目标进行科技竞赛活动设计，围绕人才培养目标设置个性化的科技竞赛活动套餐，发挥科技竞赛活动中涌现的典型人物对高校学风建设的榜样带动作用，完善科技竞赛活动引领学风建设效果评估和培训体系，以科技竞赛活动引领学风建设，并努力开创高校思想政治工作新局面。

关键词： 科技竞赛活动；学风建设；高校

习近平总书记在全国高校思想政治工作会议上指出："好的校风和学风，能够为学生学习成长营造好气候、创造好生态。"[1]学风，即"学校的、学术界的或一般学习方面的风气"[2]。根据赵保全、丁三青[3]等学者的研究，高校学风特指学生的学习风气，是学生的心理、情感和行为在求学中的综合表现，集中指向学生的学习态度、学习方法、学习成效等优良风气。科技竞赛活动是课堂教学活动的延伸和补充，是大学生创新能力培养的有效载体。1989年开始的"挑战杯"竞赛拉开了全国科技竞赛活动的序幕。在"两个一百年"奋斗目标的历史交汇点、开启全面建

① 习近平. 把思想政治工作贯穿教育教学全过程　开创我国高等教育事业发展新局面 [N]. 人民日报，2016–12–09（1）.

② 中国社会科学院语言研究所词典编辑室. 现代汉语词典 [M].6 版. 北京：商务印书馆，2012：408.

③ 赵保全，丁三青. 习近平关于高校学风建设与思想政治教育关系的论述 [J]. 思想政治教育研究，2018，34（2）：83–89.

设社会主义现代化国家新征程的重要时刻，高校以立德树人为根本任务，梳理科技竞赛活动引领学风建设工作中存在的问题，完善科技竞赛活动引领学风建设工作的落实机制，具有一定的现实意义。

一、科技竞赛活动引领高校学风建设的可能性

优良学风能对学生的价值观、思想品德、行为举止产生影响，进而使学生学习更为专注、高效。高校做好学风建设，有利于人才培养目标的实现。科技竞赛活动和高校学风建设在育人目标上的一致性和发展过程中的互促性，为科技竞赛活动引领高校学风建设提供了现实可能性。

（一）育人目标的一致性

近几年，科技竞赛活动在各高校开展得如火如荼，其目标在于培养学生主动探索、勇于创新的品质和素养。高校学风建设是为了使学生养成更好的学习态度、掌握更好的学习方法，进而取得更好的学习成效。两者的根本目标都在于培养人，都是为了落实立德树人根本任务。因此，育人目标的一致性决定了科技竞赛活动引领高校学风建设的可能性。

（二）育人过程的互促性

一方面，科技竞赛活动旨在引导大学生将书本上的知识转化为实践，并通过科技创新模范的引领作用带动更多青年学生树立积极向上的人生态度。其搭建的平台促进了跨学科和跨专业组队，使不同学科、专业的思维在一起碰撞，形成了学科交叉融合的学术科技氛围。同时，同学间通过朋辈教育形成互帮互助互学的良好学习风气，营造了风清气正、追求卓越的学习学术氛围。另一方面，良好的高校学风也会带动更多的青年学生踊跃投身科技创新，积极参与科技竞赛活动，向更高阶的学习发起挑战。

（三）引领的现实可能性

科技竞赛活动的组织实施通常分为宣传引导、组队准备、作品设计、作品研发、培训辅导、比赛选拔和赛后总结等环节，参与学生在组队过程中提升团队协作能力，在作品设计环节提升分析和调研能力，在研发环节提升动手实践能力，在形成作品方案的过程中提升文案写作能力，在比赛选拔过程中提升表达能力，学生的方案设计、系统开发、实验论证和演示制作等专业实践能力在备赛过程中均得到训练（见图1）。由此可见，科技竞赛活动可以促进大学生主动探索、勇于创新，引领高校学风建设。

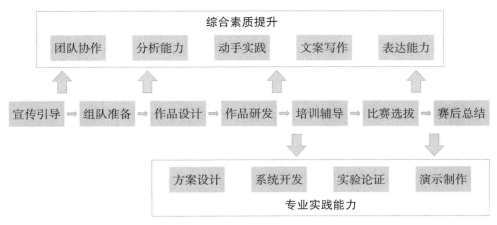

图 1　科技竞赛活动与学生学习能力培养的关系

二、存在的问题

（一）科技竞赛活动与高校教学和实践体系结合不紧密

高校一般将科技竞赛活动作为学生活动，由党委学生工作部牵头组织实施。由此带来的问题是，科技竞赛活动与高校教学和实践体系结合不紧密。例如：科技竞赛活动形式单一，多为全国性的创新创业竞赛或学科竞赛的校内选拔赛，和学校的学科特点、人才培养目标结合不紧密；科技竞赛活动开展时间过于集中，缺乏对学生的长期有效引领。

（二）科技竞赛活动引领高校学风建设长效机制尚未建立

高校开展的科技竞赛活动多为单一的科技创新竞赛和活动，缺乏系统谋划。应将科技竞赛和学术讲座、学风引领活动整体考虑，形成活动闭环，设置分层次、有选择的活动和竞赛套餐，供有不同学术兴趣、志向和水平的学生选择。

（三）科技竞赛活动引领高校学风建设成效不可评估

科技竞赛活动引领高校学风建设的效果只有经过评估、反馈，并帮助学生了解到自己能力提升的效果和下一步需要努力的方向，才能更好地发挥出对于学风建设的引领作用。

三、落实机制

落实科技竞赛活动对高校学风建设的引领作用，需要将科技竞赛活动看作高校学生工作与教学工作融合的载体，确立科技竞赛服务专业教育、解决实践问题的导向，如此才能为培育优良学风、校风和提高人才培养质量做出贡献。

（一）紧扣高校学风建设目标进行科技竞赛活动设计

科技竞赛活动的设计应围绕学校人才培养理念，贯彻落实以社会主义核心价值观统领人才培养全过程、全课程和以创新创业教育贯穿人才培养全过程、全课程的人才培养主线，以培养和提升学生学习能力、研究能力、科技创新能力、学术诚信意识为目标，变单一的竞赛活动为融合双创类竞赛、学科类竞赛、学业辅导活动、学术科技讲座等综合性、进阶性、有挑战度的科技竞赛活动体系。如四川大学设计的科技竞赛活动体系中，围绕学校人才培养目标和学风建设目标，每年开展创新创业竞赛、"银杏杯"化学知识竞赛、节能减排社会实践与科技竞赛、外语电影配音大赛等竞赛类项目40余个，"走进实验室""1+1互助帮学教室"等特色活动10余项，以及系列学术科技讲座200余场（见图2）。

图2　科技竞赛活动设计构架图

（二）围绕人才培养目标设置个性化的科技竞赛活动套餐

高校开展科技竞赛活动，应设置不同的竞赛类型、活动主题、实践形式，以满足学生不同的成长需求。学生可结合自己的特长和人生规划进行选择，而不是被动地接受。以四川大学"挑战杯"学生科技节为例，学校根据不同学生的发展方向和需要，提供了创新型、实践型、学术型方案，精细化设计了"创业狂"套餐、"发明帝"套餐、"技术宅"套餐、"领导力"套餐、"学霸型"套餐、"智多星"套餐等，每项套餐都结合学生专业、兴趣和发展方向定制了学科类竞赛、学术讲座主题、学业辅导活动，使学生可以更加有效地参与到科技竞赛活动中。这一模式一方面提升了科技竞赛活动的参与度，另一方面也对学生的学习能力和学习效果产生了良性影响。

（三）发挥科技竞赛活动中涌现的典型人物对高校学风建设的榜样带动作用

对于在科技竞赛活动中涌现出的全国获奖者、学术科技之星，学校应做好宣传和引导作用。例如，以集中分享、个别结队、经验集锦等多种形式扩大榜样带动作用，在学生中形成见贤思齐、争当先进的良好氛围。

（四）完善科技竞赛活动引领学风建设效果评估和培训体系

高校应建立科技竞赛活动成绩单系统，实现科技竞赛活动的能力评估、报名推荐、培训、参与时长记录、获奖记录、能力提升评估，使学生不仅可以在学校开展的科技竞赛活动中找到最适合自己的科技竞赛活动项目，还能拥有一份属于自己的学术科研、创新创业"成绩单"。简言之，该系统可全方位、多角度反映学生在校的发展情况，记录和见证学生成长过程，帮助学生提高综合素质、获得社会认可，对学生的学业规划、学术能力提升起正向推动作用。同时，该系统能让学校动态地掌握学生需求，调整工作方式，创新科技竞赛活动和服务形式，提供更加全面、自由的科技竞赛活动，实现精细化指导和个性化的跟踪培养。

强基计划大学生专业认同感
提升路径探索 ①

彭铎

（华西基础医学与法医学院）

摘　要：强基计划主要选拔培养有志于服务国家重大战略需求且综合素质优秀或基础学科拔尖的学生，是新时代背景下教育的改革，也是培养中国特色拔尖创新人才的路径。为确保强基计划的顺利实施，首先需要大学生对强基计划、对所选择的专业具有认同感。本文从学生、家庭、高校等角度探讨了提升强基计划大学生专业认同感的意义以及措施。

关键词：强基计划；专业认同感；大学生人才培养

2020 年 1 月 13 日，教育部印发《关于在部分高校开展基础学科招生改革试点工作的意见》，决定自 2020 年起，在部分高校开展基础学科招生改革试点，也称强基计划。强基计划主要选拔培养有志于服务国家重大战略需求且综合素质优秀或基础学科拔尖的学生②。2020 年 4 月，36 所高校陆续发布了强基计划招生简章，开启第一批强基计划学生的培养。

与普通大学生相比，强基计划大学生在培养目标、培养模式等方面均有一定的不同。由于其培养目标是服务于国家重大战略需求，因此强基计划的大学生在情感

---

①　本文系四川大学中央高校基本科研费研究专项项目（sksz202121）及华西基础医学与法医学院首期高等教育教学改革研究项目"基础医学强基计划学生专业认同感路径探索"研究成果。

②　教育部关于在部分高校开展基础学科招生改革试点工作的意见 [EB/OL].(2020-1-15)[2022-7-20]. http://www.gov.cn/zhengce/zhengceku/2020-01/15/content_5469328.htm.

上必须具有家国情怀，具有听从国家指挥的高度自觉，具有强烈的使命感和责任感。同时，强基计划大学生需要在基础学科学习中成绩拔尖、综合素质高，成为基础学科领域拔尖创新人才，以适应新时代的国际竞争。

一、提升专业认同感的意义

为确保强基计划的顺利实施，首先需要提升大学生对强基计划、对所选择基础学科或专业的认同感。学生只有接受和认可所学专业，才会以积极的态度去学习探索，这便是所谓专业认同的意义。[①] 有学者指出，专业认同直接影响学生对专业知识的学习兴趣和动力[②]，也会对学生心理健康、职业发展、个人成长等方面产生重要影响。

大学生对所学专业认同度高，自然会产生学习兴趣，也更容易发挥主观能动性，取得好的学习成绩，且随着对专业的认识越来越深刻，学习的满足感会越来越强，久而久之，形成良性循环，便能逐渐成长为学科领域的拔尖人才。提高大学生的专业认同感，既有利于学风建设、学业指导的顺利进行，也有利于形成良好的寝室关系、人际关系。有研究表明，医学本科生的专业认同感与社交焦虑呈负相关关系，专业认同感越低，存在社交焦虑问题的可能性越大[③]，这表明提升专业认同感可减少学生的社交焦虑。同时，强基计划具有较高的推免率，也可在一定程度上减少大学生心理问题。

针对强基计划大学生，高校在培养时会制定单独的培养方案，配备一流的师资、学习条件，对学业优秀的大学生，可在免试推荐研究生、直博、公派留学、奖学金等方面予以优先安排，畅通大学生的成长发展通道。以上举措的目的是培养出基础学科拔尖创新人才，服务于国家战略需求。因此，对于强基计划大学生，除了要提升其专业认同感，还要培养其家国情怀，使其把个人理想追求与国家民族命运联系在一起，为解决"卡脖子"的基础学科问题，建设新时代中国特色社会主义国家，实现中华民族伟大复兴的中国梦，担负起使命和责任。

[①] 李忠辉，王恩元，赵恩来，等.提高大学生专业认同感研究及其对国内大学的启示[J].高教学刊，2019（12）：9–10，24.

[②] 杨国梁，马鑫民.大学生专业认同感的影响因素及对策研究[J].中国成人教育，2021（7）：42–45.

[③] 邹茂生，刘江浩，冉露露，等.医学本科生专业认同感与社交焦虑相关性研究[J].中国高等医学教育，2019（7）：9–10.

二、提升专业认同感的路径及措施

（一）学生方面

清华大学招生办公室主任余潇潇曾指出，"入选学生要认同'强基'理念，具备'强基'特质，胸怀家国，志向坚定，有志于未来从事基础学科和关键领域研究。"[①] 入选强基计划的学生，在思想层面要立志用所学知识为国家、党和人民解决问题，要具有强烈的归属感、使命感和责任感。

大学生对所学专业的认同感源于对专业的认识和了解，主要集中在专业是什么、在国内外排名或影响力、就业方向和前景等方面。这些信息一般来自高校宣讲、自行在网络上搜索，以及家长的多方"打听"。有研究表明，所学专业为其第一志愿的学生，其专业认同感、专业认知水平均高于非第一志愿的学生[②]，可见，在入学前加深对专业的了解是提升专业认同感的一种有效途径。

此外，低年级和高年级的大学生在专业认同感上也不尽相同。高年级大学生进入专业学习阶段后，对专业有了"亲身体验"，对专业的认同感也随之增强。

（二）家长方面

家长对学生专业选择的影响主要是在入学前，部分家长会让孩子代替自己实现"未完成的梦想"，不尊重孩子本人的兴趣爱好等。就强基计划而言，部分家长认为其实施时间短，担心各项配套不一定完善等。这些出现在家长方面的因素都有可能影响学生的专业选择。然而专业的"体验者"、大学的"经历者"是学生本人，家庭其他成员可以出谋划策，但要充分尊重学生本人的意愿，因为兴趣是最好的老师，只有选择自己感兴趣的专业，才能最大限度地激发学习的能动性。

（三）高校方面

高校是育人的场所，也是实施强基计划的关键单位之一。一方面，高校要对强基计划大学生进行家国情怀的培养，如开展党史教育、红色教育、主题实践教育等。另一方面，要通过高校的教育提升大学生的专业认同感。然而，专业认同感的提升并非一朝一夕可以实现，需要对不同阶段的学生采取不同的策略。

对于刚入学的新生，辅导员应摸清其基本情况，如是自愿选择该专业，还是非自愿选择，并针对不同情况给予指导和帮助。可通过新生入学周、形势与政策课、参观实验室、体验科研等形式，让学生更深入地了解所学专业。经过一段时间的学习后，学生对所学专业的理解会与此前有所不同，高校应针对不同情况予以指导。

---

① 邓晖.深度解析多校强基计划新政——谁能报？怎么考？如何培养？[N].光明日报，2020-5-8（1）.

② 温蓉.大学生专业认知状况实证研究[J].教育观察，2020（2）：11-13.

此外，高校的辅导员老师还要加强对强基计划的政策解读，让强基计划大学生看到就业前景，并可以邀请合作的企业、用人单位为大学生讲解具体用人需求等。

学分制导师对强基计划大学生应该有更加长远的计划，所指导的课题在深度、广度等不同维度上应与普通本科生有所区别；专业班主任应该整体把握强基计划班级学生对专业的看法，在专业学习上给予指导，解答大学生对专业的疑惑，加强大学生对专业的认知和理解。

清华大学教育研究院副教授、博士生导师阎琨曾指出，"由于基础学科就业不明朗，学生进入项目之后不能转专业，加之培养周期较长等现实性因素，一些有突出天赋的学生可能就此对'强基计划'望而却步，这一点是不能回避的。"[①] 因此，除学生、家长、高校外，其他相关部门也应加强协作，出台一些新政策，为这些基础学科人才在出口环节提供一定的保障，使强基计划学生在毕业后能更好地发挥作用，达到强基计划的目的，同时也探索出一条中国特色拔尖创新人才的培养路径。

三、结语与展望

强基计划学生的专业认同感实质上是在思想上对"强基"和所学专业产生强烈的共鸣，在价值观层面上认可所学的基础学科专业和国家的战略决策。提升强基计划大学专业认同感是提高人才培养质量的方法之一，也是新时代深化教育改革、培养中国特色拔尖创新人才的积极探索。提升强基计划大学生专业认同感，不仅需要高校的努力，更需要相关部门的通力合作，打通从选拔到用人的人才成长通道。

---

① 高众 . "强基计划"：拔尖创新人才培养新路径 [N]. 中国教育报，2021-5-6（1）.

学术型学生社团助力学习效能提升探讨 ①

唐丽媛

（文化科技协同创新研发中心）

摘　要： 学术型学生社团作为课堂教学的重要补充，通过引领优良学风、汇聚学科交叉资源、培养创新意识和实践能力等途径，在提升学习效能方面发挥着不可替代的作用。但当前高校学术型学生社团在建设和发展中也存在一些不足，可以从规范化建设、提升活动质量、建立反馈机制等方面加以改进，助力大学生成长成才。

关键词： 学术型社团；学习效能；社团活动；反馈机制

学术型学生社团是学生基于对某一研究领域共同的兴趣，在专业教师的指导下，以科学研究、学术研讨和社会实践为主要活动形式，依托学院或业务实体，自愿组成的、按照其章程开展活动的学生组织。作为课堂教学的重要补充，学术型学生社团可为学生实现学习目标提供辅助性平台，在提升学习效能方面发挥着不可替代的作用。

---

① 本文系四川大学中央高校基本科研业务费项目"学生学术型社团助力学习效能提升研究"（2022whkjzy04）成果。

一、学术型学生社团有益于学生学习效能的提升

（一）引领优良学风

学术型学生社团由学生自发成立，自愿加入，其参与者必然具有一定的学习自觉性和主动性。相对于结构化特征明显的课堂学习模式，社团学习模式更多的是学习者在引导者的引导下，获得对知识的特殊认识的过程，这个过程更加丰富[①]，学生不再是被动地学习，而是成为学习的主体。作为学风建设的一个载体，学术型学生社团在高校学风建设中具备导向功能、凝聚与激励功能、规范与同化功能。在社团指导老师的教育和引导下，成员之间基于共同的兴趣，相互习得学习意识、动力、习惯和技能，相互取长补短，共同提高，形成浓厚的学习氛围。

（二）汇聚学科交叉资源

在综合性大学，一个校级学术型社团的成员可能来自文理工医等不同的学院，大家可就同一个课题，结合自身专业背景进行研讨，碰撞出思维的火花，极大地拓展思考的广度和深度。部分学术型社团本身就是跨学院共建，是校级层面的多学科交叉、协同创新平台向学生社团的延伸。部分学术型社团以学科竞赛为主题而成立，竞赛项目从团队组建、项目论证到项目路演、实施，都是由来自不同学科背景的学生协作推进。学术型学生社团鼓励来自不同专业的学生自由交流，提供了进行学科交叉学习和研究的平台。

（三）培养创新意识和实践能力

学术兴趣、学术自觉和学术能力是大学生在大学教育中应该获得的重要素养，对学生而言，参加学术型学生社团是一个很好的学习、锻炼的途径。学术型学生社团在专业知识的基础上聚焦某个领域开展研究型学习，具有较强的实践应用性，不仅开拓了学生的视野，还激发了学生的创新思维与创新意识。在全力投入中，学生能快速吸收很多课堂上遇不到的学术知识，构建起自己独有的知识框架，并学会将专业知识运用于实践中，从不同的角度剖析问题。在"专创融合"改革背景下，高校众多的学生社团，尤其是学术型学生社团便成为创新创业教育改革的重要载体。[②]学术型学生社团的氛围有利于开展相关学科方向的创新创业活动，举办创新创业沙龙、创业技能技巧比赛等。例如，可以"大创""互联网 +"等创新创业活动为契机，

[①] 何莉辉，张国防.学习共同体视野下的学术科技类社团学习模式研究[J].中国成人教育，2018（11）：17.

[②] 李君彦."专创融合"视阈下学术型学生社团创新创业教育改革策略与实践——以浙江中医药大学为例[J].创新创业理论研究与实践，2022（6）：74.

鼓励、组织学生参加科研训练和各种学科竞赛活动，在老师的指导下，将专业知识落实于实践项目，培养创新创业意识和实践能力。

二、学术型学生社团助力学习效能提升的主要障碍

（一）参与主体认同度和归属感不强

会员是社团的主体，学术型学生社团每年招新的主要对象为大一新生，但新生刚进入学校，虽有浓厚的学习兴趣，却缺乏扎实的专业基础知识。其加入社团时往往也较为迷茫，在起初的新奇感过去之后容易失去热情。加上学术型社团的活动大多需要钻研和思考，通过课外活动的形式继续学习理论知识，不像艺体类社团活动能让人身心得到放松，因此学术型社团的招新人数普遍低于艺体类社团。

（二）部分社团活动缺乏规划性和系统性

部分学术型学生社团将举办学术活动视为自身存在的根本价值，使部分活动流于形式且高度重复，缺乏亮点。同时，活动之间的联系不强、接续性不足，没有形成合力，阻碍了学生创新能力的顺利提升。[1] 在举办社团活动时，部分学术型社团为了吸引更多同学参与，机械地创造趣味形式以迎合大众，学术性减弱，效益不明显，不利于社团可持续发展。部分学术型社团宗旨、精神、目标等定位不够科学、规范、长远和全面，使得社团成员间的凝聚力偏弱、社团组织相对松散、社团活动缺乏连续性，不利于精品学术型社团的建设和发展。

（三）社团内部管理较松散

大部分学术型学生社团没有独立的活动场地，社团活动的开展具有较大的随意性。由于成员来自不同的学院，各自的专业课程强度和实践安排都有差异，加之受学业考试、专业实习、疫情等因素影响，学术型学生社团往往并不能完全实现学期初制定的工作计划，这对低年级社团成员的活动兴趣影响较大。社团骨干成员在升入高年级后，因升学、就业等方面的考虑，基本上退出了社团，工作的延续性和"传帮带"效果不显著，社团的经验和精神难以很好地传承。

---

① 邢海晶，万晟.以学术型社团建设提升研究生创新能力的实践对策研究 [J].就业与保障，2020（18）：91–92.

三、学术型学生社团助力学习效能提升的建议

（一）加强社团规范化建设

学术型学生社团应在社团的日常管理中体现规范化。首先，应完善社团章程，加强组织内部建设，规范会员入会程序。其次，应健全社团干部选拔与考核制度，充分发挥学生干部在社团中的主体作用，激励社团成员的工作热情和参与活动的激情，使每位成员更加清晰地认识到自我前进的方向，实现自身的学术积累和成长。最后，学术型社团挂靠单位的指导教师应积极参与到社团的监管与指导中，保证社团建设科学化、规范化，如组织社团成员经常就社团建设、学术活动乃至生活上的问题进行沟通、交流，鼓励高年级学长结合自身的经验，通过"传帮带"的方式不断传承社团特色，形成品牌。

（二）提升社团活动的质量

首先，准确定位，丰富活动形式。减少纯学术讲座等单调的活动，增加竞赛类、实践类活动。围绕理论和技术创新前沿焦点问题，设计系列活动，最大限度激发学生创新兴趣，吸引其积极投入到学术型社团的学术创新或技术创新活动中。其次，从管理学角度出发，对活动进行系统化统筹。对大量的活动资源进行梳理，做好社团活动的时间成本控制，加强顶层设计，构建新模式，充分发挥学术型社团在学生创新实践能力培养上的优势。最后，在加强内部文化建设的基础上，凸显学术型社团的品牌和特色，努力打造社团的品牌活动、精品活动。

（三）以赛促学，培养创新拔尖人才

可以竞赛为导向，依托学科竞赛成立相关学术型社团，一方面为学科竞赛储备人才，另一方面也为社团成员的学习指明方向。通过培训及校内竞赛的形式，培养大批学生成为骨干，配备专业指导老师全程跟进。其目标是以高水平学科竞赛为平台，以培养工程实践能力为核心，形成一套有自生能力、自净能力、自我提高能力，可持续发展的创新拔尖人才培养生态。[①] 在本科社团和竞赛中收获学术自信和心态自信，能够使学生在更高层次的学习阶段保持活力，顺利实现由学生向行业内高层次人才发展的能量流动。

（四）建立持续的反馈机制

作为自发性和自愿性的群众组织，高校学生社团既是青年大学生锻炼社会工作

---

① 周学智，等.基于一流学术社团建设培养拔尖创新人才分析——以中国石油大学（北京）为例[J].北京教育（高教），2017（10）：48.

能力的平台，也是高校校园文化活动的有效载体，还是高校第二课堂的重要组成部分，更是加强和改进青年大学生思想政治教育工作的阵地，长期得到党和国家的重视。[①] 学术型学生社团的学术性应该是其核心追求，而教师与学生在学生社团中的教学相长，亦应是大学精神的有机构成。指导教师应帮助社团确立建设目标、活动目标，以确保学术型社团朝着"助力专业学习"的目标发展。在此过程中，指导教师还应当注重对成员的价值引领和人文关怀，将理想信念、爱国主义情怀、道德修养、奋斗精神融入其中，以实现"社团思政"的目标。[②] 社团运行过程中出现的问题，则会启发指导教师及学校相关职能部门调整工作思路，改进指导方案，最终达到双向反馈、提升学习效能的效果。

四、结语

学术型学生社团在丰富与深化课堂教学、培养学生的研究能力从而提高学习效能方面发挥着巨大的作用。学术型学生社团通过开展活动，鼓励学生将专业学习、个人兴趣爱好、课外学术研究结合在一起，实现第二课堂对第一课堂的反哺。重视对学术型学生社团的指导和管理，全面加强学术型社团建设，克服其自身存在的短板，充分发挥其整合效应，必将为大学生成长成才开拓新的有效路径。

---

① 连泽纯，等.新时代高校学术型社团发展的困境与路径探析——以华南师范大学为例 [J]. 现代教育论丛，2019（2）：52.

② 辛彦军.农科高校学术科技类社团"社团思政"的实践路径——以沈阳农业大学为例 [J]. 辽东学院学报（社会科学版），2022（1）：131-136.

后疫情时代线上线下混合式教学方式有效提升学习效能

钟欣芮　姜林　郑成斌

（化学学院）

摘　要： 新冠肺炎疫情的发生，迫使学校改变教学方式，也让互联网教学模式在更大范围内得到普及。老师们从起初的被动进行线上授课，到逐渐认识到线上授课的优势，再到主动想办法创新线上教学方式、提高在线授课质量，为高校推进线上教学按下了"加速键"。

关键词： 后疫情时代；混合式教学；提升学习效能

为做好新冠肺炎疫情下的本科高校线上教学工作，全国高校都切实把开展线上教学作为师生深化课堂与信息技术深度融合的大演练，并催化了教学模式的革新，而这不仅涉及学生的学习方式、教师的职业技能，还对网课平台以及整个在线教育行业的发展提出了新的考验。"线上教学加速，线下教育不可或缺"的现状，势必会促进高校转变教学思路，进行线上线下混合式教学改革，创新教学方式，发挥信息化教学优势，提升学生能力素质。

一、新冠肺炎疫情对高校传统教学模式的强大冲击

过去，在线课程建设、线上教学是少数人的教学改革；疫情防控期间，高校需要大规模、成建制地开展在线教学。高校在线教学是疫情防控的应急之策，也是信息技术发展引发教学革命、学习革命的大势所趋。

（一）疫情之下的紧急行动

此次新冠肺炎疫情对高校传统教学的冲击表现在两个方面：一是对高校治理能力、应急反应能力以及教师教学改变能力的空前挑战；二是对高校在线课程建设成果、教师现代教学手段掌握程度的大检验。四川大学化学学院优先选用本院已建成的 1 门慕课和 5 门 SPOC 资源；积极选用各大平台推荐的优质慕课资源共 25 门，其中智慧树平台 2 门、超星平台 4 门、爱课程平台 5 门；同时，支持有基础的教师新建 SPOC 课程 14 门，其中智慧树平台 5 门、超星平台 3 门、爱课程平台 6 门。

同时，我院对教学计划做出调整，理论课在确保质量基本达标的前提下尽量开设，实践课除虚拟仿真实验外顺延。2021—2022 学年化学学院共有课程 278 门次，可以通过网络平台进行线上教学的课程有 110 门次，占比 39.6%。其中理论课 110 门次，可线上教学的有 98 门次，占比 89%；实验课 168 门次，可线上授课的有 12 门次，占比 7.1%。

（二）线上教学运行的质量分析

教学运行的质量主要取决于学校和学院的精心组织、教师的认真准备、学生的积极参与。线上教学的前两周属于试验探索期，第四周开始趋于教学的常态化，因此，本文以第四周数据为基础，分析运行质量。

1. 开课率和出勤率双高

第四教学周化学学院线上开课 98 门次，实际开课率 100%；授课教师 68 人，应到课学生 1232 人次，实际到课学生 1195 人次，出勤率为 97%。

实际开出的 98 个课堂中，利用本校慕课课堂数 1 个，占比 1%；利用他校慕课课堂数 19 个，占比 19.4%；自建 SPOC 课堂数 5 个，占比 5.1%；采用自编网络资料课堂数 73 个，占比 74.5%。其中直播课堂（含文字、视频、语音直播）96 个，占比 98%。

2. 教学形式花样繁多

教师结合课程特点，采用了多种形式的授课方法。直播讲解课堂 55 个，占比 56.1%；录播讲解课堂 12 个，占比 12.2%；提供 PPT／文字课件课堂 7 个，占比 7.1%；有 MOOC 或 SPOC 的课堂 20 个，占比 20.4%；学生自学课堂 4 个，占比 4.1%。

3. 课程平台争奇斗艳

教师选用多个教学平台开展教学。其中使用超星平台课堂数为 23 个，占比 23.5%；使用爱课堂平台课堂 11 个，占比 11.2%；使用雨课堂平台课堂 3 个，占比 3.1%；使用本校课程平台课堂 2 个，占比 2.0%。

4. 直播平台各显身手

61 个课堂利用了直播平台。其中，使用率排在前 3 位的有：腾讯课堂（18 个，占比 28.5%）；QQ 群聊（12 个，占比 20.4%）；腾讯会议（11 个，占比

18.2%）。紧随其后的有智慧树、微信群聊、超星、钉钉、中国大学 MOOC、ZOOM 等平台。

5. 质量监控如影随形

为保证线上教学的质量，我校建立了多部门、多层面、多角度的线上教学质量监控体系，对每天线上开设课程的运行质量做监测、评价。第四周开出 98 个课堂，有教学督导、同行教师或领导干部听课的课堂 98 个，占比 100%。

通过上述多方面的数据分析可以看出，与传统教学方式相比，线上教学更加灵活、多样，对学生的感官刺激也更多，能增强教学课堂的互动性，调动学生学习的积极性和主动性。

（三）学生在线学习概况

1. 学生学习行为分析

（1）大学生主动获取课程教学计划、教学安排情况：85.5% 的大学生能及时地获得课程计划、安排等信息，10.3% 的大学生能获得信息但不是非常及时，4.1% 的大学生反馈不能获得信息。

（2）大学生线上学习的课程门数：19% 的大学生学习了 4 门以下，49% 的大学生学习了 5 ~ 8 门，27% 的大学生学习了 9 ~ 12 门，5% 的大学生学习了 13 门以上。

（3）大学生平均每天的线上学习时长：16% 的大学生为 2 课时以下，32% 的大学生为 3 ~ 4 课时，37% 的大学生为 5 ~ 6 课时，15% 的大学生超过 6 课时。

（4）大学生线上学习任务量的主观感受：46% 的大学生认为与实体课堂任务量相当，38% 的大学生认为比实体课堂任务量大，4% 的大学生认为比实体课堂任务量小，12% 的大学生认为不好判断。

2. 学生在线学习过程中遇到的主要问题

据学生反馈，在线学习过程中的主要问题有：网络经常卡顿，占 30%；学习平台过多，占 27%；没有课程教材，占 20%；网络流量不够，占 16%；没有学习兴趣，占 7%；其他，占 1%。

3. 影响大学生在线学习效果的主要因素

据学生反馈，影响在线学习效果的主要因素有：网络不佳，占 26%；没有学习氛围，占 20%；作息不够规律，占 16%；不适应在线学习，占 15%；课程内容过多，占 15%；教师授课乏味，占 7%；其他，占 1%。

由此可见，网络状况即在线学习的硬件设备是影响学生线上学习的主要问题。相较于传统教学而言，线上教学对硬件设备的要求高，从而导致因学生学习条件的差异，而影响学生的学习效果，产生不公平。但学生返校之后，这种在线学习条件的差异将趋于一致，有利于我们进行线上线下教学模式的转变。

二、准确把握后疫情时代教学模式的变革趋势

当前，疫情已趋于平稳，无论是为了统筹做好疫情防控和教育教学的"双战双赢"，还是为了化危为机、持续深入推进高等学校教育教学改革，我们都必须确保线上线下教学的有效衔接。而做到以下四个方面的"融合"，应该是重要的方向和途径。

（一）教学形式的融合，即线上教学和线下教学融合

目前，随着符合条件的学生返校复课，线下教学逐渐重启；另有部分学生尚未能返校，还要继续进行线上学习。因此，线上线下教学衔接，要把前一阶段线上教学的目标、内容、数据、评价等与线下教学进行融合对接，实现教学连贯性、整体性。同时还要使后疫情时代的线上教学和线下教学形成教学过程的互补，保证知识体系的完整性，各自承担实现教学目标的不同任务：可以在线下教学的同时开启线上教学的直播或录播；还可以将课时分配为线上课时和线下课时两部分；在教学互动上，打破线上线下的空间阻隔，实现师生全面、实时互动。

（二）教学手段的融合，即多种教学手段或方法交织、同步运用

线上教学借助 App 或平台进行直播、录播、翻转，或者基于平台资源的推送等开展讲授、演示、讨论；线下教学除了面对面的授课方式，更可以演化为基于线上资源支持的讲授、研讨、交流等教学活动。[①] 两种教学手段相融合，加上具有无限可能的丰富教学资源，有望使得后疫情时代的教学活动突破人们的传统认知定式，极大拓展教学活动的内涵，不仅可以实现线上线下教学的有效衔接，也将催生一种颇具革命意义的、全新的、多姿多彩的教学活动新"模态"。

（三）教学场景的融合，即课内教学和课外教学融合、教室场景和非教室场景融合、现实场景与虚拟场景融合

线上线下融合的教学将打破传统的课时概念，将课内教学和课外教学相融合，课内向课外延伸，课外向课内汇聚。在完成特定教学任务的所有时间段内，传统的课前、课中和课后的概念将变得模糊，形成"全时段"教学模式。而借助于虚拟现实技术和增强现实技术，线上线下一体的教学可以实现虚拟场景的教学，尤其是借助虚拟仿真技术构建的教学项目或课程，可以让学生漫游场景逼真的虚拟环境，通

---

① 马骁飞，马亚鲁，田昀，等 . 利用无机化学在线课程资源，开展翻转课堂的教学实践 [J]. 大学化学，2018，33（11）：15–21.

过人机交互进行探索学习，培养自主学习能力、创新思维和创新精神。[①]

（四）师生角色的融合，即师生互促、教学相长，形成新型的师生关系

为了更好地实现线上线下教学的融合，教师除了不断提升教学技能和学科知识等自身素质能力，还要加强学生的自主学习，实现知识与技能、情感与价值观的引导作用。同时，学生为了跟上教师翻转课堂的教学进度，需要提前预习，设计自学的路径，不断增强学习的主动性，加强学习的探究性，在学习方法上追求创新，使学习更高效。线上线下教学的融合，可以真正实现"让课程优起来，让教师强起来，让学生忙起来，让效果实起来"的目标，使师生之间在教和学上相互促进，共同成长。同时，线上线下教学的融合改变了传统线下教学中师生面对面的单调、受限的交互模式，师生可通过各种线上媒介进行更为自由、松弛的互动，这种交互方式不仅有助于构建新型的和谐师生关系，也助于对学生平等、民主理念和价值观的培养。

突如其来的疫情，让本已快速发展的在线教育被迫按下了"快进"键。与线下教育相比，线上教育这一借助了互联网平台和直播技术的新型授课模式，有着显著的优势。学生的学习场景不受限制，可以随时随地利用终端设备进行自主学习。而且线上教学的内容可以反复观看，避免因个人原因导致的漏听知识点的情况。另外，线上教育也更具个性化的特点，不同学员可以根据自身需求选择不同的课程类型。毋庸置疑的是，未来"互联网＋教育"将成为教学模式的主要发展方向。

---

① 胡涛，鲍浩波，孟长功，等．以在线开放课程为核心 进行一流课程的建设与实践 [J]. 大学化学，2018，33（11），1–5.

以综合素质课程建设促进研究生学习适应性的探索 ①

蒋佶良

（研究生工作部）

摘 要：相较于本科阶段的学习适应性，研究生的学习适应性更具个性化、多样化特点，除传统意义上的课业成绩相对淡化外，更突出研究生的科研创新能力、人文素养、心理健康、职业规划等综合素养。基于此，四川大学提出在研究生教育中融入综合素质课程，以促进研究生全面健康成长和造就卓越综合能力为目标，统筹融合思想政治教育与专业培养各环节，聚焦提升研究生综合素质，构建研究生成长支持系统。探索以综合素质课程建设促进研究生学习适应性，就是要在充分认识研究生教育特点的基础上，把握研究生教育规律，通过完善课程体系、强化队伍建设、健全监督评价等工作，实现研究生学习适应性的提升。

关键词：研究生；综合素质课；学习适应性

一、四川大学研究生综合素质课程体系建设情况和意义

从 2017 年起，四川大学在研究生培养方案中增设了"研究生综合素质系列课程"，旨在推动研究生领域的"三全育人"，提升研究生教育的综合素质培养成效，突出培养又红又专时代新人。按照综合素质课程"标准制定—课程开发—院校两级

① 本研究受"四川大学中央高校基本科研业务费研究专项项目（sksz202108）""四川省学位与研究生教育学会研究课题经费（2021YB0302）"资助。

组织—辅导员老师授课—主管部门考核—多方主体反馈"的流程,形成了正向反馈的闭环式推进路线。采取信息化、节点化、可视化的方式落实责任主体,做到研究生综合素质课由分散到集中的体系转变,使之成为研究生教育工作的关键平台和重要载体,充分发挥课堂育人主渠道作用。

经过几年的发展,我校专门出台了《四川大学研究生综合素质课课程实施细则》,确立了研究生综合素质课的13个必修专题和3个选修专题,涵盖"形势与政策""校规校纪与研究生培养政策""人文素养""科学精神""就业指导与创新创业"等方方面面。研究生综合素质课程体系的建立,补足了研究生专业教育外的通识性教育和综合性教育,对于培养具有完善人格、良好品格、较强能力的新时代高端人才具有重要的意义。

二、研究生学习适应性的内涵和外延

对于学习适应性的研究,最早集中在中小学群体,20世纪80年代开始,对于大学生的学习适应性的研究开始增多。就目前而言,随着高等教育的普及、教育层次的提升,学习适应性的深度不断加大,对于研究生群体,研究其学习适应性同样具有价值。狭义上,学习适应性是主体根据环境及学习的需要,努力调整自我,以达到与学习环境平衡的心理与行为过程。广义上,学习适应性还延伸到了对于人格培养、心理健康、职业发展等领域的影响。尤其是研究生阶段,学习适应性内涵的多样性体现得更为明显。[①]

具体而言,研究生的学习适应性由内部因素和外部环境所决定,是研究生的学习动力、创新能力、心理因素、学习环境等方面的总和。它是动态的、发展的,不仅决定了研究生在校期间的学业成败,而且为其以后的职业生涯和终身学习奠定了基础。作为一个特殊的群体,研究生的学习适应性与本科生具有很大区别,更有别于中小学生和其他群体。这些特征体现在以下方面。

首先,研究生个体特点鲜明。一是个人意识较强,大多数研究生具有较高层次的专业知识和较为独立的科研精神,分散在不同学科专业,有各自的导师和研究方向。二是生源分布广,个体差异大,有应届毕业生,有工作后再读研,还有在职攻读研究生的,年纪从20多岁到40多岁不等。三是研究生的压力日益增大,尤其是近年来经济发展转型、产业结构改变等外部因素的叠加,给研究生的学习、生活、就业带来无形的压力。其次,研究生学习适应性主要是对专业学习和创新实践能力的把握,具有更大的主观能动性。研究生的学习不以考试为主要目标,衡量研究生

---

① 熊勇清,陈江勇.跨专业研究生学习适应性影响因素的实证研究——以A地区"211工程"大学在校硕士研究生为例[J].高教探索,2011(3):117-121.

学习适应性最终的、也是最重要的方式是面对和解决实际问题，以及他们的学习成果、职业选择等 [1]

三、综合素质课程对于促进研究生学习适应性的积极作用

（一）兼顾研究生"专"和"红"的培养，形成协同育人实效

研究生是国家培养的高级专门人才，其学习适应性主要体现为对专业的精通和科研领域的成效。我国的研究生，作为社会主义优秀建设者和可靠接班人，除了需要具备扎实的专业素养，还需要具备坚定的理想信念、过硬的政治素养、完善的综合素质等。传统研究生培养方案中的专业课主要立足于狭义上的学习适应性培养，而研究生综合素质课可以填补这一育人空白。一是研究生综合素质课以 13 个必修专题作为课程主干，授课内容坚持稳定性和灵活性相结合，涵盖了研究生学习科研的全学段全过程，持续有力地推动了研究生教育育红心、筑信念、强素质、长才干。二是研究生综合素质课 13 个专题中既有思政教育的核心内容（如社会主义核心价值观、"四史"教育专题等），又有与专业素养培育相关的专题（如人文素养、科学精神专题等），可以与其他课程形成协同育人育心的聚力效应，构成研究生教育体系的完整链条。

（二）坚持"三贴近"的育人路径和多样化的授课形式，营造良好适应性环境

研究生综合素质课遵循了研究生成长规律，教学内容丰富，涵盖了研究生日常教育的各类相关主题，满足了研究生成才的阶段性现实需求，对于学习适应性的主体培养和环境培育具有积极的推动作用。课程纳入了各专业、各层次、各类型研究生的培养方案，坚持贴近研究生教育工作实际，贴近研究生成长生活需求，贴近研究生核心素养发展需要。课程分专题、分模块、分阶段地融入政治引领、价值引导、家国情怀、爱校情结、法制安全、生涯规划、就业指导、心理健康、人文修养、科学精神等研究生教育内容，实现了研究生成长各阶段的全过程育人。

研究生综合素质课授课形式多样，促进了一二课堂全领域联动融合，切实增强了课程的吸引力和感染力。各专题授课形式打破了传统课程的简单课堂"老师讲—学生听"讲授形式，包括但不限于专题讲授、专家讲座、主题报告会、参观访问、社会实践等形式，采取讲授、讨论与实践相结合的全方位授课形式。

---

[1]　赵蒙成，朱苏.研究生学习力的特点与养成策略 [J].学位与研究生教育，2010（8）：39-44.

（三）课程具有促进研究生学习适应性、激发获得感的育人实践特色

研究生综合素质课旨在提升研究生教育的针对性和有效性，培养学生核心素养，增强研究生学习适应的自觉性和主动性。课程着力培养研究生的理想信念、科学精神、创新能力、实践能力、领导能力和国际竞争力等核心素养。更深层次上，课程围绕培养德智体美劳全面发展的社会主义建设者和接班人，着力进一步强化研究生理论武装，厚植爱国爱校情怀，深化培育和践行社会主义核心价值观，推动研究生切实把个人成长与国家发展战略、民族复兴伟业充分结合，明确人生成才目标，增强研究生的责任感和使命感。

四、以研究生综合素质课程建设提升学习适应性的路径

（一）完善综合素质课的组织机构

要实现综合素质课对研究生学习适应性的提升，涉及教学、学生管理、心理、就业等多个部门，需要各部门相互协调与配合。要在学校制定统一实施细则的基础上，明确各职能部门分工和职责，整合教学、学生管理、后勤服务和社会等各方资源。与此同时，各学院应根据自己的学科性质和学生学习特点，从学院层面积极推动研究生综合素质课的落实。可让专业课老师、导师和辅导员担任课程负责人，实行责任制，并要定期对他们进行培训，促使他们加强理论学习和实际指导方法的学习。尤其是学院可以探索根据本学院的研究生特点、学科特点、专业发展等实行针对性强的综合素质课落实方案，切实为研究生提供一个系统化、实体化的学习适应性支持平台。[①]

（二）优化课程的开发与设置

研究生综合素质课程应在遵循高校人才培养目标的基础上，紧紧围绕研究生的需要，立足本校实际情况，组织教师制订教学大纲和教学计划，并定期进行教学成功经验交流，探讨如何解决教学中存在的问题。在每学期开学初，可采用问卷调查方法，就上一学期的教学效果在学生群体中进行调查，并撰写好调查报告，以促进综合素质课程的不断改进。另外，还可以组织有能力的教师或教授开展专题研究，使综合素质课程逐步迈入规范化、科学化、制度化轨道。另外，综合素质课程中的选修专题可以根据不同专业、不同年级、不同学生群体的情况，扩充针对性较强的教学内容，尽量满足不同学生的个性化需求，完善课程的内容。

---

① 张维.论大学生学习指导基层系统的构建[J].宿州教育学院学报，2008（2）：43-44，70.

（三）强化育人队伍建设

高校应从更新与转变教育工作者的思想观念着手，大力宣传教育工作者的育人职责和育人功能，逐渐改善过于偏重科研的态势，将对学生进行学习适应性指导作为一项岗位职责列入教职工的管理制度中，制定合理的物质奖励或精神奖励，提高教职工投身研究生综合素质课的工作积极性。一方面，高校应扩大研究生综合素质课程教辅人员的来源，增加相关人员数量。应将校领导、从事行政工作的院系领导、教学管理人员、学生管理人员、导师、任课教师、辅导员、优秀研究生、校友资源、社会资源等充分吸纳到综合素质课程建设队伍当中，构建上下结合、专兼职结合的队伍。另一方面，要加强对相关人员的培训。应通过定期培训、研讨交流或"传、帮、带"等形式，进行政治学、教育学、社会学、心理学等人文学科知识的培训教育，不断提高教育队伍在教学、科研和育人方面的能力。[①]

（四）构建学习适应性的监督评价体系

对于研究生综合素质课这样一门综合性课程，理应有相应的评价机制来对其促进学生学习适应性的效果进行客观的评价。这样的评价应具有导向、诊断、鉴定、育人四大功能。我们需要根据一定的教育价值观或教育目标，运用可行的科学手段，系统地收集信息并整理分析，对研究生综合素质课的教育活动、教育过程和教育结果进行价值判断，为提高教育质量和教育决策提供依据。实行研究生综合素质课的学习适应性监督评价的目的是使学生能够获得有效的学习指导，促进其全面发展；使管理者能够了解所投入的人力、物力和财力是否得到了有效的利用，以及通过评价结果的反馈，对原计划中不适合的地方进行调整，以便研究生综合素质课程日后更好的发展。研究生综合素质课的学习适应性监督评价体系着眼于课程的质量评估，应当包括监督评价主体，以及定性和定量的评价规则。[②③]

---

① 田智，王艳，王骥.协同创新视野下的研究生德育队伍建设研究[J].江苏高教，2015（6）：121-123.

② 李红梅，张红延.面向课程的教学质量保证体系[J].高等工程教育研究，2010（2）：63-65.

③ 周敬慧.高校大学生学业指导研究[D].石家庄：河北科技大学，2014.

围绕"想不想"和"能不能"的深造率提升实践探索

褚志文　章程

（华西药学院）

摘　要：随着医药行业的政策调整，就业市场的需求发生深刻变化，更多药学专业本科生进行深造是大势所趋。华西药学院围绕学生"想不想深造"和"能不能深造"两个方面下功夫，多措并举，重视考研答疑辅导和考研调剂，狠抓本科生深造率提升工作。

关键词：本科生深造率；"想不想"与"能不能"；深造意愿

一、研究背景 ①②③

促进医药科学技术发展，是人类社会发展的需要，也是每一代药学工作者肩负的使命和责任。

随着医药行业的政策调整，就业市场的需求发生深刻变化，更多药学专业本科生进行深造是大势所趋。同时，本科生深造率是衡量一流学科建设水平的重要标准

---

① 刘喜玲、胡益侨、吴佳.高校辅导员在本科生继续深造中的作用研究——以电子科技大学电子工程学院为例[J].兰州教育学院学报，2017，33（7）：75-76，81.

② 李颖、陈保瑜、陈省平.基于第一与第二课堂融合的大学生深造推动机制——以中山大学海洋科学学院为例[J].教育教学论坛，2020（33）：115-117.

③ 吕文静、吕林海.研究型大学本科生的深造意向及影响因素分析——基于学习参与的视角[J].教学研究，2018，41（2）：9-14.

之一，也是学院人才培养质量的核心竞争力之一。以复旦大学、浙江大学、上海交通大学等高校的药学院为例，其本科生深造率均在 60% 以上。四川大学华西药学院研究发现，深造率的提升，单靠学工部门或者教学部门都不能实现，必须多部门协同配合，全员动员，齐抓共育，营造优良学习氛围。

四川大学华西药学院围绕学生"想不想深造"和"能不能深造"两个方面下功夫，多措并举，狠抓本科生深造率提升工作（见图 1）。

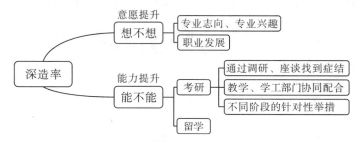

图 1　华西药学院本科生深造率提升思路

二、高校本科生深造率提升的实践路径

（一）学生深造意愿提升举措：解决"想不想"的问题

提升学生深造意愿，是提高深造率的前提和基础。在工作实践中，四川大学华西药学院主要有以下两点举措。

1. 激发专业兴趣，树牢专业志向，培育优良学风

学院通过新生研讨课、专业讲座等让学生尽快了解、熟悉并热爱所学专业。新生研讨课由二级学科骨干教师组成教学团队，帮助新生尽早了解专业，建立专业认知。学院举办的专业讲座纵跨 1~4 年级，如新生系列专业教育、米玉士讲座、华西药学讲座、"111 引智计划"讲座等。同时，开展人才培养宣讲活动，帮助药学院低年级本科生建立专业自信，并通过师生座谈会收集实时反馈，认真听取师生建议，最终由学院讨论形成学业指导方案（见图 2）。

图 2　华西药学院激发学生专业兴趣的举措

此外，学院通过开展一系列具有专业特色的第二课堂活动，如本硕博学术交流沙龙、药学宣传周——青蒿素分子模型搭建比赛、镜头下的药剂学、药用植物明信片制作大赛、合理用药知识大赛、药学专业学科竞赛等来激发学生专业学习兴趣，扩大大学生创新创业训练计划覆盖面。药学院大学生创新创业训练计划参与学生的覆盖率在85%以上。在各类药学学科竞赛中，华西药学院获得国家级奖项30多项，如在第五届、第六届全国医药院校药学/中药学专业大学生实验技能竞赛中获特等奖和一等奖，在第十届、十一届、十二届全国大学生药苑论坛中共获得"优秀论文奖"4项、"创新成果一等奖"4项、"创新成果二等奖"2项、"创新成果三等奖"6项等。

2. 学生生涯规划发展指导

"思路决定出路"，就业、考研、留学，不同的发展路径，着力点自然不同。在做深造动员时，华西药学院从就业率、待遇、岗位差别、未来发展等方面给学生讲清楚深造与不深造的差别，鼓励更多的学生刻苦学习、拼搏深造，学生接受度比较高。

（1）近四年就业率对比。

近4年，硕博研究生就业率普遍高于本科生就业率，可见，深造明显提高了就业求职成功率（见表1）。

表1　华西药学院近4年本硕博学生就业率

届别	本科就业率	硕士就业率	博士就业率
2017届	94.92%	97.56%	100.00%
2018届	93.58%	94.78%	96.00%
2019届	80.81%	91.6%	100.00%
2020届	79.56%	93.23%	91.67%

（2）待遇差距分析。

依据当前四川省医药企业招聘信息的薪酬水平估计，本科生平均底薪约5000元，有销售提成，而硕士生年薪达12万元左右，博士生年薪则是25万元起。可见，本科学历与研究生学历就业待遇差距甚大。

（3）就业去向分析。

本科生能胜任的就业岗位较有限，如医药代表、生产管理储备人员，或应征入伍、在基层就业、考公务员、考事业单位等。而研究生可选择的岗位则大大增多，如区域学术经理（市场推广）、质量管理人员（QA、QC）、研发人员及研发助理、实验分析人员、临床研究监察员、药政专员、产品注册专员、管理培训生（行政、HR等管理部门）等岗位越来越青睐研究生。

（4）职业发展前景规划。

药学专业是一个专业性、技术性非常强的专业，医药行业也是一个技术密集型行业，学历越高，就业竞争力越强。"4+7带量采购""两票制""医院药品零加成"等一系列政策，压缩的不仅是药品流通环节的利润，也包括医药代表的职业发展空间。医药代表的职业发展之路越来越窄，离职率越来越高。技术创新、新药研发，是药企的核心竞争力。药企招聘的重点是技术人员，尤其是高层次的技术人员。人生是一场马拉松，药学专业学生的眼光要放长远，5年、10年、20年以后，差距会很大。

（二）学生深造能力提升路径：解决"能不能"的问题

"能不能"深造的问题，即考研成功率该怎样提高？我们通过问卷调查、学生座谈、定期与学生沟通交流等方式，尽可能及时并充分地了解本科生在深造过程中的困难以及需要学院提供的帮助；再通过教学 – 学工协同交流会、班主任工作会、教学委员会会议等方式，展开多方协调配合，制定并实施了十项举措来提升深造率。其中针对考研深造制定了七项举措，针对出国出境深造制定了三项举措。

1. 找准深造能力薄弱点

学院通过座谈会、问卷调查、辅导员询问等多种途径，收集学生的意见和建议，摸清底数，找准症结。

2. 优化本科教学计划，课程前移

不少学生反馈，一、二年级还学有余力，三、四年级课程负担较重，难以分出更多精力准备考研。

对此，学院多次召开教学委员会会议，与国内同行高校交流课程设置经验，优化教学计划。例如，将药学科研系列讲座、药学分子生物学、药学文献检索与利用、生药学、药物化学等部分课程的开课学期前移（见表2），提前开展专业教育，减轻三、四年级的学业压力，第七学期修读课程学分由12学分调整到了8学分。

表2　华西药学院课程前移方案

课程	原开课学期	现开课学期
药学科研系列讲座	大三春季学期	大二春季学期
药学分子生物学	大三秋季学期	大二春季学期
药学文献检索与利用	大二春季学期	大二秋季学期
生药学	大三秋季学期	大二春季学期
药物化学	大三春季学期	大三秋季学期

3. 开设药学理论、实验学习等选修课

部分学生反映，化学基础课学习与后期药学专业课学习衔接不上，且和考研初试考查深度衔接不上。对此，学院多次与化学学院领导、课程教师沟通，专门开设

"药用化学"综合课程，系统整合"有机化学""分析化学""生物化学"等课程知识点及其和药学的结合点，并开设系列高阶实验选修课等（见图3）。

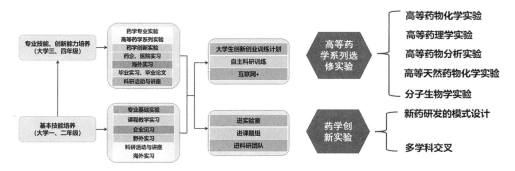

图3　开设药学理论、实验学习等选修课

注：选修了系列高阶实验课的学生增强了竞争力，深造率高，如选修"药学创新实验"课程的学生深造率为100%。

4. 早动员，重视历年数据分析

考研复习前，学院高度重视历年数据整理分析，比如历年报名情况分析、重点目标院校招生情况分析、报录比分析等（见图4），对本科生早做动员，帮助他们合理填报志愿。

考本院情况统计（初试上线情况）

		2017考试情况					2018考试情况					2019考试情况					2020考试情况				
		初试上线	政治	英语	专业课	总分	初试上线	政治	英语	专业课	总分	初试上线	政治	英语	专业课	总分	初试上线	政治	英语	专业课	总分
学硕	总数	155人					131人					79人					73				
	校外	138人(89.1%)	64.98	68.43	229.37	362.78	116人(88.7%)	65.24	67.66	232.07	364.97	70人(88.7%)	65.44	67.97	193.37	326.79	57人(78.08%)	70.3	73.6	225.2	369.1
	校内	17人(10.9%)	66.18	71.35	230.41	367.94	15人(11.3%)	63.8	69.73	224.87	358.4	9人(11.3%)	66.56	70.11	191.56	328.22	16人(21.92%)	71.2	72.5	222.4	366.1
	初试分数线340,单科60 (180)						初试分数线345,单科60 (180)					初试分数线310,单科55 (165)					初试分数线350,单科60 (180)				
专硕	总数	15人					35人					33人					53人				
	校外	14人(93.4%)	63.14	78.57	232.21	373.93	30人(85.8%)	61.17	60.3	204.37	325.83	27人(81.9%)	62.89	63.93	198.56	325.37	43人(81.13%)	69.1	71.5	214.6	355.2
	校内	1人(6.6%)	60	77	245	382	5人(14.2%)	59	57	202.4	318.4	6人(18.1%)	61.17	67.83	182	311	10人(18.8%)	72.2	71.3	221.1	364.6
	初试分数线340,单科60 (180)						初试分数线290,单科40 (120)					初试分数线310,单科55 (165)					初试分数线335,单科60 (180)				

图4　华西药学院历年深造数据分析

5. 建立研究生考研答疑助学小组，开展朋辈辅导答疑

在考研复习阶段，学院成立了研究生考研答疑助学小组（简称"助学小组"），助力考研学子复习。依托学院学生党建工作组和各学系研究生党支部，2020年成功组织7名本学院优秀党员研究生加入，成立了药学院本科生考研答疑助学小组，以助学活动的形式为本科生答疑解惑。答疑形式和时间安排如下：

（1）建立两个线上答疑QQ群：研究生助学小组培训群、本科生考研答疑QQ群。

（2）提前完成研究生助学小组辅导培训。自 2020 年 10 月 13 日至 2020 年 12 月 25 日，提供不间断的每日线上答疑，整理形成 400 余页的《考研辅导习题集》，并打印制作了 120 余本，发放给考研学子。学生评价"一册在手，上岸无忧"，辅导效果显著。

（3）助学小组的 7 名研究生轮流答疑，周一至周日各值守一天。值守当天固定一个小时答疑（18：30—19：30，搜集群里本科生提问并解答）；其余时间看到提问后及时搜集，且有空就尽量解答。原则上要求每天回答完当天 22：00 以前的提问。

（4）每周收集整理本科生考研群提问与答疑资料，并在学院党建工作组公众号"SCU 药学院"上推送重点提问和答案，方便本科生复习翻阅。

6. 开考时细心护航，温馨服务

在研究生入学考试开考时，用心呵护，细心护航，制作和发放考研爱心大礼包以及手写藏名诗明信片，鼓励考研学子调整状态，从容自信应考。

7. 考研调剂信息收集与分享

针对考研调剂，设立 2021 届"上岸"工作小组——信使 RNA 计划。从 2021 年 2 月 3 日至 2021 年 4 月下旬，2 个月内不间断搜集分享调剂信息数百条；于 4 月 21 日劝说一名刚刚过国家线但早已放弃调剂的学生顺利调剂至中国中医科学院就读。

8. 设立专项经费资助学生海外交流拓展

学院以 2018 年百年院庆为契机，汇聚校友及社会资源设立"米玉士教育发展基金"，制定《华西药学院国际语言能力提升激励计划》，制定出台《华西药学院学生海境外访学资助实施办法》，每年拿出 60 万元专项经费资助海外交流，鼓励学生走出去，扩大国际视野，提升境外深造率。通过建立海外实习基地，组织优秀本科生"走出去"，前往美国北卡罗来纳州立大学、日本东北大学药学院参与海外实践。在"实践及国际课程周"邀请国外名校学者开课，开展学院米玉士基金及教育部"111 引智计划"系列讲座，开阔本科生学科视野。

9. 激励国际语言能力提升

学院制定出台了《华西药学院学生国际语言能力提升激励计划实施办法》，对雅思、托福、四六级英语考试成绩突出的学生，实行校院两级激励。

10. 加强海外升学指导，拓宽学生深造方向

举办"药鹰远翔——医药专业学生留学深造能力提升"系列讲座、出国留学培训辅导讲座等，加强本科生海外升学指导。

三、深造率提升的成效分析

（一）想不想：基本解决本科生"深造意愿"问题

通过一系列措施，华西药学院本科生"深造意愿"问题基本解决，有深造意愿的本科生占比从 2018 届的 70.64% 提升至 2021 届的 85.85%（见表 3）。

表 3　华西药学院 2018—2021 年有深造意愿本科生占比

届别	本科生总人数	有深造意愿本科生占比
2018 届	218	70.64%
2019 届	176	81.82%
2020 届	185	89.73%
2021 届	212	85.85%

（二）能不能："十措并举"基本解决本科生"深造需求"

通过"十措并举"，华西药学院基本解决了本科生"深造需求"。2021 届本科生推免 44 人，考研报名 117 人，上国家线 83 人，其中 74 人成功录取（双一流、985、211 院校录取率达 95% 以上），6 人跨专业考研复试未通过，仅有 3 人因决心来年再考而未选择调剂。出国出境深造方面，虽受新冠肺炎疫情影响，但 2021 届学生中仍有 15 名学生获得境外名校录取通知书。

华西药学院近 4 年的深造率从 2018 届的 50.92% 提升至 2021 届的 62.73%（见表 4），虽有显著提高，但深造工作任重而道远，仍需继续努力。

表 4　华西药学院近 4 年本科生深造率

届别	本科总人数	深造率
2018 届	218	50.92%
2019 届	176	46.73%
2020 届	185	52.48%
2021 届	212	62.73%

四、当前存在的问题及下一步展望

（1）安静的考研自习室数量满足不了考研学生的需求：学院党委已决定将药学院八角楼两间教室整理出来，专供考研学子复习使用。

（2）缺少统一的英语、政治科目的复习指导：学院将继续努力挖掘校内外资源，并向学校相关部门申请更规范的学科复习指导课程。

（3）学校配给的考研答疑勤工助学补助较少：向学院申请划拨经费，并向学校申请更多经费支持。

（4）朋辈辅导工作需进一步加强：2020年10月13日成立的考研答疑助学小组，介入考研复习不到两个半月时间，答疑辅导效果有进一步提升的空间。

（5）针对出国出境深造学生的帮扶力度应进一步加大：在英文简历、学校申请信、专家推荐信等文书撰写方面，需提供更专业、更有效的指导。

引航高校新生适应性成长的实践探究

张若一　谢均

（化学学院）

摘　要： 大学阶段是青年成长成才过程中的关键时期，高校新生的适应性教育是大学各阶段发展的重要基础。高校要通过思想引领、学业指导、心理健康教育等途径开展新生适应性指导，引航新生全面成长成才。

关键词： 高校新生；引航作用；实践路径

一、引言

伴随着我国改革开放的不断深化，国内各大高校建设世界一流大学的前进方向也进一步明确。习近平总书记在清华大学考察时强调："我们要建设的世界一流大学是中国特色社会主义的一流大学，我国社会主义教育就是要培养德智体美劳全面发展的社会主义建设者和接班人。"习近平总书记更提出："当前，党和国家事业发展对高等教育的需要，对科学知识和优秀人才的需要，比以往任何时候都更为迫切。"学习是大学生的首要任务，学业情况是学习质量的重要反馈，提高大学生学习质量是进一步提升人才培养质量的重要基础，而高校正要通过对学生开展系统的学业指导以促进学习质量的不断提高。[①]

---

① 尚航，张德祥.我国大学生学业指导状况研究——基于全国56所高校的实证调查[J].中国高教研究，2019（9）：74–79.

随着"00后"大学生逐步迈入校园，其成长成才的个性化特征、个性化需求日渐凸显，学习目标不明、学习动力不足等现象也在大学新生群体中愈发显现。这对高校建立科学的学业指导体系、构建全面的学业指导平台提出了更高的要求。因此，以立德树人为目标、以培养学生成长成才为中心的学业发展指导逐步成为高等教育工作者探索的重要领域。

二、引航高校新生适应性成长的紧迫性

大学阶段是青年在成长过程中价值观形成、知识累积、能力提升的关键时期，也是个体身份从学生向社会人转变的过渡期。大学期间的学习随着学业阶段的发展有着不同的方向和目标，大一是打牢基础的适应期，大二是找准方向的提升期，大三是逐步深入的拓展期，大四则是坚持到底的冲刺期和即将迎来的收获季。学生要正确把握各个时期的目标，循序渐进，才能充分发挥大学阶段在人生中的重要作用。作为重要的转型期和衔接期，大一的新生适应性教育是后续各阶段发展的重要基础，对学生学业提升和个人成才有着长远的影响。因此，高校牢牢抓住新生入学后的时机，做好大学新生适应性阶段的引领工作，显得尤为重要和迫切。

当前，新生入学后所面临的困难主要有以下几个方面。

（一）学习适应困难

新生在进入大学后，容易出现学习适应性方面的问题。[1]第一是学习模式的改变。有别于中学阶段的"填鸭式"学习，大学更注重个人学习的自主性，新生需要尽快适应新的学习模式，并找到恰当的学习方法。第二是学习氛围的转变。与中学阶段的"目标明确"不同，大学具有更宽松的学习氛围以及更多的发展机遇，新生需要尽快找到新的学习目标。第三是专业认知的差异。新生在入学前对专业学习有着自己的理解与想象，开始专业学习后往往会发现其与本人认知存在落差，进而对学习兴趣和动力产生影响。

（二）人际交往困难

当前的大学生已基本为"00后"，在学习、生活等方面习惯于以自我为中心，更加强调个人意识，容易忽略对他人的理解与包容。来自全国各地的大学生有着巨大的生活差异以及不同的性格特征，彼此在相处过程中可能出现摩擦。同时，"00后"大学生是在互联网陪伴下成长的一代，对网络的依赖度高，更习惯于在虚拟世界中交流，在现实世界中面对面沟通时常感到局促和紧张，也不善于处理人际交往

---

① 王白丽. 当代大学新生学习适应性差异及应对理路 [J]. 教育观察，2019，8（35）：140–141，144.

中出现的各类情况，这可能导致部分新生不愿意与外界交流。

（三）生活适应困难

新生在进校后也常在日常生活方面表现出不适应性。进入大学后，他们不能再像中学阶段那样凡事依靠家长，而要对自己的事情做出合理的规划，逐步培养独立的人格和自立的意识。此外，新生要逐步适应大学的管理模式，不能被动等待他人的安排，而要提高自我管理的积极性、主动性，提升独立解决问题的能力，增强对自己和他人的责任心。

（四）心理调适困难

面对学业模式的不同、专业认知的偏差、人际交往的摩擦以及生活环境的转变等，刚入学后的一个时期是新生心理调适的重要阶段。[①] 一方面，大学新生从中学阶段的佼佼者转变为大学校园的一名普通学生，身边均是通过激烈竞争进入大学的优秀学子，其中学阶段的优越感可能转变为挫折感。另一方面，大学新生通过入校后的切身体验感到真实的大学生活和憧憬中的大学生活有一定差距，特别是大学"严进严出"的时代已经到来，他们刚进校时的新鲜感在一段时间后可能转变为失落感。面对以上心理落差较大的情况，新生入校后的心理调适格外重要，不仅需要学生积极主动做自我调节，也离不开高校在此阶段的心理健康教育。

三、引航高校新生适应性成长的实践路径

要充分发挥高校在新生适应性成长阶段的引航作用，需要集思政教师、心理健康教师和专业教师的育人合力，引导新生树立学习目标，端正学习态度，找到未来航向，明确大学生"为什么学""学什么""怎么学"，逐步实现自我管理、自我成长、自我突破。

（一）加强思想教育引领

大学新生群体入学后，将离开家长的呵护，独立面对不同的社会思潮和意识形态，其在缺乏辨别力的情况下难免会受到不良影响而产生迷茫和困惑，失去学习的目标和动力，进而对个人的学业发展和心理状态产生较大的影响。因此，从新生的入学第一课开始，就要对学生加强爱国主义教育、理想信念教育，使其树立正确的人生观、世界观和价值观，培养"爱家爱国""爱院爱校"的情怀，感悟学校和学院深厚的人文底蕴，进而坚定肩负中华民族伟大复兴使命的远大理想。简言之，唯

---

① 周蜜，宁秋娅，王勇．大学新生心理适应问题及其干预状况调查研究 [J]. 北京教育（德育），2018，（1）：31–34.

有加强思想政治教育引领，才能让大学生在多元思潮涌动的今天，坚定理想信念，保持学习动力。

（二）强化学业指导帮扶

大学新生难免因学习方式的转变和专业认知的深入而产生学习问题，对此，要从以下三个方面着手开展学业指导帮扶：

第一，通过辅导员、专业教师等开展学业心理调适，引导学生主动认识大学和中学阶段学习模式和内容的重大差异，让新生从心理和行为上有意识地进行自主调节。要注意关注学生入学后一段时间内的显性学业成绩表现，及时发现隐性问题，挖掘深层次原因，帮助学生找到适合自己的学习方法。第二，通过专业教师、班主任等开展专业教育引导，帮助学生加深对专业的理解和认识。要注重专业兴趣导向，让学生在了解专业学习内容的基础上找到学习目标，引导学生掌握适合自己的专业学习方式。第三，通过朋辈力量开展学习经验分享，充分发挥学长学姐和身边同学的朋辈帮扶作用。不仅是在新生入学教育阶段开展"新老生学习经验交流会"，更要建立长期的学习交流分享机制，帮助新生群体尽快投入大学的学业状态中。

（三）重视班团组织共建

高校班团组织是学生自我教育、管理、服务的主要载体，与大学生有着直接、广泛、深入的联系。因此，要在辅导员、班主任指导下，充分发挥班团组织在新生适应性教育阶段的协同引航作用。一方面，通过班团组织加强新生社会化适应，如在辅导员和班主任的指导下，加强班团组织氛围营造，增强凝聚力，帮助新生增强归属感，促使新生在现实生活中建立人际关系。另一方面，通过班团组织提高学业帮扶持续性，如以班团组织为单位开展学风建设，成立学生互助小组等，形成互相促进的良好学习氛围。

（四）推进心理健康辅导

新生群体在进入大学后，因外部客观环境的改变和内在主观调节的限制可能出现多重心理健康问题，这在大学生个人学业发展、情绪管理、人际交往等方面均会带来消极的影响。因此，高校要不断加强新生心理健康教育和心理危机干预疏导。首先，应持续推进心理健康教育的普及，通过在新生中开设心理健康教育课程、讲座、主题班会等方式引导学生重视自身心理健康，宣传心态调整和情绪管理的有效方法，增强学生主动寻求帮助的意识。其次，应积极提升心理健康辅导的针对性，通过增进师生之间和学生之间的情感交流，深入了解新生群体的所思所想，并结合新生所处的环境及具体需求，更有针对性地开展心理健康辅导。

（五）促进家校育人联动

家校育人联动是当前促进学生学业发展、提升高校育人成效的重要途径。要通过新生入学期间的新生家长会、建立家校联络平台等，加强学校与家长的联系。一方面，要让家长预判新生在初入大学时可能遇到的难题，以便学校和家长有意识地协同开展引导和帮扶，协助学生尽快度过新生群体的适应性教育阶段。另一方面，要让家长及时了解学生在校的学习、健康、心理、生活等各方面情况，加强家庭对学生的共同管理，促进学生学业进步和成长成才。

四、结语

习近平总书记指出，青年人应该把学习作为首要任务，让勤奋学习成为青春远航的动力，让增长本领成为青春搏击的能力。当前，我国正处于"两个一百年"奋斗目标的历史交汇期，是国家发展的重要阶段，这对作为人才储备的青年大学生提出了更高的要求，也对大学新生阶段的适应性教育和学业指导提出了更高的希望。因此，高校要结合当前大学生的特点，切实发挥在新生入校后的引航作用，引导其尽快找到学习目标，坚定理想信念，让当代大学生成长为能担当民族复兴重任的时代新人！

后疫情时代大学新生入学教育路径探究 [①]

王婷婷

（建筑与环境学院）

摘　要： 大学新生入学教育作为高等教育工作的起点，是高校思想政治教育工作的重要组成部分。当前高校的新生入学教育存在一定短板，教育实效性较弱。后疫情时代，高校需从顶层设计和队伍建设两方面健全新生入学教育工作体系，同时应革新入学教育形式以完善入学教育长效模式。

关键词： 新生；入学教育；后疫情时代

　　大学新生入学教育是衔接中学教育与高等教育的重要一环。经历过新冠肺炎疫情的大学新生入学后面对陌生的学校环境、人际关系及学习内容，容易产生适应性问题。后疫情时代，如何做好高校新生入学教育，是未来一段时期高校面临的重大考验。本文从入学教育工作体系和入学教育长效模式两个层面展开探索，对于后疫情时代开展新生入学教育具有一定实践指导意义。

一、当前新生入学教育面临的困境

　　为帮助新生顺利完成进校后在思想、学习、生活、心理等方面的转型和适应，

---

① 本文系 2020 年四川大学辅导员工作精品培育项目"基于生涯规划视角的高校学风精准培育路径研究（XGJP202018）"阶段性成果。

更好地应对挫折、克服困难、迎接挑战，高校开展新生入学教育十分必要。然而，总的来看，目前高校的新生入学教育效果不佳，实效性不强。笔者认为，以下三个方面是高校新生入学教育面临的主要困境。

（一）新生入学教育缺乏系统性指导

中共中央、国务院于2017年印发的《关于加强和改进新形势下高校思想政治工作的意见》中提出，新时代下要坚持全员全过程全方位育人（简称"三全育人"）。[①]"三全育人"要求高校要把育人工作贯穿高等教育教学全过程。因此，新生入学教育不单是某一个学院某一个部门的职责，而应统筹协调高校教务处、学工部、团委、保卫处、后勤管理处等党群和行政部门，使其共同参与到新生入学教育中来。现实中，新生入学教育在一定程度上存在院系或部门各自为政的局面，部门之间的沟通协调有所欠缺，部分工作人员敷衍应付，各部门难以形成教育合力，致使每年的新生入学教育看似如火如荼，实则组织乏力，缺乏系统性，未能形成协同育人合力。

（二）新生入学教育密集仓促，缺乏连续性

新生入学后，面临身份和心理的转变，如何明确大学阶段的目标，改进学习方法，如何更好地融入大学、融入集体生活，如何与他人相处，如何去了解大学和社会的边界，这些都是大学新生亟须解决的问题。一般来说，大学新生完成从迷茫到适应的转变可能需要三个月到一年，甚至更长。然而现实中的入学教育一般较为密集和短暂，大多在开学后两周内完成。时间仓促、活动密集，留给新生思考和内化的时间有限，入学教育难以入脑入心。

（三）疫情防控常态化影响

突如其来的新冠肺炎疫情，感染范围广、病毒传播快、防范难度大，对国家公共安全造成巨大挑战。我国政府果断采取有效措施，加强防控力度，国内疫情得到有效控制，社会进入后疫情时代。大学新生来自全国各地，跨区域流动人员多，人员密集，存在较大疫情隐患。常态化疫情防控要求新生到校后保持社交距离、减少聚集性活动，线下活动因此受限。这势必导致新生参与感不强，集体感养成有所欠缺，入学教育存在现实困难。

---

① 教育部.中共中央、国务院印发《关于加强和改进新形势下高校思想政治工作的意见》[J].社会主义论坛，2017（3）：4-5.

二、后疫情时代大学新生入学教育路径探究

（一）加强顶层设计，健全入学教育工作体系

第一，进一步完善顶层设计。要充分发挥学校的主体作用，在学校层面牵头成立新生入学教育工作领导小组，由校领导任组长和副组长，学校党委办公室、校长办公室、党委学生工作部、教务处、团委、宣传部、财务处、保卫处、后勤处、校医院、各院系加强联动，形成教育合力。入学教育工作领导小组在充分调研的基础上，认真规划，科学部署，将学校教学、科研、管理、文化、生活等融于入学教育，制定具有历史底蕴和学校特色的入学教育方案，统筹协调学校各方面资源，整体部署校级层面的大型教育活动，强化对二级学院工作的指导和支持。各二级学院根据学校顶层设计，组织学生参与校级层面的各项教育活动，同时结合学院特点和专业特色开展入学教育活动。院校两级联动，协调统一，分层推进，扎实开展新生入学教育系列活动，共同营造积极向上的入学教育氛围。

第二，进一步健全入学教育队伍。新生入学教育要从"大水漫灌"转变为个性化"滴灌"，关键在于队伍建设。要广泛发动辅导员、班主任、优秀校友和优秀朋辈等不同群体的力量，形成入学教育合力。一是发挥辅导员队伍的核心作用。辅导员是学生成长成才的领路人，理当是入学教育的骨干力量。二是要发挥班主任的重要作用。班主任一般也是学校的青年专业教师，有专业背景，有热情和精力参与新生思想政治教育工作。三是要发挥优秀校友的积极作用。优秀校友有高校求学经历，有行业工作背景，有回馈母校情结，有意愿参与到学弟学妹的成长过程中。四是要充分重视各类学生组织中朋辈力量的发挥。同龄人之间沟通交流畅通高效，能够帮助新生迅速提升适应能力和水平。

（二）坚持立德树人，建立入学教育长效模式

习近平总书记强调："要坚持把立德树人作为中心环节，把思想政治教育贯穿教育教学全过程。"[1] 为使新生入学教育达到立德树人最佳效果，高校应重视革新入学教育形式，使其由单一化向多元化转变。

第一，要将课堂教学与课外实践相结合。高校要将入学教育融入课程和实践中。一方面，要充分发挥思政课堂的主阵地作用，把握新生思想动态和实际需求，广泛开展新生适应性教育，着力解决新生思想困惑，引导学生发现自我、认识自我、适应环境。另一方面，要在入学教育中积极开展实践教育，如参观校史纪念馆和博物

---

[1] 习近平.把思想政治工作贯穿教育教学全过程 开创我国高等教育事业发展新局面[N].人民日报，2016-12-9（1）.

馆、瞻仰校园红色地标、组织素质拓展训练、观看红色舞台剧等，引导学生在充分感受校园文化底蕴的同时，树立正确的人生观、世界观、价值观。

第二，要将主题教育与专业教育相结合。一方面，高校要注意结合新生入学的各种时间节点，有计划地开展各类主题教育，包括但不限于爱国主义教育、纪律教育、安全教育、生涯规划教育、心理健康教育等。同时，应针对新生入学后的学习、生活、人际交往等不同领域，开展针对性专题教育，主题专题教育协同，有效引导学生自觉践行社会主义核心价值观，全面提升大学适应水平。另一方面，院系要注意把握新生入学契机，强化专业教育。学生进入大学前对专业的认知和专业选择通常具有较为明显的局限性和盲目性，在初步接触后，容易产生现实和期待之间的落差，不利于院系的发展和学生的成长。通过"专业+"的创新教育活动加强大一新生对专业的理性认知和专业认同感尤为重要。在入学教育阶段，院系应结合学生现实诉求、学科内涵、院系特色及校园文化特点，开展专业特色活动，包括但不局限于专业认知教育、学术前沿讲座、学科竞赛活动、实践基地参观、相关行业走访调研等。通过"专业+"系列教育，让新生在参与和体验中强化专业认知和行业了解，能有效增强其专业认同和归属感。

第三，要将共性教育和个性教育相结合。一方面，高校入学教育队伍应深入把握后疫情时代大学新生的特点，通过大数据技术了解大学新生的思想和行为规律，掌握大学新生的共性问题。在此基础上，对新生适应性问题进行诊断和研判，提前制定入学教育计划和共性教育方案。在实际工作中，可以摸排新生的不同需求与诉求，按照思想教育、学业提升、人际关系、心理健康、班级建设等方面进行归纳整理，针对普遍存在的问题集中进行教育和引导，实现总体上的共性教育"漫灌"。另一方面，也要注意考虑每个学生的不同思想特点和实际需求，做好个性指导。例如，虽然大部分学生已经从对新冠肺炎疫情的恐慌中走出来，焦虑情绪慢慢消退，但仍有部分学生存在心理阴影。对于有特殊需求的学生，入学教育工作者应归类整理并进行模块化的分类指导，例如，可采取预约制或小班化的方式，集中有特定需求的学生到特定地点，由擅长相关领域的教育工作者进行精细化指导。这种个性化模式在实践上针对性强、地点灵活、人数较少、互动性强、氛围轻松，有助于入学教育入脑入心，形成个性教育有效"滴灌"。

第四，要将线下教育和线上教育相结合。传统入学教育主要通过线下面对面的方式开展，能够有效帮助学生建立群体规则意识和集体意识。同时，线下充分的教育互动和浓厚的学习氛围能有效加强师生间、学生间的交流沟通，帮助学生迅速学会与人相处。而疫情防控常态化背景下，新生线下群体性活动受限，集体感培养成效减弱。将线上线下不同平台、不同载体紧密结合，开展入学教育系列活动，势必能够显著增强入学教育的覆盖面和氛围感。高校应拓展教育途径，在尊重学生需求的基础上搭建相应网络信息系统，如院校官网、学生工作管理一体化系统、易班系统、数字校园微服务系统等，同时以 QQ、微博、微信、慕课等平台作为辅助工具，实现工作联动，筑牢全方位、立体化的入学教育网络体系。像这样，线上线下全面布局，线下活动加强入学教育学生的现实感和参与性，线上活动突出入学教育的引导性和时效性，便能确保新生入学教育落到实处、取得实效。

大学新生学习适应引导探讨

赵劲帅

（电气工程学院）

摘　要：对大一新生的学习进行引导，可显著缩短新生初入大学的适应期与迷茫期。本文分别从稳扎稳打、全局观念、均衡发展、劳逸结合、强化自学、磨砺心态 6 个维度展开探讨，挖掘对学生的指导方法。

关键词：大学新生；学习适应性；引导

一、引言

　　每年金秋时节，总会有一大批新生迈入大学的殿堂，开启一段崭新的学习生活。对新生来说，大学的学习模式、环境、难度等与中学时期大不相同，稍不注意，若没有开好头，会对后面几年的学习产生重大影响。[①] 有部分学生，由于缺乏引导，入学后迷茫期过长、学习状态长期不佳，整个大学生活过得浑浑噩噩。因此，对初入大学的新生加以引导，使他们尽快适应大学的学习生活是很有必要的。[②] 本文将分别从稳扎稳打、全局观念、均衡发展、劳逸结合、强化自学、磨砺心态 6 个方面着手，展开对大学新生学习适应引导的探讨。

---

① 郝梅 . 关于大学新生学业适应不良问题与对策的研究 [J]. 亚太教育，2015（32）：56–56.

② 刘小东，王艳 . 大学新生适应问题及对策 [J]. 陕西师范大学学报（哲学社会科学版），2007（S2）：72–74.

二、稳扎稳打：告诫新生不能对学业掉以轻心

新生刚进入大学时，对大学学习的认识往往存在一定的误区。由于高中时或多或少地受到诸如"现在好好学习，上大学就轻松了"之类的引导，不少学生进入大学后，果真就放松了对学习的要求。殊不知，大学的学习与中学的学习大不相同，大学课程难度更大、更抽象，每学期课程数量也不少。[①] 有的学生在开学之初就放松了警惕，等半期考试结束后，才发现大学的学习难度远比想象中大。此时醒悟虽不晚，但已经低效学习两个月，学习的节奏难免产生混乱。第一学期结束后，与一开始就稳扎稳打的同学相比，这些学生无论是在成绩上还是在信心上都不占优势。而整个本科学习阶段，大一开好头是关键，这将直接影响到后面几年的规划乃至升学与就业的选择等。但很多学生往往忽视了这一点。

为给大学生活一个好的开端，在开学之初就应该教导新生稳扎稳打，步步为营，对整个大学生活有所规划，强化目标感，重视从一开始就把每门课程学好。告诫学生切不可抱有先放松一段时间的心态，也别以尚未适应大学生活给自己找过多的借口，放松了对自己的严格要求。

三、全局观念：引导学生了解四年专业课程

与中学时期相比，大学的课程门类繁多。而大一期间以打基础为主，学的主要是专业基础课。以工科为例，由于专业知识的学习对数学要求很高，大一期间以数学课居多，而专业课较少甚至几乎没有。这可能导致一学年下来，学生并不太清楚所学知识与自己的专业有何联系，既无法形成专业认同感，也难以提起学习的兴趣与积极性。但若在大一期间就给学生安排较为深入的专业课，由于学生没有任何基础，非但不能提高专业认同感，反而会大大增加学习的阻力。

为解决上述问题，须让学生明白：大一学生在学好当前课程的同时，也应该刻意去了解整个本科阶段的教学计划，或多与老师、高年级的学长学姐交流，对自己的专业学习有一个全局的认识。这样才能明确现阶段学习基础理论知识的意义，找到学习的动力与信心，尽快度过大一期间学习的迷茫阶段。此外，工科等对动手能力要求高的专业，在大一期间也可以引导学生参加一些学术型学生社团，或参加一些入门级别的专业比赛，以此提高专业兴趣，增强专业情怀。

---

① 赵燕春，赵泽福 . 高校新生学习高等数学的探析 [J]. 中国科教创新导刊，2011（20）：101–102.

四、均衡发展：平衡新生的学业与学生工作

除学习外，大学生也应该投入一定时间锻炼自己的沟通、交流、组织、协调、心理素质等各方面能力，力争成为一名德智体美劳全面发展的人。新生在刚入学时，通常会收到各类社团、学生会各部门的招新宣传单，这对初入大学的学生而言，无疑是充满新鲜感与神秘感的，大部分学生都跃跃欲试，渴望进入心仪的学生组织。

适当参加学生会等组织有利于锻炼自身的综合能力，但若因一时兴起，参加太多，则会占用大量课余时间，甚至会压缩正常的学习时间。在这种情况下，不少学生会每天疲于应付，使学生工作失去了它本身的意义，同时也对学习造成不良影响。甚至有的学生在第一学期结束后因此"挂科"，最后不得已选择退出学生组织，这既影响了自己的学习成绩，打乱了大学的长期规划，也对学生组织后续工作的开展带来了负面影响。

因此，需要引导大一新生在自身学业与学生工作之间取得平衡，做到既锻炼自己的综合能力，也不影响正常的学习生活。这既是对自己负责，也是对所加入的学生组织负责。

五、劳逸结合：鼓励学生培养积极向上的爱好

大学阶段的学习并不轻松，且随着社会对毕业生的学历要求逐渐提高，大部分学生也开始有了读研的规划。在如此长期的学习过程中，大家应做到张弛有度、劳逸结合。此时，培养一两项积极向上的爱好是很有必要，这有利于在紧张的学习生活之余放松心情、改善学习状态、提高效率。

但爱好的选择也要小心谨慎，当代大学生身边充斥着诸如网络游戏等各类诱惑，稍不注意，这些爱好可能成瘾，从而占据其大量时间，消耗其大量精力，甚至消磨其意志。真正积极向上的爱好，应该是有利于身心健康，同时成瘾性低的。其中，体育锻炼就是典型的积极爱好，既能强身健体、放松身心，也不至于成瘾、影响学习。对于刚步入大学的新生，应该引导他们根据自身的兴趣与特长，挖掘适合自己的放松方式，找到与自己匹配的兴趣爱好，帮助自己在劳逸结合中完成学业。这不仅有利于大学阶段的学习，也能使其终身受益。

六、强化自学：教会学生利用资源主动学习

与中学时期相比，大学课程无论是难度还是上课的模式都发生了巨大变化，课堂上稍一走神可能就会出现听不懂的情况，课后做题时也可能倍感困难。为解决该问题，应该引导学生强化自己的自学能力，通过不同的方式方法来学习，由浅入深，

学懂学精。现阶段，网络上、图书馆中，各类辅助学习的视频、教材比比皆是，大家应该善于利用这些资源。

七、磨砺心态：激励学生在逆境中寻求心智成熟

整个大学阶段，大部分学生在顺利完成各项学业的同时，肯定也会遭遇一系列的"低谷期"，诸如考试成绩不理想、专业竞赛失利、名次下降甚至是考试"挂科"等。在面对这些逆境时，心态脆弱的学生可能会变得一蹶不振，灰心丧气。比如有的学生在大一刚开始时，将推免定为自己的努力目标，第一学期结束后，或由于名次不够理想，或是由于必修课出现了"挂科"，觉得自己推免无望，便把目标定为顺利毕业，渐渐变得不思进取，日子也逐渐过得浑浑噩噩。此外，也有学生在逆境中变得过于焦躁不安，对前途看不到希望，给自己太多的压力，甚至超出了自己的承受范围。

其实无论是在本科阶段还是未来的漫漫人生之中，挫折与逆境总是不断出现的，即使战胜了眼前的困难，后面还会遇到其他困境。因此，正确的应对方法是激励学生让自己的内心变得更加强大，在逆境中磨砺自己的心态，让自己一点一点地成长起来。这样的积极心态，即使在大学毕业后，其积极作用也会持续发挥，伴随学生终身。

八、结语

综上所述，对于初入大学的新生，通过引导他们重视入学之初的稳扎稳打、树立本科学习的全局观念、保持学习与学生工作的平衡发展、注重学习过程中的劳逸结合、强化自己的自学能力、在逆境中磨砺自己的心态，以此开启一段崭新的大学生活，可使他们尽快适应大学的学习生活，避免长期找不到状态或是迷茫，进而为实现大学阶段的目标保驾护航。

大一新生入学教育的再探索①

白宝芬　蒋来熹

（法学院）

摘　要：大学新生入学教育是大学教育的第一步，是高校日常思想政治教育工作的重要内容。当前的大学新生入学教育主要分为综合性教育、专业性教育、适应性教育和劳动教育四大类，存在教育活动数量与教育效果不成正比、教育板块缺乏系统性、适应性教育不足等问题。因此，大学新生入学教育应当以"三全育人"理念为导向，从社会主要矛盾的变化看待新生入学教育模式，从大学生对入学教育的期待和需求出发，完善新生入学教育评估体系，设计新生教育内容。

关键词：入学教育；系统化；主要矛盾；元宇宙

大学新生入学教育是大学教育的第一步，是高校日常思想政治教育工作的重要内容。完善的入学教育体系，可以帮助大学生较快地适应大学生活。2016年12月，习近平总书记在全国高校思想政治工作会议上指出，思想政治工作从根本上说是做人的工作，必须围绕学生、关照学生、服务学生。②同时，相关研究表明：新生入学指导项目不仅有利于实现新生从高中到大学的良好过渡，还可作为传达组织期望和信息的工具，可提高学生对学校的归属感、对大学经历的满意度，不仅有利于学

---

①　本文为四川大学工会课题（批准号：SCUGH2020-027）和四川大学法学院2020年"高水平教育教学改革研究项目培育计划"（本科一年级新生教育的探索与实践）的研究成果。

②　习近平.把思想政治工作贯穿教育教学全过程 开创我国高等教育事业发展新局面[N].人民日报，2016-12-9（1）.

生个人学术和社会交往能力的提高，还有利于提高学生保留率。[①]

当代大学生有新的特点、新的需求、新的成长环境，思政工作要因事而化、因时而进、因势而新。新生适应性教育应与时俱进，以学生为中心，结合思想政治工作规律、学生成长规律，提出符合新时代要求的新生适应性教育模式。

一、新生入学教育的现状

（一）新生入学教育的内容

抽象而言，各高校的新生入学教育主要包括：强化理想信念教育，厚植爱国情怀；加强校史校情教育，培育荣校爱校情感；开展道德素质教育，提升学生品德修养；开展规章制度及法治教育，强化法治意识；加强专业教育，培养优良学风；开展资助政策宣传教育，做好资助育人工作；开展入学适应教育，锻炼意志品质；开展学生组织招新，丰富大学生活。

具体而言，笔者认为新生入学教育可以分为四大类：综合性教育、专业性教育、适应性教育和劳动教育。其中，综合性教育包括新生开学典礼、年级大会、班会等活动，其以宏观的视角对新生的学习、生活、心理等方面进行概括性教育，它是其他教育的"领头羊"。专业性教育包括职业生涯规划大会、推免分享会、学术大讲堂等，其旨在帮助新生明确大学专业学习方向，传授新生学习方法。适应性教育包括学生资助宣传大会、心理健康教育讲座、图书馆入馆教育、新生游园等活动，其旨在让新生尽快熟悉大学校园与大学生活，完成高中到大学的过渡衔接和身份转变。劳动教育则是学校为新生提供劳动机会，让新生在劳动中获得乐趣和教育，但这一教育目前开展较少，仅在部分高校中有开展。

（二）新生入学教育存在的问题

1.教育时间较集中，形式多为宣讲，而教育活动数量与教育效果不成正比。

各高校的新生入学教育主要集中在入学后一周或一月内，虽然教育内容丰富，但安排紧凑，教育对象奔波于各个讲座、报告之间，缺乏独立思考的时间。

此外，当前的新生入学教育多为灌输式宣讲，互动性、体验性较差，教育活动数量与教育效果不成正比。

2.新生入学教育板块的设计缺乏系统性

新生入学教育主要由各学院大一辅导员负责组织协调。由于教育内容长期受学

① Carl H Boening，Michale T Miller. New student orientation programs promoting Diversity [J]. The community college enterprise，2005，11（2）：41-50.转引自：魏红，梁会青.美国新生入学指导专业化评估探析 [J].高教发展与评估，2014，30（6）：71-76，103.

院惯例、辅导员经验、可协调的资源、师生的时间、学校和学院安排的冲突等因素影响，很难在新生入学教育中根据内容板块之间的关联性、递进性、难易性等进行综合安排。

新生入学教育需要开展全面系统的教育，在某种程度上可以说是大学教育的缩影。在新生入学教育中，十大育人体系的统筹协调配合作用如何有力发挥，各项安排如何更具系统性，是我们需要更加深入思考的问题。

3. 新生适应性教育还需加强

新生对大学的适应主要表现为学业和生活上的适应。学业指导途径相对较多，因而新生通常能够较快适应学业。但经笔者调研，各高校在新生生活方面的指导相对欠缺，很多学生来大学后才第一次住宿舍、第一次独立处理生活琐事，有些不知所措，甚至在很长时间内都无法妥善安排学习和生活的时间。

二、见微知著——以影响法学专业新生教育的因素分析为例

（一）影响新生教育效果的因素分析

1. 新生教育各板块效果分析

为了准确了解大学生对新生教育内容的吸收程度，笔者对 176 名学生进行了调研。在新生教育周，笔者在大一年级中围绕思想理论教育和价值引领、学风建设、学生日常事务、心理健康教育、网络思想政治教育和生涯规划等，邀请了学校育人体系中的专职教师、思政教师、教导员、班主任、行政教师、学生朋辈等开展新生教育，讲授内容丰富。但是从学生反馈来看，不同讲授内容对学生的影响差异显著，详见图 1。

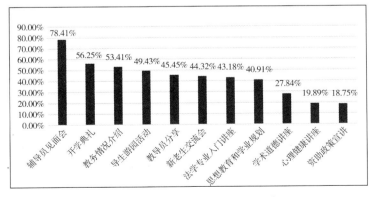

图 1　新生教育内容对学生的影响

从图 1 数据可以看出，50% 以上的同学认为对自己帮助较大的活动包括辅导员见面会、开学典礼、教务相关情况介绍（包括专业毕业要求、转专业政策、双学位修读政策等）。这从侧面反映了学生入学后首先想对学校、学院的总体情况、日常管理、学业发展做了解。因而对于这几方面，分享内容应力求详尽，把选课要求、绩点、志愿要求等相关概念阐述清楚。同时，这三个板块应留足时间，加强与学生的互动和交流，及时解答学生的疑问。

图 1 数据还反映出，导生游园活动和新老生交流会在学生中的反响不错，说明朋辈的力量在新生教育中有较大影响。因而，在新生教育环节，应重视交流学生的选拔和交流内容的选择，发挥学生榜样的引领作用。但同时，也有学生反映，希望能有大学表现普通和表现较差的学生进行分享，以便更真实地感受大学，这点也应当注意。

图 1 数据还显示，学生对法学专业入门讲座和学业规划讲座比较认可。但同时，学生也希望有更细致的专业学习方法、专业写作能力的培养方面的讲座。

2. 新生入学教育的时间分配问题

新生入学教育普遍集中在开学后一周或一个月内。新生出于对大学的好奇，通常会在入校初期积极参加校内各种活动，总体来说较为忙碌，这也导致了新生普遍缺乏独立思考的时间。因此，新生教育的安排应主次分明、循序渐进、合理安排时间、追求质量。

（二）新生适应性教育影响因素分析

1. 新生适应大学生活的时间

根据笔者的调查，新生对大学生活的适应时间存在差异，详见图 2。

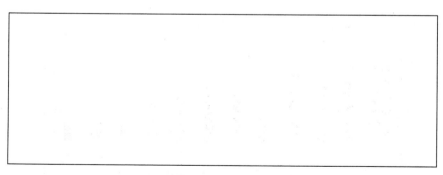

图 2　新生活应大学生活的时间

从数据可以看出，新生入学后一直很适应大学生活的占 26.29%，适应大学生活需要一个月时间的占 40%，需要两个月时间的占 20%，需要三到四个月时间的占 9.7%。绝大部分新生在一个学期内可以适应大学生活，但仍有 4% 的学生一个学期后仍存在不适应的情况。

2. 影响新生适应性的因素

为了更深入地探究影响新生适应性的因素，笔者对新生类别（普通类、国家专项计划、高校计划等）、新生科类（文史类、理工类、综合改革）、本科毕业后规划（出国深造、国内升学、工作等）、学习时间等与新生的适应性进行交叉分析，发现以上因素对新生适应状况无显著影响。数据反映出，期末目标与新生的适应状况具有显著的相关关系（显著性值 <0.05）。即新生设定不同的期末目标，往往会产生不同的适应状况。期末目标为"不挂科"以及"没有目标"的学生，一个学期后的适应情况大多为"还在适应中"。

三、新时代大学新生入学教育的完善策略

（一）系统设计新生入学教育内容

"思维的系统性是对物质系统性的反映。"[1] 新生入学教育是一个涉及目标、路径、形式、保障、教育者、受教育者等诸多要素的系统工程。习近平总书记曾强调，"思想政治工作绝不是单纯一条线的工作，而应该是全方位的，无处不在、无时不在的，融入式、嵌入式、渗入式的。"[2] 新生入学教育应将全程育人、全方位育人、全员育人的理念融入其中。笔者根据往年新生入学教育的经验教训，总结出如下新生入学教育的内容。

1. 新生入学教育主体内容及时间分布

新生入学教育内容丰富，但需要根据学生的接受程度、教育内容与学生需求的匹配度、学生时间分配等因素综合考量，见图 3。

第一周，新生入学教育最主要的任务有四个：一是帮助新生了解学校、学院相关制度；二是熟悉校园，了解校史校情；三是加强同学之间的沟通交流；四是对未来发展有初步印象。新生入学后的第一周是重要的情感建立期、规则树立期、生涯憧憬期，可通过开学典礼，团体素质拓展，辅导员、教务老师和优秀校友的分享，帮助学生建立对学校的归属感、对未来的期待，为接下来的专业学习打下基础。

---

① 乌杰 . 马列主义的系统思想 [M]. 北京：人民出版社，1997：75.

② 习近平 . 论坚持党对一切工作的领导 [M]. 北京：中央文献出版社，2019：279.

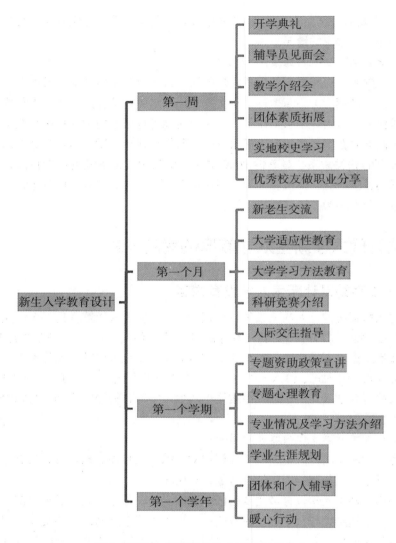

图 3　新生入学教育主体内容及时间分布

　　第一个月，新生入学教育的重点是做好专业学习指导和人际交往指导，并使学生对科研竞赛有初步了解。要帮助学生掌握高效的学习方法，区分大学学习与高中学习的不同，做好学业规划。同时，当代大学生多为独生子女，提前做好人际交往指导，可以减少矛盾的发生。

　　从实践来看，新生入学教育绝非一周、一个月就可完成，至少应扩展至第一个学期。资助政策讲解和心理健康教育最好在学生对大学有初体验后进行，讲解要深入，要讲到学生心坎里。专业学习方法介绍和文献检索建议在学生对大学学习有一定了解后进行，这样可以有的放矢、精准施策。

从问卷调查结果来看，经过一个学期，仍有少部分同学无法适应大学生活，那么辅导员就应该重点关注并给予帮扶，帮助学生适应大学生活。新生来自五湖四海，大——学年要做好"暖心行动"，将学生的心凝聚在一起。

2. 构建新生入学教育育人体系

中共中央、国务院《关于加强和改进新形势下高校思想政治工作的意见》中提出坚持全员全过程全方位育人的要求，具体而言便是课程育人、科研育人、实践育人、文化育人、网络育人、心理育人、管理育人、服务育人、资助育人、组织育人"十大育人"体系建设。近几年，高校思想政治教育工作正在朝着系统性创新、整体性推进、协同性发展的方向深入改革，这既是教育发展规律的基本要求，也是学科创新发展的现实需要。[①]因此，笔者认为，在新生入学教育中，需要以"三全育人"理念为导向，构建新生教育育人体系：高校管理人员、思政课教师以及其他专业课教师、班主任和辅导员、后勤服务人员，都应按照分工协作的要求，认真担负起各自应尽的职责，发挥各自优势，将管理育人、教书育人和服务育人相协调，共同做好育人工作，做到"全员育人"；学校的教育教学活动应依据学生的成长发展规律，根据学生成长的阶段，设定具有差异性的教学内容，达到由浅入深、逐步深化的效果；应该参照学生的成长发展规律，做好课余时间的育人工作，做到"全过程育人"；应通过校内校外、线上线下、课内课外等多种形式开展教学活动，做到"全方位育人"。总之，应在"三全育人"理念的指导下，实现"十大育人"体系的建设。

（二）从社会主要矛盾的变化看新生入学教育模式

党的十九大报告指出："中国特色社会主义进入新时代，我国社会主要矛盾已经转化为人民日益增长的美好生活需要和不平衡不充分的发展之间的矛盾。"进入新时代，社会主要矛盾转化在思想政治教育领域的具体表现就是"人们日益增长的思想政治道德需求和思想政治教育工作发展不平衡不充分之间矛盾"，即"人们对于美好思想政治道德生活的需要（即对于思想政治道德产品及服务的需要）和不平衡不充分发展（即社会未能平衡而充分地供给和分配如上需要）之间的矛盾"[②]。

在新生入学教育这个关键环节上，新生对入学教育有着新的期待。正如习近平总书记在高校思想政治工作会议上指出的，要"提升思想政治教育亲和力和针对性，

---

① 杨建豪，刘铁英，左晨琳.高校"三圈三全"育人格局的协同路径优化研究[J].黑龙江高教研究，2022，40（1）：110-114.

② 张毅翔.社会主要矛盾转化影响新时代思想政治教育的机理、根源与应对[J].思想理论教育，2019（4）：46-51.

满足学生成长发展需求和期待"①，我们在新生入学教育中要做到围绕学生、关照学生、服务学生，树立以学生为中心的核心理念，从新时代大学生的思想特点、大学生对入学教育的期待和需求出发，设计新生教育内容。

（三）完善新生入学教育评估体系

目前，对新生入学教育的评估，主要是通过问卷调查完成。但因为缺乏细致的评估标准，这个评估往往不尽如人意。而在美国，新生入学教育的评估已经达到了非常专业的水平，甚至拥有专门的评估工具和评估机构。② 因此，笔者认为，可以借鉴域外的优秀经验，在学校或学院设置专门的新生入学教育评估机构，从新生对入学教育活动的满意度、新生与朋辈之间的关系、新生对学校的了解程度等多个维度进行评估，同时在评估过程中设计一些开放性回答，让新生对入学教育提出完善建议或美好愿景，以利于持续提升新生入学教育质量。

（四）多元化开展新生入学教育活动

新时代大学生的认知方式偏直观化，更注重自身感受和体验，对泛泛的空谈、不切实际的宣传不易接受。由于个体意识强，他们不局限于教师的教导，不满足于书本的条条框框，敢于用自己的大脑思考问题，用自己的眼睛观察世界，他们有强烈的参与意识，愿意积极参与志愿活动、社会实践活动等。

当前，信息网络高度发达，在迈入校园前，绝大部分新生已经通过网络了解到就读学校、专业等方面的情况。因此，学校应增强新生入学教育的互动性、参与性，及时回答学生的疑问。

2021 年是元宇宙元年。③ 在 Facebook 改名为 Meta 后，"元宇宙"这一概念迅速引发世界各国的高度关注。其试图将现实世界与虚拟世界结合，进而改变现有社会的组织与运作。"元宇宙"深度沉浸体验、群体自由创造的特点也给教育带来了新的机遇。④ 随着"元宇宙"产业的发展，在不久的将来，可围绕教育打造"元宇宙"的新型应用场景。通过创建"元宇宙"虚拟互动教室，主控端可自由切换授课场景，为学生带来身临其境的学习体验。

此外，互联网技术支持的数字媒介使得个人能够与世界便捷相连，减少了沟通

---

① 习近平 . 把思想政治工作贯穿教育教学全过程 开创我国高等教育事业发展新局面 [N]. 人民日报，2016–12–9（1）.

② 魏红，梁会青 . 美国新生入学指导专业化评估探析 [J]. 高教发展与评估，2014，30（6）：71–76，103.

③ 参见清华大学新闻与传播学院新媒体研究中心发布的《2020—2021 年元宇宙发展研究报告》。

④ 李海峰，王炜 . 元宇宙 + 教育：未来虚实融生的教育发展新样态 [J]. 现代远距离教育，2022（1）：47–56.

交流成本，提高了沟通交流质量。因此，教师除现场讲授外，还可充分利用微信公众号、QQ 等新媒体平台，制作、发布新生教育资源，发挥网络思想政治教育的作用，加强对学生的思想引领。

四、结语

　　大学新生入学教育问题是老问题，也是新问题。面对社会主要矛盾的变化，大学新生入学教育也应因事而化、因势而新、因时而进，在已有育人体系的基础上，形成更加系统化的育人结构，走好大学生思想政治教育的第一步。

思维、态度、方法的"三重奏"

——论本科新生适应大学学习模式的三条转变路径 [①]

胡余龙

（文学与新闻学院）

摘　要： 从中学阶段进入大学阶段，本科新生通常会经历一个或比较激烈或相对温和的适应过程，这个适应过程涵盖了学习、生活、三观等多个方面。在本科新生适应大学学习模式的诸多方法里，通过学习思维、学习态度、学习方法三条路径，完成从接受中学教育到接受大学教育的身份转变、角色转换和心态变化，本科新生能够在一定程度上帮助自己更加快速有效地适应大学学习模式。

关键词： 学习思维；学习态度；学习方法；本科新生

从中学阶段进入大学阶段，本科新生必然会经历一个或比较激烈或相对温和的适应过程，这种适应过程涵盖了学习、生活、三观等多个方面。"大学本科新生从入学到基本适应大学环境这一段时间，被称为大学新生的适应期。生活环境、学习环境、人际关系等各方面的剧烈变化，使新生出现适应的困难，产生学习上、生活上、思想上的多重疑惑" [②]，这种"适应的困难"在本科新生适应大学学习模式的过程中表现得尤为突出——此一方面正是本文准备探讨的中心议题。目前学术界对

---

① 本文系 2022 年四川大学研究阐释党的二十大精神专项课题"中华优秀传统文化传承与高校思想政治教育的有机结合研究"（项目编号：esdzx11）的阶段性成果。

② 卢亮，郑何. 关于本科新生适应性教育的几点思考 [J]. 高校辅导员，2013（1）：20.

本科新生"适应性教育"^①的研究已经取得了较多的成果，对本科新生适应大学学习模式的过程也有了一定的讨论。^②这种讨论当然不应该是一成不变的，不存在所谓的"盖棺定论"之说，而应该是与时俱进、动态变化、不断深入的。笔者将在本文里结合自身的立德树人经验，分别从学习思维、学习态度、学习方法三条转变路径切入，着重讨论本科新生应当如何更加快速有效地适应大学学习模式。

一、学习思维的转变

大学学习模式跟中学学习模式有着本质差异，本科新生要想适应之前没有接触过或很少接触过的大学学习模式，必须努力转变自己的学习思维，使之跟大学学习模式顺利对接。这里所说的"学习思维的转变"，主要是指从应试备考的学习思维转变为求知求真的学习思维，即不再以考试作为唯一的或主要的评价学习成效的标尺，转而以竭尽所能地探索知识盲区、拓展知识结构、增加知识深度作为自己的学习目的。

大学之"大"应当如何体现？就教师而言，"所谓大学者，非谓有大楼之谓也，有大师之谓也"^③，好的大学一定会有许许多多博学多识、师德高尚的优秀教师，这些教师是大学得以继续存在和发展的根基。就学生而言，大学的根本意义恐怕不在于能为他们提供多少知识，而在于帮助他们竭尽所能地认识世界、认识人性、认识自己。当学生体悟到苏格拉底为何要感叹"我是多么的无知"时，他们自然会摒弃所有的骄傲、自满与偏见，永远保有一颗开放谦逊、渴求新知的心，不断向自己未知的或不熟悉的领域探进。

"书山有路勤为径，学海无涯苦作舟"，这两句话是无数中学教室里高高挂着的警句，然而又有多少中学生真正明白其中的含义呢？"等读大学就轻松了"，这是在无数中学里盛行多年的一句口头禅，它在特定时期缓解了学生的心理压力，令他们对未来的大学生活有着美好的想象，但是这种美好的想象有时反而可能会产生误导性作用，让学生误以为进入大学之后就不用好好学习了，就可以彻底"放飞自我"了。这种想法当然是大错特错的，也是十分危险的。学习既不是为了应付考试，也不是为了讨好家人和老师，而是为了满足自身发展的内在需求，也就是说，学习是为了自己。因此，学习是不能停止的，应该持续不断地进行。

就大学教育而言，改变中学教育的现状并不在其讨论的话题之列，引导学生转

---

① 王松涛，司志杰，杜汇良. 加强师生互动 强化新生适应性教育 [J]. 北京教育（德育），2010（12）：18.

② 吴立刚. 地方应用型本科高校新生适应性研究 [J]. 求知导刊，2016（6）：35.

③ 梅贻琦. 现代大学校长文丛：梅贻琦卷 [M]. 合肥：安徽教育出版社，2015：26.

变学习思维才是应有之义。大学必须让学生意识到"学海无涯"的真正含义，让他们认识到自身的局限性、所知的有限性、学习的无限性，引导他们树立终身学习的思想自觉，这是他们将来在流动不居的社会变迁里始终保持竞争力和独立人格的基础条件。在终身学习的道路上，"勤"自然是必不可缺的，"苦"亦不必被刻意强调。不可否认的是，某些程式化的流程或颇具挑战性的环节确实可能会让人产生"苦"的感受，但是"苦"绝不是学习的主旋律。学习是发现知识、融通知识乃至创造知识的过程，其间蕴含着无穷无尽的精神愉悦，尤其是无功利性的学习更是让人感到身心愉悦、欲罢不能，偶尔生出一点"苦"的感受又算得了什么呢？

就笔者的教书育人经验来说，有些学生确实整天奔忙于各种课程任务、社团活动，因受"DDL"（"deadline"的简称，即"截止期限"）支配而感到疲劳不堪。他们缺少充足的时间、闲适的心境、自在的环境来慢慢感受学习的快乐，"内卷"的焦虑令学习的"苦"蔓延。而有些学生则非常享受阅读带来的快感，他们每次去图书馆都说是"去看书了"，而不是"去学习了"，从中可以看出他们把阅读当成一种发自内在的、乐在其中的精神活动。对于前一类学生，我们需要做许多疏导工作，不仅要帮助他们纾解心理压力、放平自身心态，还要引导他们学会取舍、减少焦虑来源，也要指导他们转变学习思维、享受学习过程。对于后一类学生，我们则不需要做太多的工作，他们有着明确的学习目标、系统的学习计划、热衷的学习领域，我们只需定期找他们谈谈学习心得，帮助他们解决一些具体的学习问题，适时地纠正他们的学习方向。

针对不同的学生群体，高校应该有而且必须有不同的教育策略，因人而异、因时制宜地指导他们改变原有的学习思维，尽量迅速地适应大学学习模式。学习思维问题是所有本科新生都会遇到的问题，只不过他们的具体表现、反应强弱、适应快慢不尽相同，我们需要在尽可能了解本科新生实际情况的基础上，努力为他们提供具有针对性、实效性、可行性的辅导。当然，学习思维的转变不仅有助于本科新生更好地适应大学学习模式，也有助于他们培养创新意识和创新能力[①]，也就是说，学习思维的转变在整个本科教育里都占据着重要位置。

二、学习态度的转变

在本科新生适应大学学习模式的过程中，学习思维的转变是一种基础性路径，但是只有学习思维的转变还远远不够，还要有其他多重路径的配合，学习态度的转变在其中占据着突出位置。从本科教育的层面来讲，学习态度的转变对学生的学习

---

① 马海萍.大学生创新学习思维及对策研究[J].辽宁省社会主义学院学报，2006（1）：65.

投入程度有着显著影响。① 本文所说的"学习态度的转变"主要是指从"被动上学"的学习态度转变为"主动求学"的学习态度。从"上学"到"求学"的一字之差包含着丰富的内蕴，意味着学生在学习过程中的角色要从被动者变为主动者，而教师也不再是一个"知识的传声筒"，需要在更多的时候扮演引路人和启发者的角色。

一般而言，在大学之前的教育经历中，大部分学生的学习模式是以"灌输式"为主的学习模式，他们少有机会接触到"启发式"学习模式，并且对此早已适应。因此，学生不太愿意主动跟老师进行课堂互动，提问成为他们唯恐避之不及的一个环节。不少老师都会感叹学生在课堂上回答问题不够积极，这跟学生长期以来熟悉的"灌输式"学习模式有着不可分割的内在关联。大学学习以"启发式"学习模式为主，传授知识不再成为课堂教学的主体内容和主要目的，启发思维、开阔眼界、丰富思路才是任课老师竭力想要传达给学生的教学理念。在此种情形下，师生之间的课堂互动成为大学学习中不可缺少的一个重要环节，任课老师希望通过这种交流将自己的学识、经验、见解进一步传授给学生，让学生从中得到更多的乃至超越课堂教学本身的感悟和收获。

然而，对本科新生而言，想要达成老师与学生之间"如切如磋，如琢如磨"的理想状态，无疑是有难度的。本科新生早已习惯了"老师讲，学生听；老师板书，学生誊抄"的"灌输式"学习模式，也习惯了师生之间缺少课堂互动的"冷场"现象，当他们不得不放弃原先熟稔多年的"灌输式"学习模式，转而接受"启发式"学习模式时，他们自然会产生种种不适应的感受，并由此生发出焦虑、彷徨、迷惘等负面情绪。不少本科新生反映自己听不懂大学老师在课堂上讲授的内容，他们抓不住其中的重点，不知道如何去做课堂笔记，也不知道如何去准备期末考试，只能全程拍摄老师们的PPT，竭力记录老师们的讲课内容，但是这并不能从根本上消除他们的焦虑、担忧与疑惑。

在校园管理模式上，大学跟中学有着很大的差别。虽然大学为学生配备了辅导员、班主任、教导员等学生工作人员，但是相比通常采取封闭式管理模式、所有学生每天基本上都待在同样的教室和宿舍里、师生几乎整天都生活在一起的中学，大学里的师生关系在客观上确实不如中学的师生关系那么紧密。从本科新生的立场来说，除了学长、学姐外，老师无疑能够在多个方面帮助他们适应大学学习模式，因而，他们需要跟老师之间建立更多的联系。大学之于学生的意义是多重的，大学里不仅有志趣相投的同窗好友、幽静美丽的校园环境、资源丰富的图书馆，还有博学多识、品德高尚、经验丰富的老师，他们对学生来说也是一种十分重要的"资源"。无论学生是否找老师，老师都在那里，没有一个老师会真正拒绝回答学生的合理问题，因为每个老师都希望自己的学生能够拥有一个灿烂的前程，也都发自肺腑地欣

---

① 温静雅.地方院校大学生学习投入现状的调查研究[J].文教资料，2021（6）：142.

赏学生积极进取的态度，所以他们会倾囊相授，不遗余力地帮助学生取得进步。如果学生不主动去跟老师交流，还是习惯于等待老师前来单独询问和提供辅导，那么他们无疑是没有充分利用大学里的师资力量，也就错失了一些提升能力、解决问题、突破自我的机会。因此，我们需要引导本科新生充分意识到他们必须努力转变之前养成的学习态度，以更加积极主动的姿态规划和推进自己的学业。

许多大学课程都要求以小组为单位进行课堂展示，之前习惯了"单打独斗"的学习方式的本科新生，现在还要学着去跟其他同学进行沟通、分工、协作，小组合作期间还可能会因为个性差异、想法冲突、理念不合等原因发生摩擦，导致他们生出挫败感、无力感、沮丧感等消极情绪，令他们在一定程度上对大学学习丧失信心，同时还会影响他们跟其他同学之间的友好关系。小组展示的主要目的，一是帮助学生学会主动学习知识、发现问题、表达自我，二是帮助学生学会团队协作、求同存异、互相包容。这样的出发点当然是非常好的，但是这方面的教学内容在大学之前的学习阶段里是比较缺少的，我们需要坦率地承认这一点，并且引导学生逐渐认识到小组展示的必要性、重要性和可行性，让他们自发地感受到小组展示是帮助他们适应大学学习模式的一种有效形式。

三、学习方法的转变

除了学习思维的转变、学习态度的转变，在本科新生适应大学学习模式的过程中，学习方法的转变也是十分重要的，这一点直接关乎本科新生适应大学学习模式的方式方法和实际成效。此处所说的"学习方法的转变"，主要是指从"死记硬背"的学习方法转变为"博闻强识"的学习方法。应试教育强调答题的标准性和统一性，但是大学教育倡导开放、包容、平等基础上的"百花齐放，百家争鸣"。大学学习没有所谓的"考试大纲"，目光所至皆是学问。本科新生需要切实感受到这一点，并且根据自身情况摸索出一套适合大学学习模式的学习方法。事实上，大学生的学习方法问题长期受到学术界的高度重视，一般认为学生、教师、家长都应该在大学生探索学习方法上发挥各自的作用[①]；对刚刚从中学阶段过渡到大学阶段的本科新生而言，解决学习方法问题的需要显得更为迫切。

本科新生在过去的学习过程中，往往以"死记硬背"和"题海战术"作为主要的学习方法，这也是在中学教育里比较常见的学习方法，注重的是知识要点的记忆和解题方法的操练，相比之下，理解、感悟、启发往往被重视得不够。中学教师通常会紧扣考试大纲，重点讲解必考点和可考点，对于没有被列入到考试大纲里的书

① 游忆.我国大学生学习策略的现状、影响因素与提升路径[J].湖北经济学院学报（人文社会科学版），2020（5）：122.

本内容则往往选择一带而过，对于超出考试大纲的课外知识则一般不会补充教授，课堂教学基本上都是以掌握考纲要点、提升应试技巧、提高考试成绩为旨归。对于中学教师而言，他们不可能无视中高考的外在影响——中高考在学生的人生轨迹里的重要作用是毋庸置疑的，中高考的"指挥棒"牵引着中学教师的教学方向。由此，"素质教育"的理想主张很难从"应试教育"的现实裹挟中突围出来，至少目前是这样的。

毋庸讳言，以考试大纲为主导的教学方式带有一定的功利性，教学上的功利性又会催生出学习上的功利性，这是必然出现的一个因果关系。学生习惯了老师在课堂上罗列出一个"学习大纲"，划出可能考到、必须记忆的知识点，而且需要条分缕析地指出来，学生会从中得到充实感和安心感，他们认为自己是有收获的。如果老师在课堂上讲授课本以外或考纲以外的知识点，或者没有条目分明地罗列这堂课的要点，学生反而会感到没有抓手，找不到学习的重点和方法。这种情况在本科新生里表现得尤为明显，因为大学教师往往把课堂教学与自己的学术经验、生命体验结合起来，他们不仅讲解通用教材里的重要"常识"，而且传授自己的治学心得和生活感悟。有学生把这种教学方式称为"讲座式上课"，此种说法虽然不一定准确，但是也有几分道理，彰显出大学教学与中学教学的不同之处。

在此种情形下，本科新生应该如何开展自己的学习呢？在大学之前的学习经历里，"死记硬背"的学习方法帮助他们度过了一次又一次考试，对于当时的他们来说，考试本身就是意义，在考试中取得尽可能高的分数是学习的主要目的。但是进入大学之后，"死记硬背"的学习方法就不如之前那么有效了，学习的主要目的也不再是取得尽可能高的考试分数，而是综合素养的提升、学习能力的提高和思维方式的拓展。所谓"授之以鱼，不如授之以渔"，大学教学的主要目的不是把"鱼"传授给学生，而是把"渔"传授给学生，希望学生能够掌握自我学习的方法，在没有老师、没有家长、没有同学监督和鞭策的时空里有条不紊、目标清晰、孜孜矻矻地持续践行自己的学习计划，用"博闻强识"的学习方法帮助自己不断丰富见识、拓展眼界、增强能力。

有鉴于此，我们需要帮助本科新生尽快认识到大学教学与中学教育的本质差异，然后引导他们逐步完成从"死记硬背"的学习方法到"博闻强识"的学习方法的方法论转变，否则，他们或许会迷失在"讲座式上课"里，既不能获得之前习惯了的充实感和安心感，也不能发自内心地感受到发现知识、融通知识、创造知识的快乐。归根结底，"博闻强识"的学习方法是要帮助学生养成终身学习的意识和习惯，让他们能够自发地从学习过程中感受到源源不断的乐趣，从而可以不需要凭借任何外部的催促、踏踏实实地推进自己的学习。毕竟任何学校、任何家庭都不可能每天二十四小时监督学生学习，而且学习也不是只在校园生活阶段才存在，最终还是要靠他们把握自己的人生。本科新生需要充分认识到，学习的目的不是为了迎合他人，而是为了提升自己，如是而已。

　　毋庸置疑，教书育人是一项富有挑战性、颇具复杂性的神圣事业，教师需要从纷繁复杂的教育现象里总结和归纳教育规律，并且遵照教育规律，为学生提供具有针对性和实效性的指导。本科新生刚刚结束中学阶段，他们对大学教育感到陌生、兴奋和期待。作为学生的引路人和启发者，教师需要让本科新生充分认识到大学教育跟中学教育的本质差别，引导他们通过学习思维、学习态度、学习方法等多种路径完成自身的学习转变，从而尽快地适应大学学习模式。想要做到这一点，当然是有难度的，但也是有意义的，需要教师与学生、学校与家庭、课堂与课外的共同努力。

以"每月学习生活札记手书活动"为抓手推进大一新生学习适应指导

赵媛媛

（发展规划处）

摘　要：从学习动机、学习环境、教学风格和学习压力四个方面对223名大一新生的学习适应性进行的调查研究表明，当前大一新生的学习适应性总体情况不容乐观。据此，结合大一新生的思想、行为实际，从本年级大一新生入学之初便组织开展"每月学习生活札记手书活动"，有针对性地解决刚迈入大学的新生对"为谁学、为什么学、学什么、怎么学"等问题的迷茫。通过行动研究和个案研究发现，以学习生活札记手书的形式进行交流和总结，避免了"面谈紧张""时间有限""无法及时记录回顾"等辅导员学业指导工作中的痛点，指导对象积极性极高，为辅导员及时、准确、全面地掌握大学生思想和学习动态、理想目标和学习实践情况提供了良好素材。

关键词：大学新生；学业指导；学习适应；札记手书

党的十八大以来，以习近平同志为核心的党中央站在确保党和人民事业薪火相传的战略高度，亲切关怀青年成长成才，为做好新时代青年工作指明了前进方向。在庆祝中国共产党成立100周年大会上，习近平总书记对青年的殷殷嘱托也在广大青年教师和学生中持续引发热烈反响。青年大学生要"增强做中国人的志气、骨气、底气"，归根结底要先学好真知识，练好真本领。当前，我国高等教育正从大众化阶段迈入普及化阶段，招生类型多样、地域背景不同、家庭环境悬殊、基础教育水平参差不齐使得越来越多的学生进入大学后出现无法适应学习生活节奏的情况。2019年9月，时任教育部部长陈宝生在全国高校辅导员优秀骨干培训班开班仪式上指出，辅导员要做教师教学和学生学习的助手，加强学习辅导工作。综上所述，结合实际探索大一新生学习适应指导的工作办法成为当下的研究热点和重点。

一、大一新生学习适应性调查及其结果分析

笔者从学习动机、学习环境、教学风格和学习压力四个方面对四川大学华西药学院 223 名大一新生的学习适应性进行了调查研究，结果如图 1、图 2 所示。

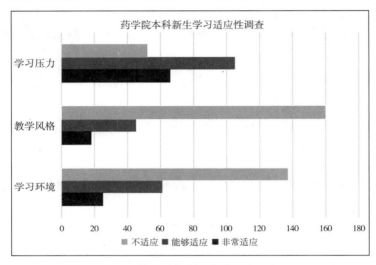

图 1　学习适应性调查结果（一）

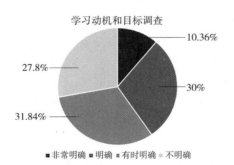

图 2　学习适应性调查结果（二）

223 名大一新生中，除 5 名少数民族预科生、国防预科生外，其余新生的高考成绩均在 590 分以上。调查结果显示，137 名学生表示不适应大学的学习环境，占总人数的 61.43%；160 名学生表示不适应大学的教学风格，占总人数的 71.75%。同时，我们也能看到，刚刚经历了高考的大一新生，在抗压能力方面表现较好，171 名学生表示能够适应或非常适应大学的学习压力，占总人数的 76.68%。总体来看，

我院大一新生学习适应方面的困难主要集中在与高中迥异的学习环境和教学风格。

在学习动机和目标方面，223 名学生中仅有 90 名表示明确或非常明确自己的学习动机和目标，占总人数的 40.36%。笔者也关注到，尚有 31.84% 的学生给出了"有时明确"的反馈，呈现出阶段性迷茫的特征。总体来看，对大一新生进行学习适应指导，持续做好每个阶段的学习生涯规划和目标引领，保持学习适应指导的连贯性、计划性、针对性尤为重要。

二、"每月学习生活札记手书活动"的实践行动及个案研究

（一）实践行动

1. 预诊

前述调查研究表明，当前大一新生的学习适应性总体情况不容乐观。而在辅导员日常思想政治教育工作中，我们普遍通过课堂教学和一对一、一对多谈话来进行学生学习指导和新生适应性指导。随着新媒体技术的发展和应用，越来越多的青年大学生倾向于将心声和想法隐藏，仅在屏蔽了家长和老师的虚拟空间、社交平台上展现真实想法，这导致部分偏激和消极的思想以及对大学学习的种种不适应不能被及时发现，进而导致"不明原因的"学业成绩下降、活动参与度降低、人际交往障碍等问题。

通过反思和调研，笔者发现目前的学业指导方式仍存在以下一些问题：

第一，课堂教学以教师讲解理论和案例为主，师生交流讨论的时间有限，课堂气氛相对严肃，学生的真实想法很难表达出来；第二，学生在接受辅导员老师一对一、一对多指导和谈话时，普遍表现紧张，无法敞开心扉，更多的是听辅导员老师讲，缺少互动，且时间有限，无法及时记录、回顾；第三，利用新媒体平台进行学业指导和帮扶在树立正确的学习观和价值观等方面收效良好，但在帮助学生动态地、进行式地不断斧正思想行为方面仪式感较弱，效果一般。

根据上述实际情况，笔者认为应探索新的工作办法，找寻具有实效性的新途径。

2. 活动要求及意义

大一新生自进校起，每月手写当月学习生活札记并交给辅导员老师。在札记中，学生应对每月学习生活进行总结并制定下月目标。这样做不仅可以培养学生的总结和规划意识，引导学生扎实学习、踏实进步、结实生活，而且有助于辅导员及时了解学生所思所想并予以正向引导，防止大一新生理想信念动摇和学习适应困难得不到指导。

3. 行动过程

首先，对华西药学院 223 名大一新生进行大学学习适应性问卷调查，了解学生

的普遍现状。

其次，要求学生在每个月的最后一周上交一篇手写的学习生活札记，以此总结一个月的学习心得和生活体验，并给下个月设定一个或几个切实可行的目标。鼓励学生在札记中敞开心扉，张扬自己的个性，吐露内心的苦恼和迷茫。要求学生手写，是为了防止其从网络上复制粘贴，培养其书写能力，且便于老师批改留言等。收齐札记后，辅导员会逐一阅读，深入了解学生所思所想，并针对不同的问题在札记中批注解答。不同于一般的作业批改，本活动辅导员会使用青年学生喜爱的活泼用语或漫画来代替生硬的回复，以达到更好的思想引导效果。

再次，从每个月的 223 篇札记中整理出"高频目标"和"高频困难"，例如：9 月的"高频目标"为"当学霸""转专业"，"高频困难"为"思乡""孤独""听不懂"。

又次，有针对性地展开进一步面谈、班团活动、主题班会等，努力解决学生中普遍存在的影响学习积极性的高频困难、负面情绪。例如：针对新生入学后的思乡情绪和学习环境不适应问题，开展"寝室建家活动"；及时肯定并鼓励学生的有效目标，及时纠正不切实际的幻想，引导其脚踏实地。

最后，在开展"每月学习生活札记手书活动"的大一学年里，不断探索和改进引导新时代大学生的方式方法，解决新生学习适应困难的实际问题，努力将日常工作与思想政治教育相结合。

（二）个案研究

笔者从 223 名大一新生中选取 1 名最具代表性的表现懈怠的学生作为个案研究对象，对其典型特征做全面、深入的考察和分析，并在整个研究过程中结合实践行动，不断引导、不断调整和总结，以期透过个案的分析认识教育与学生发展之间的因果关系，提出一些积极的对策，以探索学业指导新方法。

个案追踪：

张某，男，内蒙古生源，入校成绩优异，高考成绩为 643 分。大一之初积极加入多个学生社团组织，非常活跃。

一个月后，在 10 月的学习生活札记中，该生自述"坦白地讲，没有做到自己想的那样。部门的活动，学长学姐叫我，我也没有按时去，也不想完成策划；上课觉得没意思，每天不知道在忙什么"。该学生明显出现了懈怠和消极情绪。辅导员通过及时回复，引导其在众多学生社团组织中选择一个并做好相关工作，学会时间管理，把进入大学时的理想和抱负落在每一节课、每一份作业的实处。

在 11 月的学习生活札记中，该生自述"终于做出抉择，心里虽然轻松了，但是人际交往却出现了问题，以前在一个部门玩得好的'兄弟'，现在不在一起了；室友们都特别努力地学习，可越是这样我越不想与他们相处"。"玩得好的'兄弟'"

与"努力的室友",该学生更怀念一起玩的"兄弟",而排斥学习努力的室友,这表明享乐思想在该生的价值观中占据了主位。辅导员通过手书回信,在表示理解的同时引导其将努力的室友看作学习的榜样而非竞争的对手,并引导其认识到酒肉朋友不是真朋友,真朋友一定是有共同理想、能够共同进步的。该学生在 12 月的学习生活札记中表示"非常受启发"。

在次年 3 月的学习生活札记中,该生自述"自己非常失望,成绩那么差,社团的部长也没有竞聘上,感觉自己一无是处"。在大一第一个学期结束后,许多学生都会体验到相对高中时期的巨大落差。这位学生表现尤其明显,高考时取得 643 分的高分,如今每一门功课都是"低空飘过",这让他感到挫败,理想信念出现危机。辅导员通过手书回信帮其分析原因,并指出成绩并不是评价一个青年的唯一标准,一次失败更可看作是提醒,要找到原因,步步为营;在学生工作中,应摒除功利心,作为共青团员要积极向党组织靠拢,全心全意为人民服务,乐于奉献,在帮助他人中找到自己的价值。当月该生便提交了长达 8 页的入党申请书,言辞恳切。

在 4 月的学习生活札记中,该生自述"春天到了,心情变得非常好,我自荐当了大寝室的寝室长,从身边的事情做起,服务同学,学习也变得有了动力"。学生立足小事,主动承担责任,找到了学习的动力。对于这样的积极改变,辅导员通过手书回信及时给予正向肯定和充分鼓励。

在新生军训过程中,该生不怕吃苦,顶着烈日给同学们运送解暑慰问品,脸上却始终洋溢着笑容。军训结束后,他没能被评为优秀学员,但他在札记中自述"没有评上优秀学员还是有一点遗憾,毕竟还有一颗追求卓越的心,不过想告诉老师一件高兴事:我的'大创'课题申报到了国家级课题,离我的科研梦想又近了一步"。看到该生能够正确认识挫折,辅导员通过回信肯定他追求卓越的信念,对其为实现学术理想而申请"大创"项目的行为充分赞赏,鼓励其进一步树立成为新药研发先锋的志向,为中国乃至全人类的健康做出贡献,并指出阶段性的小目标就是扎实学好每一门专业课,踏实走好每一步。

在 12 月的学习生活札记中,该生自述"找到了学习的规律,成绩也上来了。老师,我做到了踏实走好每一步,下一个小目标是争取推免,读研深造。下个月过生日,希望得到老师的祝福"。辅导员在札记后认真写下了对该生的生日祝福,并将过去一年的所有札记钉在一起,作为生日礼物送给他。

目前,张某的综合成绩排名年级第 12 位,通过团支部推优票选成为入党积极分子。心怀祖国乃至全人类健康梦的张某,仍在辅导员的指导和帮助下踏实前行。大一新生的学习适应指导并不能一蹴而就,更不能和思想政治教育割裂开来,"每月学习生活札记手书活动"就是一个长期的动态的过程,具有指导的连贯性、计划性和针对性。

三、主要成果及经验总结

在这项工作开展过程中，我们发现手书札记这一交流和总结形式避免了"面谈紧张""时间有限""无法及时记录回顾""网上交流缺乏仪式感"等问题，学生积极性极高，札记内容丰富、形式生动，为辅导员及时、准确、全面地掌握大一新生思想动态、学习目标和学习适应情况提供了良好素材。这一具有创新性的学业指导方式对于及时解决新生中存在的思想情绪波动问题，引导学生志存高远、脚踏实地，从努力学习和增长本领中积蓄报国力量起到了积极作用，符合习近平总书记在思政工作会议上指出的"思想政治工作从根本上说是做人的工作，必须围绕学生、关照学生、服务学生，不断提高学生思想水平、政治觉悟、道德品质、文化素养，让学生成为德才兼备、全面发展的人才"这一工作目标及方向，是新生大学学习适应指导的可行方案之一。

参考文献

[1] 中共中央宣传部 . 习近平总书记系列重要讲话读本 [M]. 北京：学习出版社，2016.

[2] 习近平 . 在庆祝中国共产党成立 100 周年大会上的讲话 [EB/OL]. （2021-7-1）[2022-7-30]. http://www.xinhuanet.com/politics/leaders/2021-07/01/c_1127615334.htm.

[3] 新华社 . 中共中央 国务院印发《关于加强和改进新形势下高校思想政治工作的意见》[EB/OL]. （2017-2-27）[2022-6-20]. http://www.gov.cn/xinwen/2017-02/27/content_5182502.htm.

[4] 方正泉，白冰 . 四个正确认识：高校思想政治工作的新内容和着力点 [J]. 思想教育研究，2017（4）：4.

新时代高校少数民族学生
发展性学业帮扶模式探索
——以四川大学"立信·明远"结对计划为例

努尔麦麦提江·木合太尔　秦爽

（党委学生工作部）

摘　要： 以四川大学少数民族学生教育管理为例，从思想政治教育、历史文化教育、学业支持帮扶、日常心灵关怀等方面研究四川大学"立信·明远"结对计划少数民族学生学业发展支持中心的建设内容，从人员结构和运行模式两方面探索少数民族学生学业发展支持中心的支持力量和可持续发展机制，积极探索功能复合型的少数民族学生培养平台建设路径。

关键词： 少数民族学生；学业帮扶；发展支持中心；融合教育

近年来，四川大学全面贯彻党的教育方针和民族政策，深入学习贯彻习近平总书记关于民族宗教工作系列重要讲话精神，始终站在培养少数民族优秀人才、促进民族地区稳定发展、实现国家长治久安的战略高度，紧紧围绕立德树人的根本任务，从大处着眼，从小处入手，积极探索加强和改进新形势下少数民族学生教育管理服务的有效路径，让各民族学生像石榴籽那样紧紧抱在一起。

四川大学6万余名在校生中，有来自47个少数民族，共计5971名少数民族学生。作为西南地区少数民族学生类别和人数较多的211、985院校，学校高度重视少数民族学生教育管理工作，连续多年系统组织实施了"思想引领""能力提升""成长关爱"三大育人工程，大力促进了少数民族学生教育管理工作的内涵式发展与质量提升。学校积极引导在校少数民族学生传承优良校风学风，帮助他们把探索自我、学习知识、发展素质、提升能力四者有机结合起来，激发生涯意识，规划大学生活，增强时代的使命感和就业的责任感，积极主动、自信从容地面对未来职业生涯，做一个生活、生涯、生命"三生有幸"的人。学校对少数民族大学生进行一对一的学业帮扶，旨在增进各民族的交流与融合，加深彼此了解，培养深厚的情谊，培育中华民族大家庭观念，促进民族大团结。因此，探索有效的少数民族大学生发展性学业帮扶模式是具有重大意义的课题。

一、明确少数民族学生学业发展支持中心建设远景

通过持续探索和建设，应逐步将少数民族学生学业发展支持中心（以下简称"中心"）打造成为一个聚焦于少数民族学生培养的功能复合型的教育平台，对少数民族学生朋辈教育、优秀少数民族学生骨干培育、教导员老师参与学生教育、多民族文化传播起到良好的推动作用。

（一）少数民族学生朋辈教育的平台

立足四川大学"立信·明远"结对计划，中心建立了"少数民族优秀学生志愿者朋辈导师库"，各类朋辈教育活动可从导师库调取学生资源。优秀学长学姐与低年级学生结对，有利于发挥朋辈优势，形成"学习优秀榜样，树立长远目标，明确奋斗方向"的育人环境，从而达到朋辈互助携手共进的目的。

（二）优秀少数民族学生骨干培育的基地

目前国家高度重视少数民族学生的教育管理工作，要求各校配备一定数量的少数民族辅导员，以及少数民族教育管理力量。选拔或推荐优秀的少数民族学生骨干到中心担任职务并较为独立地开展工作，有利于其思想认识及工作能力的提升，有利于少数民族管理人才的训练、甄别、选聘和使用。

（三）教导员老师参与学生教育的载体

从统一战线工作的角度来看，以中心为载体，可调动更多教导员及民主党派人士参与学校人才培养工作，在少数民族学生喜闻乐见的活动中，加强爱国主义教育和统一战线的宣传教育。

（四）多民族文化传播交流的中心

中心应充分挖掘少数民族学生的优势和价值，通过定期面向全校学生开展"民族美食汇""文化交流晚会"等活动，逐渐形成品牌活动，丰富校园文化，促进多民族文化间的交流互融。

二、构建学生发展性学业辅导体系，促进少数民族学生学业发展

发展性学业辅导以学生学习能力的培养为目标，能帮助少数民族学生解决学业问题。发展性学业辅导建立了一个完整的学业发展支持服务体系，进而拓展了少数民族学生工作的内涵，并与少数民族学生的课堂教学进行有效衔接和双向互动，形成了育人的合力。[①]

（一）以发展性学业辅导解决少数民族学生学业问题

学业辅导能帮助学生解决学业问题。学业辅导是一项以教育为目的的服务，它能帮助学生更好地处理各种学习问题，适应不同的学习环境，取得良好的学习成效。而最有用的学习，是对学习的学习。近年来，源自欧美的发展性辅导理论在学业辅导领域的应用，给国内高校的学生工作提供了新的思路和启发。

布洛克尔在《发展性辅导》一书中指出：发展性辅导关心的是正常个体在不同发展阶段的任务和应对策略，尤其重视智力、潜能的开发和各种经验的运用，以及各种心理冲突和危机的早期预防和干预，以便帮助个体顺利完成不同发展阶段的任务。[②]有学者认为，"发展性学业辅导除了做好矫治工作外，还设法消除由此引发的心理问题及设法增进学生相应的解决问题的能力，也就是除了知识的传授，还要进行学习方法、学习技巧及心理疏导的辅导。"[③]国内专家卢桂珍提出，发展性学业辅导既包括帮助学生解决学习过程中有关课程、学习方法和学习效果等方面的问题和困惑，也包括根据学生的教育背景、学习动机、兴趣与能力，辅助他们寻找最适合自己的发展方向，并最终实现自我价值的最大化。[④]

发展性学业辅导的一个最重要的价值在于激发和引导学生的内在学习动机。这种激发和引导是通过两个途径来完成的：一是培养学生对知识的热爱，通过辅导使学生乐于学习、学会学习；二是在内容与过程上注重发展性，在引导学生激发自己的学习潜能的基础上，引导学生将学业与国家、社会的要求相结合，将学业与职业生涯、国家前途相结合，让其认识到学习不仅是捕获知识技能的过程，更是实现自身价值的过程，从而培养其对学习的兴趣，养成终身学习的习惯。因此，发展性学业辅导应成为新形势下少数民族学生工作和思想政治教育工作的新的着力点。应该抓住大学生学习能力培养这一提高人才培养质量的切入点和落脚点，重视少数民族

---

① 商云龙，朱冬香，刘刚. 大学生发展性学业辅导探究 [J]. 高校辅导员学刊，2013，5（6）：42–44.

② 同①。

③ 王秀彦. 发展性学业辅导：高校学生工作新视点 [J]. 中国高等教育，2011（Z3）：53–54.

④ 同①。

学生的学习主体地位，转变学生单纯学习知识的观念，激发学生学习的内在潜能，培养学生终身学习和思考的能力。

（二）以发展性学业辅导拓展少数民族学生工作的内涵

发展性学业辅导的第二个重要价值在于建立一个完整的学业发展支持服务体系，为学生学习提供一个可信、温暖、和谐和积极的环境。这种环境包括物理环境和心理环境两个维度。物理环境指的是为学生提供优质的软硬件设施，包括丰富的优质学习资源、学业咨询服务、学业辅导课程等。心理环境指的是融洽、健康、和谐的人际关系。少数民族学生的成长环境、学习基础、文化习惯等与汉族学生存在差异，他们来到大学后，在生活习惯、人际交往、学习适应等方面均会受到一定影响，而和谐的人际关系可以帮助少数民族学生解决跨文化教育环境下的不适应，尽快融入大学学习氛围。发展性学业辅导从服务于学生发展的角度开展工作，把学生工作的内涵从管理的层面提升到服务的层面，进而促进少数民族学生工作的内涵式发展。

（三）以发展性学业辅导衔接少数民族学生的课堂教学

高校的教学工作和学生工作都以学生为服务对象，都以学校的人才培养目标为服务目的，是同一过程的两个"面"，需要从学校管理的大局出发，从教书育人的高度出发，相互促进、通力合作，实现有效衔接和双向互动，并最终形成合力，达到育人目的。我国高校的教育教学在师资队伍、教学计划、教学实施等方面对汉族学生和少数民族学生一视同仁，而在成绩考核和评定上普遍对少数民族学生采取"降低标准""特殊照顾"等优惠政策，这在一定程度上使部分少数民族学生滋生了"我会被照顾"的消极心理。因此，在这种教育环境下，只有依靠系统的学业辅导体系，才能把少数民族学生学业质量相对较差这一短板补齐，从而帮助少数民族学生顺利完成学业，并实现少数民族学生毕业质量与绝大多数汉族学生齐平。[①]

发展性学业辅导以学生为主体，以适应学校教学要求为目标，立足学生的专业和学科特点，在帮助学生提高专业学习成效的同时，重视学生个性发展和创新能力的培养，实现学生工作由课外活动向课内外融合转变，"是大学生学业适应辅导、学业规划辅导、学业创新辅导、学业发展辅导四位一体的可持续发展辅导模式"[②]。发展性学业辅导主动服务于学生的学业发展，与教学活动有效衔接，构建协同育人的辅导机制，是切实可行的实施分类指导和因材施教的方式，同时也是提高少数民

---

① 　玉山·吾斯曼. 内地高校新疆少数民族学生教育管理现状浅析 [J]. 新疆大学学报：哲学·人文社会科学版，2010，38（6）：21–24.

② 　王秀彦. 发展性学业辅导：高校学生工作新视点 [J]. 中国高等教育，2011（Z3）：53–54.

族学生教学质量的重要途径。[①]

三、构建少数民族学生发展性学业帮扶体系的途径

（一）方向明确的思想政治教育

少数民族学生的思政教育，除了要涵盖普通高校大学生思政教育的一般性内容，还需要特别强调马克思主义民族理论和国家民族政策的教育。中心结合四川大学"同心圆"工作坊，一方面广泛邀请校内外思政教育专家面向学生开展专题讲座辅导，进行面对面的深入交流；另一方面依托党团主题教育，设计、组织、开展实践类活动，以实践育人。例如，通过四川大学"同心圆"工作坊半月谈活动，围绕第三次中央新疆工作座谈会、第七次中央西藏工作座谈会、国家安全等主题开展主题教育活动；组织学生参观校史展览馆、江姐纪念馆、博物馆以及校外爱国主义教育基地，开展爱国主义教育，传承红色基因；开展演讲比赛、微视频展演、话剧表演等活动，增强学生的"五个认同"。

（二）层次分明的学业支持帮扶

首先，要成立学业辅导的专门机构。在学校层面由学工部牵头设立四川大学"立信·明远"结对计划之少数民族学生学业发展支持中心，在院系层面由学生工作办公室设立相应的学业辅导机构或小组，制定完善相关制度，为学业辅导的开展提供制度、基金、设备和人力保障。其次，应该建立全员育人的学业辅导机制，建立一支以辅导员、班主任、专业教师、心理咨询师、学习成绩优秀的朋辈大学生志愿者为主体的学业辅导队伍，对其开展有针对性的培训，使之具备相关的专业知识、技能和能力，从而为开展学业辅导工作提供充分的辅导教师队伍保障。辅导员工作在学生工作一线，与学生接触最频繁、最直接，掌握少数民族学生情况，了解学生需求，在帮助学生克服学业障碍上起着最为直接的作用，应使其成为专业的学业辅导咨询师。班主任（班导师）队伍来自教学一线，能比较有效地从专业上对学生的选课计划、学业进度等方面进行辅导，让班主任加入学业辅导队伍，能更好地发挥教师在学业辅导方面的特长。此外，还应该支持和鼓励朋辈大学生志愿者开展学业辅导。应选拔一批思想素质过硬、学习成绩优秀、综合能力强的高年级汉族学生骨干和少数民族学生骨干组建学业辅导志愿团队，在学习技巧方法和答疑解惑方面给予少数民族学生帮助和指导，充分发挥优秀朋辈的榜样示范作用。

---

① 王达品. 大学生学业发展状况与对策分析——兼论高校学业辅导体系的构建[J]. 高等教育，2014（5）：43—49.

（三）科学合理的学业辅导评价体系

学生的学业发展状况并不仅限于学习成绩，还包括学习能力、学业规划能力、压力应对能力等多个方面。因此，首先应该建立一套科学的、全面的、系统的、动态的学业状况评价体系。针对少数民族学生的学习进程，应建立一个学生学业状况管理系统，其中既包括"奖助贷勤补免"、参加第二课堂活动、社会实践等学生管理基本信息，又包括学习成绩、培养方案、学业规划、选课情况、课外阅读情况、参加课外学术竞赛情况等教学管理信息，并且根据学生在不同发展阶段的成长情况动态更新，生成少数民族学生大学学习期间的完整成长档案，保证学业辅导机构能够及时掌握少数民族学生的学业发展状况，提高学业辅导的针对性和实效性。其次，要建立一套学业辅导反馈评价机制。"评价体系应包括纵向评估和横向评估，即一方面对参与学业辅导和未参与学业辅导的学生进行评估，另一方面对参与学业辅导前后进行评估。"[1] 应定期跟踪调查学生学业情况，对学业辅导的效果进行有效的评估，分析存在的问题和障碍，进而不断优化学业辅导工作。[2]

四、结语

少数民族大学生是我国民族文化的主要传承者，也是建立中华民族共同体、促进民族团结的重要参与者。高校作为学生踏入社会前补给知识与技能的最后一站，有责任和义务将少数民族大学生培养成党和国家事业的合格接班人。四川大学通过夯实育人基础、构建育人空间、丰富育人生态、彰显育人实效，少数民族学生教育培养取得长足进步，各民族师生团结和谐相处，像石榴籽一样紧紧抱在一起，为促进学校事业发展贡献了力量。

[1] 卢桂珍. 大学生学业辅导探究 [J]. 当代青年研究，2010（11）：62–66.
[2] 罗妙琪. 论新疆籍少数民族学生发展性学业辅导体系构建 [J]. 高校辅导员学刊，2017（11）：62–66.

双创教育理论研究

新时代大学生创新创业教育的现状与对策思考

张晓满

（材料科学与工程学院）

摘　要： 中国特色社会主义已进入新时代，中国正在向建设创新型国家迈进。在此大背景下，高校对大学生的创新创业教育有着至关重要的意义，也面临着新的要求。纵观当前高校的创新创业教育，依然存在不少的问题。本文结合自身工作实践对主要问题进行了剖析，并就如何提高创新创业教育的实效提出了建议。

关键词： 创新；创业；新时代；创新意识

2014 年 9 月的夏季达沃斯论坛上，李克强总理响亮地提出，要在中国 960 万平方公里土地上掀起"大众创业""草根创业"的新浪潮，形成"万众创新""人人创新"的新势态。紧接着，2015 年 5 月，国务院办公厅印发了《关于深化高等学校创新创业教育改革的实施意见》，并出台了一系列国家政策对此进行支持和指导，这充分体现出国家对高校创新创业教育的重视上升到前所未有的高度。在此背景下，大学校园里掀起了一股大学生创新创业的热潮，许多高校按国家政策开设了创新创业课程，并积极建设孵化基地来开展创新创业教育。

一、新时代大学生创新创业教育的重要作用

（一）有利于缓解当前大学毕业生的就业压力

由于 20 世纪末中国高校开始扩招，进入 21 世纪后，中国高校毕业生人数逐年递增。据教育部统计，中国 2022 届高校毕业生人数达 1076 万人，而 2023 届更是

高达 1158 万。而由于中国的经济结构转型与近年来经济增速放缓，社会整体为大学毕业生提供的就业岗位并未明显增加，大学毕业生待业数量逐年上升。面对日趋严峻的就业形势，如果有相当部分的大学毕业生能够自主创业，不仅能解决自己的就业问题，而且有可能为其他毕业生提供一定的就业机会，这必将大大缓解毕业生的就业压力。

（二）有助于转变当前大学毕业生的择业观念

随着时代的变迁，大学毕业生的择业观念也在不断发展变化。面对激烈的就业竞争环境，大学生以更加多元化的方式来进行自主择业，体现了很强的自主意识与竞争意识。例如，大量大学生的择业观念从原来的国企、"三资"企业就业转变为现在的民营、私营企业就业，从原来的非大城市不去转变为现在的到基层就业、到西部就业。而现在全国各高校广泛开展的创新创业教育更是改变了大学生的择业观念。笔者通过与学生交流发现，当前有不少大学生认为自主创业是一种好的就业方式，只是由于各种原因，进行自主创业的大学生不多。此外，高校开展创新创业教育能更好地提升大学生的自主学习意识，增强其思维的灵活性，进一步拓宽其就业思路，使其树立与社会需求相适应的职业理想与择业观念。

（三）有利于大学生综合素质的提高

高校开展创新创业教育不仅是社会发展的要求，也是大学生自身发展的需要。当前中国的就业形势有两大突出特点，一是对科技创新人才的需求量持续加大，二是对单纯劳动力的需求量不断减少。这样的趋势对高校培养的大学生提出了更高的要求，不仅要求大学生德智体美劳全面发展，而且要求其具有创新意识、创新思维和创新能力，而这些创新素质的养成则必须依靠高校的创新创业教育来实现。高校应通过意识培养、能力提升、环境认知和实践模拟等途径，让学生有效地实现理论与实践的结合，使学生的综合素质得到全面发展，充分体现高校素质教育的内涵与成果。

（四）有利于国家战略的实现

现在世界开始了第四次工业革命——绿色工业革命，其生产要从以自然要素投入为特征转变为以绿色要素投入为特征。在这次新的工业革命中，创新创业已成为各国抢占新世纪经济制高点的战略核心，而国与国的竞争归根到底是创新创业人才的竞争。西方发达国家对大学生开展创新创业教育的实践结果表明创新创业对于人才培养、增强企业核心竞争力与推动国家经济发展都是至关重要的。所以当今中国高校开展创新创业教育是一项国家战略，是中国走向创新型国家的重要举措。当前中国特色社会主义已进入新时代，经济增长方式亟待优化，走"科技强国"与中国特色自主创新道路已成为中国发展的必由之路。中国高校每年为社会输送了大量的人才，而高校开展创新创业教育是对传统人才培养模式的突破。创新创业人才的素质高低决定了创新创业的成败，决定了国家经济发展动力的大小，决定了国家综合实力的强弱，所以高校创新创业教育直接关系到中国创新型国家的建设。

二、高校创新创业教育中存在的问题

（一）没有厘清创新与创业的关系

创新与创业是两个不同的概念，但又相互作用。创新是利用现有的知识和物质，以新思维、新发明及新描述来达到更新、改变和创造的目的，并能取得有益效果。而创业则是通过一定的企业组织形式，为社会提供产品服务的经济活动，其目的是创造价值和提供就业机会。创业活动或多或少地都含有创新的要求，而且创业者要在创业的过程中保持不断创新，才有可能获得创业的最终成功。所以说创新是创业的基础，是创业的本质与源泉。只有把创新中开发出来的知识、技术和市场机会转化为现实生产力，实现社会经济的增长，才能体现创新的价值，而创业是实现这种转化的途径，创业教育是创新教育的进一步延伸和实用化。反过来，在创业过程中也可以进一步推动与深化创新。正是由于没有正确把握创新与创业的实际内涵与内在联系，许多高校在对大学生的创新创业教育中将二者人为割裂，削弱了创新创业教育实效。

（二）创新创业教育的课程体系不健全

现在很多高校都开设了创新创业教育课程，但由于对创新创业教育理解得不准确，课程开设比较单一，形式大于内容。对学生的创新教育就是从理论上教学生如何培养创新思维，增强创新能力；而创业教育则侧重让学生知道创办企业需要的程序以及国家对大学生创业的相关政策，以此鼓励学生开展自主创业。而且这样的课程多是以选修课的形式出现，涉及的实践活动并不多，覆盖面也不广。尤为不足的是，这样的创新创业教育课程多是按照既定模式，以教师和书本为中心对学生进行灌输式教育，忽略了学生作为学习主体的个性与创造性，没有从根本上解决学生的创新与创业意识问题，让学生找不到自己创新的动机，或者误以为是为了创业而创新，而创业则仅仅是需要资金和一个好的点子而已。

（三）创新创业教育的师资力量不足

师资是我国高校创新创业教育发展的主要短板之一。当前高校的创新创业教育主要是由大学教师来授课，更多的学校是由学生辅导员或就业处的老师来担任这一角色，而这些教师中绝大多数没有接受过创新创业教育的培训，既缺少创新创业的实践经验，也缺少创新创业的风险评估能力。他们的授课方式往往是"照本宣科"，最多在课程中加上一些自己对创新创业教育的研究与理解，无法做到理论与实际相联系，更难以通过他们的讲课帮助学生从书本走向创新，从课堂走向创业。这样的创新创业教育课程难以激发学生的创新意识与创业热情，达不到理想的效果。

（四）创新创业教育的实践平台不足

高校对大学生的创新创业教育必须通过一定的平台来落实，就目前来看，高校主要是利用第二课堂来搭建这样的平台，具体体现为各种设计大赛、技能大赛。其中最重要的就是"挑战杯""创青春"等全国性的大学生竞赛。这类竞赛看似轰轰烈烈，但最终的成果并不多，绝大多数参与的学生依旧停留在创新创业教育理念的层面，并没有达到"真枪实弹"的实践程度。从创业计划竞赛中指导教师这一角色就可以发现，部分指导教师是学生团队根据技术需要请来的专业教师，这些教师往往处于一种被动地位，对学生的指导也仅仅是一些技术上与理论上的指导。还有一些高校建立了大学生创新创业实践基地，创立了大学生创新创业社团，但由于与市场脱节，与企业缺乏联动，这些平台的作用也很难发挥。

三、增强高校创新创业教育实效的对策

（一）充分发挥思政工作在大学生创新创业教育中的作用

现在许多大学生仅仅是对创新创业活动感兴趣，真正能够付诸行动的很少，更谈不上对创新创业的深刻理解。所以，要将创新创业教育作为思想政治工作的重要组成部分，在思想政治教育过程中不断强调创新创业的价值和意义，促使大学生正确地认识创新创业对国家、个人的意义何在，增强社会责任感，激发学生创新意识。这样做不仅有助于大学生创新思维能力的提高，同时还可以让学生自觉培养创新创业人才所需要的良好思想道德品质，激发大学生的创业潜能。此外，在大学生创新创业教育中渗透思想政治教育工作，能引导大学生在创新创业时树立明确的目标，自觉抵制社会上不良风气的影响，克服浮躁心理，增强对风险的承受力。

（二）完善创新创业教育课程体系

创新创业教育要求学生创造性地建立自身事业，因此它首先要教育学生增强创新意识，培养创新思维，锤炼创新人格，提升创新能力。在此基础上，还要进一步让学生掌握必要的创业知识和技能，熟悉市场开发与经营，锻炼创业心理品质。创新创业课程体系应按照这一主线的规律来进行设置，并注重课程建设中的学科交叉与学科互补。同时，应根据不同年级学生的特点有针对性地开设相关课程，以增强对学生的吸引力。此外，还要将创新创业教育有效地纳入专业教育和文化素质教育

中，将创新创业的思想、理念融入日常教学之中，充分挖掘和充实各类专业课程和文化素质教育中的创新创业教育资源，从而构建起多层次、立体化的创新创业教育课程体系，并贯穿于整个教学的过程中。

（三）加强创新创业教育师资队伍建设

创新创业教育是一门知识面广、实践性强的特殊学科，它要求师资队伍具备扎实的创新创业理论学识，同时要有足够的实践经验。培养一支专兼结合、素质优良的创新创业教育教师队伍是高校创新创业教育成功的关键。首先，要充分发挥现有教师队伍的作用，使教师树立起创新创业教育理念，要让教师意识到原有的以书本为基础的理论性教育方式已不适合创新创业教育的需求，要促使教师学习创新创业相关的知识，提升自身的指导能力。其次，创新创业教育是汇集了多个学科知识的综合性学科，高校要通过培训与有意识的选留，注重加强高校教师与企业之间的联系，逐步建立一支与创新创业教育相适应的教师队伍。最后，要充分调动社会资源，选聘一批具备一定的创业素养，拥有社会经验且熟悉企业经营各个环节的成功企业家、创业成功人士等组成校外兼职教师队伍，对高校创新创业教育的师资进行补充。

（四）积极打造创新创业教育的实践平台

实践性是创新创业教育的基本特征和最终落脚点，为了避免创新创业教育的理论化、形式化，必须将理论与课程教育转化为学生的创新创业实践。所以，要深入实施大学生创新创业训练计划，努力打造大学生创新创业实践平台。高校可以通过创新设计大赛、创业竞赛等第二课堂，配强指导教师，为学生的创新与创业提供实践平台。也可以鼓励高校教师积极担任学生创新创业团队的指导教师，促进教师科研与大学生创新创业教育实践相结合。还可以整合学校、学院现有资源，为大学生创新创业搭建各类专业化的创客空间，面向全校学生开放。有条件的高校也可以成立大学生创新创业实践园区，为大学生创新创业提供空间与经费支持。最后，高校还应该充分挖掘与调动社会资源，校地共建大学生校外实践教育基地、创业示范基地、创业实习基地等创新创业教育实践平台，营造良好的高校创新创业教育实践环境。

参考文献

[1] 张晓满 . 积淀与传承——当代大学生的中华传统文化教育研究 [M]. 北京：同心出版社，2015.

[2] 王占仁 . 高校创新创业教育观念变革的整体构想 [J]. 中国高教研究，2015（7）：75-78.

[3] 陈永奎 . 大学生创新创业基础教程 [M]. 北京：经济管理出版社，2015.

我国高校创业教育研究综述 ①

黎红友

（网络空间安全学院）

摘　要：当前，大力加强高校创业教育研究迫在眉睫，系统梳理高校创业教育研究文献是研究有效开展的基础。文章以中国学术期刊网络出版总库收录的高校创业教育研究的期刊论文为样本，采用文献计量学和社会网络分析方法，对高校创业教育研究文献的研究力量和研究热点等进行系统梳理。通过对研究现状的回顾和分析，揭示国内高校创业教育的研究规律和发展趋势，在此基础上进行反思，为国内高校创业教育研究的有效开展奠定基础。

关键词：高校；创业教育；综述

近年来，党中央、国务院高度重视高校创新创业人才培养工作。党的十八大明确提出，要加大创新创业人才培养支持力度。习近平总书记多次做出重要指示，要求加快教育体制改革，注重培养学生创新精神，造就规模宏大、富有创新精神、敢于承担风险的创新创业人才队伍。李克强总理多次强调，"大众创业、万众创新"，核心在于激发人的创造力，尤其在于激发青年的创造力。创业在推动经济增长的同时也带动了就业。高校创业教育对于促进整个经济社会发展和改善社会就业有着直接作用。当前，国内高校创业教育理论的系统性、指导力，特别是工作的实效性都存在不足。大力加强高校创业教育研究迫在眉睫。任何一项研究的展开，"最重要的准备步骤之一是对你确定要研究的题目作一个彻底的科学文献述评"②。在此背

---

① 本文系教育部高校学生司供需对接就业育人项目"深信服科技股份有限公司就业实习基地项目"（20230106497）、四川大学 2022 年研究生思想政治理论研究专项课题"研究生学科竞赛推进困境与对策研究"阶段性成果。

② 博登斯 K S，阿博特 B B. 研究设计与方法 [M]. 袁军，等，译 .6 版 . 上海：上海人民出版社，2008.

景下，本文对我国高校创业教育的研究现状进行系统梳理和综述，以期把握高校创业教育研究发展脉络，促进高校创业教育学术研究的反思和改进，为我国高校创业教育研究的有效开展奠定基础。

一、文献收集与研究方法

（一）文献收集

本文梳理的文献来源于中国学术期刊网络出版总库，文献的检索条件如下：以"高校 & 创业教育"并且不包含"创新"为关键词进行主题检索；检索日期为2019年1月10日；检索的文献年限设置为2010年至2018年；检索条件设置为精确；来源类别设置为全部期刊或者核心期刊。共计检索到全部期刊文献6452篇，其中核心期刊文献1111篇，据此建立本文研究文献的有效样本。

（二）研究方法

采用文献计量学方法对6452篇研究文献进行定量分析，分析的内容主要包括研究文献发表年代分布统计、研究文献来源期刊统计、研究文献研究机构统计等。通过定量的统计数据来揭示国内高校创业教育学术研究的发展特征、研究规律等现状。对研究文献的高频关键词进行统计，构建社会网络分析图谱，并且对重点研究文献进行阅读，可以归纳出国内高校创业教育研究热点，进而把握未来研究发展趋势。

二、国内高校创业教育研究文献的文献计量分析

（一）国内高校创业教育研究文献的年代分布

通过对2010年至2018年国内高校创业教育研究文献的发表年代进行统计，得到研究文献年代分布数据，进一步可以发现国内高校创业教育研究速度和发展态势。表1是国内高校创业教育研究文献发表年代统计表。

表1　2010—2018年国内高校创业教育研究文献发表年代统计表

单位：篇

时间	2010年	2011年	2012年	2013年	2014年	2015年	2016年	2017年	2018年
全部文献	621	653	639	667	746	867	868	788	603
核心文献	140	142	111	92	147	166	136	102	71

通过表1可以看出，高校创业教育一直是近年来的研究热点，2010年至2018年每年的发文量都在600篇以上，2016年发文量达到顶峰，为868篇。2014年9月的夏季达沃斯论坛上，李克强总理提出"大众创业、万众创新"的号召，高校创业教育受到空前的重视，故2015年相比2014年，国内创业教育研究文献数量快速增长。

（二）高校创业教育研究文献来源期刊统计

6452篇高校创业教育研究文献的来源期刊中，文献数量排名前10的期刊如表2所示。这10种期刊总计发文814篇，占总发文量的12.6%。由表2可知，《创新与创业教育》《教育与职业》以及《中国成人教育》等期刊是国内高校创业教育研究文献发表比较集中的期刊。

表2　2010—2018年国内高校创业教育研究文献来源期刊发文数量统计表

序号	来源期刊	发文数量	序号	来源期刊	发文数量
1	《创新与创业教育》	142	6	《继续教育研究》	87
2	《教育与职业》	131	7	《文教资料》	79
3	《中国成人教育》	124	8	《出国与就业（就业版）》	71
4	《中国大学生就业》	115	9	《教育教学论坛》	65
5	《才智》	95	10	《学理论》	64

（三）高校创业教育研究文献发文机构统计

表3所示是2010年至2018年高校创业教育研究文献发文数量超过32篇的11家研究机构，这11家研究机构总计发文444篇。由表3可知，东部沿海高校特别是江浙高校是国内高校创业教育的主要发文机构，包括温州大学、浙江大学以及江苏大学等。

表3　2010—2018年国内高校创业教育研究机构发文数量统计表

序号	发文机构	发文数量	序号	发文机构	发文数量
1	温州大学	58	7	吉林大学	33
2	浙江大学	53	8	河北农业大学	32
3	江苏大学	50	9	淮阴师范学院	32
4	南通大学	46	10	东北师范大学	32
5	福州大学	41	11	盐城师范学院	32
6	河北大学	35	总计	444	

三、国内高校创业教育研究文献的热点主题分析

通过对研究文献的高频关键词进行统计，并由高频关键词构建社会网络分析图谱，以及结合对重点研究文献的阅读，总结出国内高校创业教育研究文献的热点主题主要集中在以下三个方面。

（一）高校创业教育的困境研究

国内众多学者针对目前高校创业教育遇到的困境进行了研究梳理。张士威对新常态下地方本科高校创业教育的困境进行了梳理，认为困境包括创业教育工具化困境、创业教育功利化困境以及创业教育悬浮化困境，并对地方本科高校创业教育困境的机理进行了分析，认为认知偏差导致创业教育工具化困境、激励偏离导致创业教育的功利化困境、体系偏移导致创业教育的悬浮化困境。[①]赵良君认为大学生创业在我国仍处于理论大于实践的状态，我国高校创业教育仍存在众多亟须解决的问题，包括创业教育理念不够成熟、不能科学地认知创业教育理念、创业教育课程设计不完善、没有专业的创业教育教师队伍、创业教育课程评价体系不够成熟等。[②]

（二）高校创业教育师资研究

高校创业教育实效性的核心在于建立优秀的创业型教师队伍。高校创业教育师资队伍一直是学者研究的热点问题。高喜兰对高校创业型师资力量进行了详细探讨，首先分析了师资力量存在的问题，包括招聘标准不完备、培养机制不支持、绩效考核不完善、管理方式不健全等；其次探讨了高校创业教育对教师的要求，包括传授创业知识、具备创业意识、营造创业氛围；最后给出了创业型教师队伍建设途径，包括树立正确创业教育理念，完善高校教师招聘标准，构建创业教师培养机制以及建立科学绩效考评体系。[③]吴红珊基于高校创新创业教育视角对师资队伍建设进行了研究，认为需要加速创新创业教育师资队伍重构和转型，校企双方要发挥各自资源优势共建师资队伍。[④]

（三）国内外高校创业教育比较研究

以美国为首的西方国家开展创业教育相对较早，在创业教育理论和实践方面积

① 张士威.新常态下地方本科高校创业教育的困境、成因及消解路径[J].教育理论与实践，2015（33）：6-8.

② 赵良君.当前我国大学生创业教育的现状与问题[J].教育与职业，2015（16）：63-65.

③ 高喜兰.高校创业型师资力量建设途径研究[J].内蒙古师范大学学报（教育科学版），2014（10）：37-39.

④ 吴红珊.创新创业教育视角下高校师资队伍建设路径探索[J].教育评论，2018（5）：71-74.

累了丰富的经验。因此，不少学者对中外高校创业教育进行了比较研究，对国外创业教育进行了有效借鉴。朱锋介绍了美国创业教育理念的演变，分享了美国创业教育实践的探索，给出了我国高校创业教育的发展道路，具体包括：克服功利主义思想，树立全新创业教育观；促进创业教育与通识教育、专业教育有机融合；构建良性互动的创业教育生态系统；建立科学的创业教育评价体系；立足自身特色，加强国际交流与合作。[①] 李平分别对美国和英国的创业教育的起源与发展以及两国高等学校创业教育的主要特点作了概括，进而分析了英美两国高校创业教育对我国创业教育发展的借鉴意义。[②]

（四）基于其他视角的国内高校创业教育研究

国内学者还从其他角度对高校创业教育进行了研究，包括高校创业教育课程体系研究、围绕少数民族大学生的高校创业教育研究等。陈建分析了创业教育课程与创业教育的关系，在此基础上，从目标层面、队伍层面、内容层面以及机制层面对高校创业教育课程体系进行了构建。[③] 沈茹以少数民族大学生为研究对象，研究了少数民族大学生创业教育的重要意义、存在的问题及对策。[④]

四、国内高校创业教育研究反思

目前国内高校创业教育的研究成果在一定程度上了指导了高校创业教育实践。但就研究现状而言，以下几点值得反思。

（一）高校创业教育研究的系统性需要加强

高校创业教育是一个系统工程，涉及多方面的因素和资源，如师资配备、课程设置、实践环节等，只有将这些因素和资源统筹好，才能达到好的效果。目前的高校创业教育研究文献基本上都是围绕某一个因素进行探讨，很少涉及高校创业教育的多资源协同配置问题。因此，要提高高校创业教育的针对性和实效性，后续研究要加强对多资源协同配置的研究。

（二）高校创业教育的理论研究要和实践相结合

高校创业教育的理论研究的最终目的是更好地指导创业教育工作实践，提高创

① 朱锋.美国创业教育的理念与实践——兼对我国大学创业教育的反思与建议 [J]. 河北师范大学学报（教育科学版），2018（2）：43–47.

② 李平.英美高校创业教育的发展经验 [J]. 黑龙江高教研究，2015（12）：69–71.

③ 陈建.高校创业教育课程体系的建设与研究 .[J]. 教育评论，2015（6）：17–20.

④ 沈茹.少数民族大学生创业教育存在的问题及对策 [J]. 学校党建与思想教育，2015（4）：70–72.

业教育工作的实效性。目前众多的学者主要对高校创业教育提出大量的建议，缺乏对相关建议应用实践的效果进行实证研究。如何将理论和实践结合，并形成有效的反馈机制，通过实践不断地修正理论，进而更好地指导实践，将成为未来高校创业教育研究必须重视的课题。

（三）高校创业教育的理论性研究需要进一步加强

当前，高校创业教育的研究文献虽然很多，但是大部分研究文献还存在质量不高的问题，对高校创业教育的理论研究不深入，主要停留在创业教育存在的问题以及提出建议等初级阶段。国内高校创业教育理论的解释力、指导力还远远不够，相关理论还不能有效地指导工作实践。下一步，要加强对高校创业教育的深入研究，尽量出高层次的研究成果，进而更好地指导国内高校创业教育实践。

"双创"背景下大学生
创业能力提升策略分析
——以四川大学电子信息学院双创教育培养体系为例

陈林　李运国

（电子信息学院）

摘　要： 目前，高等院校对大学生创新创业能力的培养是教育改革中一个十分重要的主题，更是国家创新驱动发展战略实施中的重要环节。因此，做好大学生创新创业教育的相关工作是至关重要的。本文分析了大学生创新创业中存在的问题，并以四川大学电子信息学院为例，剖析了如何搭建具有学院学科特色的双创教育培养体系来提升大学生创新创业能力。

关键字： 创新创业能力；双创教育培养体系；大学生

一、引言

当前，国际经济竞争形势日趋复杂和激烈，世界经济发展面临新的变革和调整。党的十八大报告提出全面实施创新驱动发展战略，我国经济发展动力已经从生产要素驱动、资源投资驱动转向创新驱动。2013年，我国出台《"十二五"国家自主创新能力建设规划》，在经济发展新常态下，将创新驱动发展战略提升到国家发展战略的核心位置。为实施创新驱动发展战略，国家将大学生创新创业融入"大众创业、万众创新"工作部署，使科技创新与社会发展相结合，以持续提高创新能力。

大学生创新创业是时代发展趋势。高校和科研机构作为科技创新平台与科技人才资源主体，具有服务国家创新驱动发展战略的基础条件和内生需求。企业需要与高校协同创新，孵化出新技术和新产业，以提升区域创新能力，加速国家现代化进程。

大学生创新创业活动的背后，存在高校、政府和企业等政产学研合作主体的协同创新和合作博弈行为。政产学研协同创新可以发挥各自优势，通过大学生创新创业活动，推进政府、高校和企业间的深度合作。同时，支持大学生创新创业活动的各参与方，需要认真加以分析和研究，寻求合作博弈的稳定均衡策略，建立政产学研合作的长效机制。

二、大学生创新创业能力提升策略研究的意义

创新是一个民族的灵魂，是建设创新型国家的必经之路。党的十八届五中全会提出"创新、协调、绿色、开放、共享"的新发展理念，其中，创新发展居于首位，这是我国在相当长一段时期内的发展思路、方向和着力点。李克强总理在2015年的《政府工作报告》中首次将"大众创业，万众创新"提到国家经济发展"新引擎"的战略高度。中国未来经济社会的发展，与青年一代的创新创业能力息息相关。大学生作为青年人中受教育水平较高的人群，是推进"大众创业、万众创新"的生力军。在具有创新创业潜力的大学生群体中开展创新创业教育，培养大学生的创新创业能力，造就大批高素质的创新创业人才，为建设创新型国家提供强大的人才支撑和智力贡献，是落实我国创新驱动发展战略的具体举措。

培养具有创新创业能力的人才，以满足当今社会发展的需求，是高校肩负的重要使命。因此，有关大学生创新创业能力提升策略的研究对于高校工作有重要的现实意义。第一，在高校教育视角下探讨大学生创新创业能力培养的具体路径，有助于为新时期高校培养创新型人才提供对策上的建议，促进高校教育质量的提升。第二，从个性化教育角度讨论创新创业能力提升对策，有助于提高新时期高校个性化教育的实用性和针对性。第三，探索大学生创新创业能力的培养渠道，有助于实施创新创业引领计划，缓解就业压力。

三、当前大学生创新创业能力培养存在的问题

（一）大学生创新创业意识培养不足

大学生创新创业成功与否，首先取决于其是否具备创新创业意识，这种意识决定了当代大学生创新创业的自觉性与成功概率。而现实情况是当代大学生的创新创业意识明显滞后于急需年轻人创新创业的社会现实要求。

大学生创新创业意识不强主要体现在以下两方面：首先是创新创业主动性差，创新创业带有"被迫"的因素。其次是大学生对创新创业本身认识不足。部分大学生认为创新创业就是从事经营活动或者参加一些社会实践，而对创新创业涉及的相

关知识掌握不够。单凭一腔热血与各种异想天开的点子，是远远不足以完成整个创新创业活动的。

（二）高校创新创业教育拓展不足

从高校教育来看，长期以来的"分数挂帅"传统仍然存在，高校对创新创业教育的拓展不足。部分高校的创新创业教育起步晚，普及程度很低，教育体制、培养目标、培养内容和形式等还一直延续传统教育的思维习惯，创新创业氛围不浓。

（三）教师的创新创业教育指导能力不足

创新创业教育的有效开展，很关键的一个方面还在于教师对学生的指导。

从当前高校的情况来看，整体还停留在以传统的教育理念为主导的阶段，老师们多是在应试教育体制中培养出来的，虽然学术水平整体很高，但是对学生创新意识的引导能力还远远不够。

四、大学生创新创业能力提升策略

培养高校大学生的创新创业能力是一项系统工程，个性化教育是其中不可忽视的出发点和主要途径。高等学校应从个性化教育视角出发，立足本地区本学校甚至本专业的实际，努力探索提高大学生创新创业能力的有效途径。

以四川大学电子信息学院为例，学院目前已初步建成一套双创教育培养体系，包括以下几个方面：作为学生学术型社团的积极开拓者、推动者和创新者，早在1999年，学院便成立了四川大学第一个学术型社团——电子科技园；建立了一支结构合理、能力突出的指导教师队伍，包括院领导在内的 29 名指导教师中，教授9 人，副教授 9 人，讲师 11 人；学院自筹资金 120 余万元，分别在望江校区和江安校区建立了单独的创新性开放实验室，使用面积约 640 平方米，配有多种测试仪器设备、工具箱和元器件等；引入成都锦江电子工程公司、南京三乐电子集团公司等社会资源，每年为创新性开放实验室投入 20 万元；针对本科生修订了《学院奖学金综合测评办法》和《推荐免试攻读硕士研究生综合测评办法》（加分），针对研究生明确了在评奖评优中优先推荐参与学术型社团活动表现突出的学生；修订了《学院人才培养奖励条例》，对教师指导学生参加竞赛获奖的给予工作量认定和物质奖励。在此基础上，学院结合自身特色，进一步提出以下几个培养策略。

（一）更新观念，创新管理体制

提升学生创新创业能力的落脚点是实践，而现行的教育培养模式中，实践是薄弱环节。要提升创新创业能力培养实效，需要从观念到管理体制实行全面改革，如在教学形式上不再强调集体课堂教学，而强调现场教学、个别指导；在课程内容上不再强调计划，而强调根据创新创业内容需求生成课程内容；实施"学分替代"政策，解决创新创业和上课时间冲突，在管理上给予学生更大的自由度；等等。

（二）创设全覆盖的创新创业环境

应充分发挥"互联网＋"优势，利用信息技术，创设全面覆盖的创新创业环境，搭建具有学院特色的双创教育培养体系，以促进学生交流学习，创造创新创业氛围，激发创新创业激情。具体培养体系如图1所示。

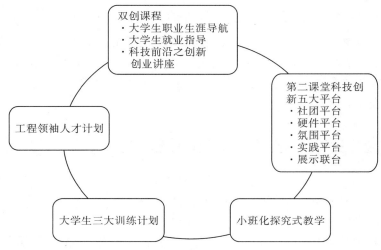

图1　电子信息学院双创教育培养体系

电子信息学院双创教育培养体系除了图中所示的具体分层外，整体来说可以分为线下和线上两个空间。线下空间提供教室、计算机、打印机、投影仪等设备。大学生在线下空间可得到教师或企业专家指导，可参与面对面的交流分享，碰撞创意火花，展示创新创业项目等。而线上空间提供创意发布、创新创业项目呈现、进展汇报和交流讨论、创新创业资源获取等功能。线上空间建设主要是构建一个网络交流平台，一方面让大学生之间不受时间、空间限制开展交流和互动；另一方面通过网络与校外的企业、风投机构等进行对接，分享见解和创意，获得项目的指导、建议或项目孵化资源。

（三）开放创新创业课程，供有不同需求的学生自由选择

因为创新创业是由需求驱动的，因而创新创业课程内容呈现出较明显的"碎片化"特征。大学生由于教育背景、能力结构、创新领域和创新创业经历等千差万别，对创新创业课程的要求也有不同。为了满足这种个性化的需求，学院根据调研，将"大"而"全"的创新创业内容分割成最小的"碎片"，供有不同需求的创新创业者自由选择，形成自己的"课程拼盘"。课程以专题的形式，采用"小班化探究式

教学"的方式，从创新创业的需求出发，聚焦热点、焦点和难点问题，以慕课或其他线下课程、讲座等方式实现课程的开放共享，学生可以在慕课平台上观看教师录制的微课，与同伴在线研讨学习主题，自主分享在学习过程中搜集到的相关材料，并将学习成果发布到学习社区中进行展示。

（四）校企专家提供全天候全方位创新创业指导

师资力量是决定大学生创新创业教育质量的关键因素，师资队伍的水平决定了学生创新创业能力提升的幅度。当前大部分高校的创新创业实践是薄弱环节，因此可以"走出去 + 请进来"理念为主导打造师资队伍，为学生提供全天候、全方位的创新创业指导。

首先要为专职创新创业教师提供相应培训，根据不同层次的需求形成模块化培训体系，对专职创新创业教师实行订单式按需培训，让教师提升自身创新创业理论水平。同时可安排专职创新创业教师到企业进行"顶真岗、真顶岗"实践，让教师全程参与一个创新创业项目，以提升教师的实践能力。其次，应充分发挥"互联网 +"优势，依托校友资源和社会企业，引进杰出校友（创业成功者）和企业专家担任兼职教师。学生在学习过程中遇到问题时，可以直接向相关专家寻求帮助，得到专业指导。

（五）通过系列创新创业项目的实施，提升学生创新创业能力

学院的双创教育培养体系包括工程领袖人才培养计划、大学生三大训练计划（大学生科学探索实验计划、大学生创新性实验计划、大学生科研训练计划）等计划，为学生提供环境、氛围、课程、师资等全方位的支持，以扩大创新创业项目的覆盖面。同时，学院全面推进学生"进实验室、进课题组、进科研团队"，促进"教学与科研相结合、课程与课题相结合、研究团队与教学团队相结合"，强化我院学生研究性学习、自主性学习的氛围和文化建设。

（六）提供国外大学实习机会，拓展创新创业国际视野

学院目前设有到新加坡国立大学进行暑期实习的项目，旨在让学生在创新创业的道路上更具有国际视野。该项目通过搭建国内高校和新加坡高校之间的学术桥梁，开创了本科学生在国外高校实习的新模式。学生可零距离接触新加坡国立大学等新加坡名校，感受国外不同的教育体制，掌握电子信息前沿知识和技术；亲身体验多元文化，培养国际化思维与视野，为未来出国深造或就业做准备。此外，表现优秀的学生有机会获得教授的推荐信，有助于其申请到新加坡国立大学或其他国外大学深造。

五、结语

　　创新决定着未来。随着知识经济的迅速发展，不断提升大学生创新创业能力，是走创新发展道路，建设创新型国家的关键。将创新创业教育贯穿人才培养全过程是高校提高人才培养质量的关键，对培养创新创业人才、促进大学生就业与自主创业具有不可替代的作用。

参考文献

　　[1] 雷邦军.理工类高校应用型人才培养现状分析及教学改革研究——以贵州理工学院"模拟电子技术"课程为例 [J].六盘水师范学院学报，2019（6）：76–80.

　　[2] 赵梦媛，贾倩玉，曹渊.大学生创新创业课程需求差异与对策研究——以太原理工大学现代科技学院为例 [J].现代营销（经营版），2019（1）：243.

　　[3] 庞薇薇，洪丹，戚毅，等.完善本科高校创新创业教育体系建设研究 [J].北华航天工业学院学报，2018，28（6）：46–48.

　　[4] 靳大伟，黄骁，关艳魁.大数据时代创新创业教育提升途径探析 [J].工业技术与职业教育，2018（4）：47–50.

　　[5] 刘东艳.新常态背景下的大学生创业教育现状及对策研究 [J].河北工程大学学报（社会科学版），2018，35（4）：65–67.

高校创新创业教育质量评价研究

袁媛

（商学院）

摘　要： 针对当前国内受到广泛关注的高校创新创业教育质量评价问题，本文首先采用德尔菲法和 SPSS 构建高校创新创业教育质量评价指标体系。其次，考虑到语言算子的优点，尤其是其在刻画不确定评价信息方面的优越性，提出基于语言算子的高校创新创业教育质量评价方法。最后，根据对我国某高校创新创业教育的实际运作资料和数据的收集和整理，对其质量进行评价，证明本文提出的方法在高校创新创业教育质量评价方面具有良好的适用性。

关键词： 高校；创新创业教育；质量评价；语言算子

一、引言

深化高等学校创新创业教育改革，是国家实施创新驱动发展战略、促进经济提质增效升级的迫切需要，是推进高等教育综合改革、促进高校毕业生实现更高质量创业就业的重要举措。[①] 党的十八大以来，党中央提出要加大创新创业人才培养支持力度，助推中国青年一代创新创业。习近平总书记多次做出重要指示，要求加快教育体制改革，注重培养学生创新精神，造就规模宏大、富有创新精神、敢于承担风险的创新创业人才队伍。特别是随着国务院办公厅《关于深化高等学校创新创业教育改革的实施意见》（以下简称《实施意见》）的出台，建立一套行之有效的高

[①] 国务院办公厅关于深化高等学校创新创业教育改革的实施意见 [EB/OL].（2015-5-13）[2022-7-20]. http://www.gov.cn/zhengce/content/2015-05/13/content_9740.htm.

校创新创业教育质量评价指标体系和评价方法既是推进高等教育综合改革、促进创新创业教育融入人才培养全过程的迫切需要，也是进一步提高高校教育资源配置效率、推进创新创业教育良性发展的必然诉求。

我国关于高校创新创业教育质量评价指标体系和评价方法的研究尚处于起步阶段，目前的成果主要侧重于从高校创新创业教育对社会和经济发展的直接和间接影响、教育机构投资者和受教育者的机会成本等方面来阐述教育质量评价的必要性。[1] 其中一些研究只是构建了评价指标体系，而没有提出有效的评价方法 [2-5]，而有些学者在研究中提出了评价方法，但是这些评价方法不是指标体系构建科学性不强，或者计算过于简单，就是缺乏实证检验，并不能很好地用于指导高校创新创业教育质量评价 [6-8]。高校创新创业教育质量评价的指标虽有定量指标，但更多的是定性指标，如何有效地将定性指标转化为定量指标是实现精确评价的关键。而语言算子能够较好、较完整地反映决策主体对客观事物评价的不确定性。因此，本文拟从我国高校创新创业教育质量评价的现实出发，在现有文献研究的基础上，首先基于 CIPP 教育评价模型，构建高校创新创业教育质量评价指标体系；其次结合语言算子的特点，提出高校创新创业教育质量评价方法；最后通过对实际案例的分析，展示该评价方法的应用过程，证实其可操作性与实用性。

① ROMAINVILLE M. Quality evaluation of teaching in higher education [J]. Higher Education in Europe，1999，24（3）：415–424.

② BETORET F D，TOMÁS A D. Evaluation of the university teaching/learning process for the improvement of quality in higher education [J]. Assessment & Evaluation in Higher Education，2003，28（2）：165–178.

③ COFFEY M，GIBBS G. The evaluation of the student evaluation of educational quality questionnaire（SEEQ）in UK higher education [J]. Assessment & Evaluation in Higher Education，2001，26（1）：89–93.

④ DENEKENS J. Student evaluation of teaching quality in higher education：development of an instrument based on 10 Likert - scales [J]. Assessment & Evaluation in Higher Education，2007，32（6）：667–679.

⑤ HALLINGER P. Using faculty evaluation to improve teaching quality： a longitudinal case study of higher education in Southeast Asia [J]. Educational Assessment Evaluation & Accountability，2010，22（4）：253–274.

⑥ 冯艳飞，童晓玲. 基于模糊层次分析法的高校创新创业教育评价研究 [J]. 华北电力大学学报（社会科学版），2013（2）：137–140.

⑦ 彭萍. 地方高校创新创业教育评价——基于国家级大学生创新创业训练计划项目的数据 [J]. 教书育人：高教论坛，2016（1）：16–17.

⑧ 徐英，白华. 高校创新创业教育绩效评价研究 [J]. 创新与创业教育，2014（2）：29–33.

二、高校创新创业教育质量评价指标体系的构建

（一）指标体系构建

本文在构建指标体系时分以下两个步骤进行。

第一，初步拟定指标体系。基于美国知名教育评价学者斯塔弗尔比姆（D.L. Stufflebeam）提出的 CIPP 教育评价模型[①]，并结合《实施意见》中对高校创新创业教育改革的基本要求和具体任务，参考刘强（2016）等学者[②—⑩]关于高校创新创业教育质量评价指标体系构建的研究成果，遵守可操作性、全面性、开放性、发展性、合理性和系统性原则，初步构建包含 4 个一级指标、14 个二级指标和 38 个三级指标的高校创新创业教育质量评价指标体系。选用 CIPP 教育评价模型，是因为该模型强调决策导向、过程导向和改良导向，已被广泛应用于各国教育发展评价的研究而显示其普适性[⑪]。

第二，遴选最终评价指标。本研究运用德尔菲法，邀请创新创业教育研究学者、专职教师和管理人员共 20 名专家进行四轮反复征询，收回有效专家咨询问卷 62 份，对初步拟定的指标体系进行筛选或补充，明确指标体系的框架和具体的评价指标。如将二级指标"文化氛围"删除；对部分三级指标合并、删除或调整位置。另外，

① STUFFLEBEAM D L. The CIPP model for evaluation[C]. Planning and Evaluation for Statewide Library Development： New Directions，1970：34–42.

② 冯艳飞，童晓玲.基于模糊层次分析法的高校创新创业教育评价研究 [J]. 华北电力大学学报（社会科学版），2013（2）：137–140.

③ 彭萍.地方高校创新创业教育评价——基于国家级大学生创新创业训练计划项目的数据 [J]. 教书育人：高教论坛，2016（1）：16–17.

④ 徐英，白华.高校创新创业教育绩效评价研究 [J]. 创新与创业教育，2014（2）：29–33.

⑤ 冯艳飞，童晓玲.研究型大学创新创业教育质量评价模型与方法[J].华中农业大学学报(社会科学版)，2013（1）：122–128.

⑥ 刘强.我国高校创新创业教育质量评价体系的构建与实践 [J].南昌工程学院学报，2016，35（2）：5–11.

⑦ 刘振忠，周嫒，张功.高等体育院校创新创业教育行为评价体系的研究 [J]. 南京体育学院学报（社会科学版），2009，23（2）：99–103.

⑧ 蒋德勤.论高校创新创业教育质量评价体系建设 [J].创新与创业教育，2015，6（6）：1–4.

⑨ 谢志远，刘巍伟.高校创业教育绩效评价体系的定量研究 [J].创新与创业教育，2010，1（6）：3–8.

⑩ 高苛，华菊翠.基于改进 AHP 法的高校创新创业教育评价 [J].现代教育管理，2015（4）：61–64.

⑪ 蒋国勇.基于 CIPP 的高等教育评价的理论与实践 [J].中国高教研究，2007（8）：10–12.

对收集的问卷数据进行统计分析，通过专家权威程度、专家协调系数和评价结果的变异系数计算，又经过多次咨询、反馈、修改和调整，最后统计的结果显示，各指标变异系数均低于0.2，表明专家对指标的意见协调性高度一致，最终确立了高校创新创业教育质量评价指标体系的4个一级指标、12个二级指标和57个三级指标，如表1所示。

（二）指标体系说明

基于CIPP模型的高校创新创业教育质量评价指标体系涵盖背景（Context）、输入（Input）、过程（Process）和成果（Product）四大维度，注重将过程评价与结果评价、主观评价与客观评价相结合。

背景（C）即创新创业教育环境，包括校外创新创业教育环境和校内创新创业教育环境，是高校创新创业教育开展的前提。输入（I）即创新创业教育资源，主要包括师资建设、指导服务和资金支持，是高校创新创业教育开展的保障。过程（P）即创新创业教育过程，包括人才培养、课程体系、实践训练和教学管理，是高校创新创业教育开展的核心。成果（P）即创新创业教育成果，是创新创业教育的目标达成度和社会影响力，包括学生素质、科技成果和社会效益，是高校创新创业教育的业绩。详见表1。

表1 高校创新创业教育质量评价指标体系

一级指标	二级指标	三级指标
背景评价（C）创新创业教育环境	校外环境	所在区域对创新创业教育的政策保障性
		所在区域创新创业服务体系建设的完善程度
		所在区域对创新创业教育的舆论导向性
		所在区域人才工作体制机制改革的激励程度
	校内环境	将创新创业教育纳入学校战略发展规划
		完善学校创新创业教育体制机制
		制定出台学校创新创业改革和实施方案
		结合先进的创业教育理念优化人才培养体系

续表

一级指标	二级指标	三级指标
输入评价（I）创新创业教育资源	师资建设	成立创新创业教育与创业就业指导专职教师团队
		聘请知名科学家、创业成功者、企业家等各行业优秀人才担任授课老师或指导教师
		将创新创业教育理念融入教师岗前培训、课程轮训、骨干研修中
		建立相关专业教师、创新创业教育专职教师到行业企业挂职锻炼制度
		完善高校科技成果处置和收益分配机制
	指导服务	成立学校创新创业工作领导小组
		建立创新创业咨询指导服务专门机构
		提供创新创业的专门基地或场所
		健全持续性创新创业信息服务制度
		落实高校大学生创新创业培训政策
	资金支持	财政专项经费支持力度
		学校专项经费支持力度
		企业赞助经费支持力度
		公益基金经费支持力度
过程评价（P）创新创业教育过程	人才培养	建立需求导向的学科专业结构和创业就业导向的人才培养类型结构调整机制
		促进校校、校企、校地、校所以及国际间的合作与交流
		跨院系、跨学科、跨专业交叉培养机制的设立
		跨学科专业的交叉课程的开设
		吸引社会资源和国外优质资源的投入
	课程体系	促进专业教育与创新创业教育的融合
		开设科学合理的创新创业教育专门课程群
		创新创业教育优质课程的信息化建设
		在线开放课程学习认证和学分认定制度
		组织学科带头人和行业企业优秀人才编写创新创业教育重点教材
	实践训练	建设创业实验、实践和训练中心
		向全校学生开放科技创新资源
		建设大学科技园、创业园、孵化基地
		建设大学生校外实践教育基地、创业示范基地、科技创业实习基地

续表

一级指标	二级指标	三级指标
过程评价（P）创新创业教育过程	实践训练	实施大学生创新创业训练计划
		组织学生参加全国大学生创新创业大赛
		支持学生成立创新创业协会、俱乐部等社团
		举办创新创业讲座论坛
	教学管理	建立创新创业学分积累、认证和转换制度
		制定创新创业类学生能力培养计划
		制定与创新创业教育理念符合的教学和考试制度
		出台弹性学制相关规定
		设立创新创业类奖学金
成果评价（P）创新创业教育成果	学生素质	在校学生自主创业占在校学生的比例
		在校学生发明专利占在校学生的比例
		在校学生创新创业类竞赛的获奖情况
	科技成果	大学科技园在孵企业数量状况
		大学科技园毕业企业数量状况
		发明专利授权数量状况
		技术转让签订合同数量状况
	社会效益	创新创业教育的舆论影响力
		创新创业教育的社会认可度
		就业率情况
		创业率情况
		杰出创业校友的知名度

三、基于语言算子的高校创新创业教育质量评价方法

高校创新创业教育质量评价具有主观信息多、指标模糊性强等特点，因此在评价过程中将主观信息进行转换是最为关键的部分。语言算子在进行信息转换时具有较强的精确性和便捷性，现已被有效应用在很多模糊评价的情景之中，适用于高校创新创业教育质量评价，故本文采用语言算子作为研究方法。

（一）语言算子理论介绍

1. 语言变量

语言变量是自然语言定量化的变量。语言变量都是基于语义模型的，其值不是数，而是自然语言中带有模糊性的词或句，如"比较""稍微"等。例如，对某件事物的质量进行评价，可用集合｛非常差，差，比较差，一般，比较好，好，非常

好｝来表示，语言变量用于这些文字的计算过程。

定义 1[1][2] 设 L 为有限离散集合，且满足：

$$L=\{l_j|j=-t,-(t-1),\cdots,0,\cdots,t-1,t\}\,(t\in \mathbf{Z}^*\text{且}\,t\geqslant 1)$$

则称 l_j 为语言变量。$-t$ 和 t 表示的是所使用语言变量的下限及上限。上述质量评价集合可表示为 $L=\{l_{-3},l_{-2},l_{-1},l_0,l_1,l_2,l_3\}$。

由于 L 是离散的，在集结过程中往往会丢失一些语言信息，为了避免这种情况，将 L 扩展成一个连续集合 $\bar{L}$，$\bar{L}=\{\bar{l}_{\alpha}=-(t+1)<\alpha<t+1,\alpha\in \mathbf{R}\}\,(t\in \mathbf{Z}^*\text{且}\,t\geqslant 1)$，$L\subset \bar{L}$。

定义 2[3] 语言变量的运算

令 $f(x)=\tan\dfrac{\pi x}{2t+2};x\in(-t-1,t+1)$，对于 $\forall \bar{l}_{\alpha},\bar{l}_{\beta}\in \bar{L},\lambda\in \mathbf{R}$，有：

（1）$\bar{l}_{\alpha}\oplus\bar{l}_{\beta}=\bar{l}_{f^{-1}(f(\alpha)+f(\beta))}$；

（2）$\bar{l}_{\alpha}\otimes\bar{l}_{\beta}=\bar{l}_{f^{-1}(f(\alpha)\cdot f(\beta))}$；

（3）$\lambda\bar{l}_{\alpha}=\bar{l}_{f^{-1}(\lambda f(\alpha))}$。

其中：$f^{-1}(x)=\dfrac{(2t+2)\arctan(x)}{\pi}$，是一个单调连续函数，且满足：

（1）$\lim\limits_{x\to-\infty}f^{-1}(x)=-t-1$；

（2）$\lim\limits_{x\to+\infty}f^{-1}(x)=t+1$；

（3）$f^{-1}(0)=0$。

由语言变量构成的语言向量的均值与方差如下：

定义 3[4] 设语言向量 $(\bar{l}_{\alpha_1},\bar{l}_{\alpha_2},\cdots,\bar{l}_{\alpha_n})^{\mathrm{T}},\bar{l}_{\alpha_i}\in \bar{L}(i=1,2,\cdots,n)$，则有：

（1）$E(\bar{l}_{\alpha})=\bar{l}_{\bar{\alpha}}=\bar{l}_{f^{-1}\left(\frac{1}{n}\sum\limits_{i=1}^{n}f(\alpha_i)\right)}$；

① AGGARWAL M. Adaptive linguistic weighted aggregation operators for multi-criteria decision making [J]. Applied Soft Computing，2017（58）：690-699.

② XU Y，MERIGó J M，WANG H. Linguistic power aggregation operators and their application to multiple attribute group decision making [J]. Applied Mathematical Modelling，2012，36（11）：5427-5444.

③ WU Z，CHEN Y. The maximizing deviation method for group multiple attribute decision making under linguistic environment [J]. Fuzzy Sets and Systems，2007，158（14）：1608-1617.

④ HE Y，GUO H，JIN M，et al. A linguistic entropy weight method and its application in linguistic multi-attribute group decision making [J]. Nonlinear Dyn，2016，84（1）：399-404.

（2）$D(\bar{l}_\alpha) = \dfrac{1}{n}\sum\limits_{i=1}^{n}\left(f(\alpha_i) - \dfrac{1}{n}\sum\limits_{i=1}^{n}f(\alpha_i)\right)^2$。

2. 语言加权算术平均（LWAA）算子

在集结语言信息的过程中，很多时候采用的是加权平均的方法，基于语言算子与加权平均算子的相关概念及计算，定义语言加权算术平均（LWAA）算子。

定义 4[①] 设 $\{l_{\beta_1}, l_{\beta_2}, \cdots l_{\beta_n}\}$ 为待集结的语言变量集合，则对于映射 $LWAA : \bar{L}^n \to \bar{L}$，若

$$LWAA(\bar{l}_{\beta_1}, \bar{l}_{\beta_2}, \cdots, \bar{l}_{\beta_n}) = \omega_1 \bar{l}_{\beta_1} \oplus \omega_2 \bar{l}_{\beta_2} \oplus \cdots \oplus \omega_n \bar{l}_{\beta_n}$$

$$= \bar{l}_{f^{-1}(\omega_1 f(\beta_1) + \omega_2 f(\beta_2) + \cdots + \omega_n f(\beta_n))}$$

$$= \bar{l}_{f^{-1}(\sum\limits_{j=1}^{n} \omega_j f(\beta_j))}$$

设 $W = (\omega_1, \omega_2, \cdots, \omega_n)^T$，为相对应的权重向量，满足 $\omega_j \geqslant 0 (j=1,2,\cdots,n)$，$\sum\limits_{j=1}^{n} \omega_j = 1$，，则称 $LWAA$ 为语言加权算数平均算子。若集合内所有语言变量权重相等，则

$$LWAA(\bar{l}_{\beta_1}, \bar{l}_{\beta_2}, \cdots, \bar{l}_{\beta_n}) = \dfrac{1}{n}\bar{l}_{\beta_1} \oplus \dfrac{1}{n}\bar{l}_{\beta_2} \oplus \cdots \oplus \dfrac{1}{n}\bar{l}_{\beta_n}$$

$$= \dfrac{1}{n}(\bar{l}_{\beta_1} \oplus \bar{l}_{\beta_2} \oplus \cdots \oplus \bar{l}_{\beta_n})$$

$$= \dfrac{1}{n}\bar{l}_{f^{-1}[\sum\limits_{j=1}^{n} f(\beta_j)]}$$

（二）基于语言算子的高校创新创业教育质量评价模型

由 n 个评价者对 m 项指标进行评价，得到语言信息，继而得到相应的语言信息矩阵 $\bar{L} = (\bar{l}_{\alpha_{ij}})_{n \times m} = (\bar{l}_{\alpha_1}, \bar{l}_{\alpha_2}, \cdots, \bar{l}_{\alpha_m})$。

（1）确定各指标得分。

根据定义 3，计算第 j 项指标的得分为：

$$E(\bar{l}_{\alpha_j}) = \bar{l}_{\alpha_j}^{-} = \bar{l}_{f^{-1}(\frac{1}{n}\sum\limits_{i=1}^{n} f(\alpha_j))}, j = 1, 2, \cdots, m \qquad ①$$

（2）确定各指标权重。

指标的变异程度能在一定程度上反映指标的重要程度，指标的变异程度越大，提供的信息量越大，其权重也应越大。因此本文采用标准离差法为指标赋权。

---

① HU M，REN P，JIN M，et al. A satisfaction evaluation method for scenic spot based on linguistic weighted arithmetic average operator [J]. Appl Math Inf Sci.，2013，7（6）：2259–2270.

首先根据定义 3，得到第 j 项指标的标准差为：

$$\sigma(\bar{l}_{\alpha_j}) = \sqrt{D(\bar{l}_{\alpha_j})} = \sqrt{\frac{1}{n}\sum_{i=1}^{n}(f(\alpha_{ij}) - f(\bar{\alpha}_j))^2}, j = 1, 2, \cdots, m \qquad ②$$

再计算第 j 项指标的权重为：

$$\omega_j = \frac{\sigma(\bar{l}_{\alpha_j})}{\sum\limits_{j=1}^{n}\sigma(\bar{l}_{\alpha_j})}, j = 1, 2, \cdots m \qquad ③$$

（3）确定综合评价得分。

根据定义 4，计算综合评价得分为：

$$\bar{l}_{\beta} = \omega_1\bar{l}_{\alpha_1} \oplus \omega_2\bar{l}_{\alpha_2} \oplus \cdots \oplus \omega_n\bar{l}_{\alpha_n} = \bar{l}_{f^{-1}(\sum\limits_{j=1}^{n}\omega_j f(\bar{\alpha}_j))} \qquad ④$$

（4）基于语言算子的高校创新创业教育质量评价步骤：

第 1 步：各评价者对质量评价指标打分，得到语言信息矩阵 $\bar{L} = (\bar{l}_{\alpha_{ij}})_{n \times m}$；

第 2 步：由公式①得到各指标得分；

第 3 步：由公式②③得到各指标的权重；

第 4 步：由公式④得到综合评价得分。

四、实例分析

S 大学是教育部直属全国重点大学，是国家布局在中国西部的重点建设的高水平研究型综合大学。该校深入贯彻落实国务院办公厅《关于深化高等学校创新创业教育改革的实施意见》，全面实施十八项创新创业教育改革行动计划，致力将创新创业教育改革贯穿学校改革发展全过程，将创新创业教育贯穿人才培养全过程，更新观念，改革创新，着力培养国家和时代需要的高水平创新创业人才，并将于 2025 年建设成为国际一流的创新创业大学。

根据 S 大学创新创业教育工作开展的实际情况，由 12 位专家对质量评价指标打分。打分值与同意程度的对应关系如下：-3——很不同意，-2——不同意，-1——较不同意，0—— 一般，1——较同意，2——同意，3——很同意。根据打分结果得到语言信息矩阵 $\bar{L} = (\bar{l}_{\alpha_1}, \bar{l}_{\alpha_2}, \cdots, \bar{l}_{\alpha_{57}})$。

由公式①得到各指标得分，见表 2。

表2　57个指标的得分

$E(\bar{l}_{\alpha_1})$	$E(\bar{l}_{\alpha_2})$	$E(\bar{l}_{\alpha_3})$	$E(\bar{l}_{\alpha_4})$	$E(\bar{l}_{\alpha_5})$	$E(\bar{l}_{\alpha_6})$	$E(\bar{l}_{\alpha_7})$	$E(\bar{l}_{\alpha_8})$	$E(\bar{l}_{\alpha_9})$	$E(\bar{l}_{\alpha_{10}})$
1.079	1.005	1.018	1.151	1.122	1.049	1.222	1.049	0.088	0.051
$E(\bar{l}_{\alpha_{11}})$	$E(\bar{l}_{\alpha_{12}})$	$E(\bar{l}_{\alpha_{13}})$	$E(\bar{l}_{\alpha_{14}})$	$E(\bar{l}_{\alpha_{15}})$	$E(\bar{l}_{\alpha_{16}})$	$E(\bar{l}_{\alpha_{17}})$	$E(\bar{l}_{\alpha_{18}})$	$E(\bar{l}_{\alpha_{19}})$	$E(\bar{l}_{\alpha_{20}})$
0.036	0.124	0.000	1.409	0.088	1.383	0.706	0.176	1.250	1.409
$E(\bar{l}_{\alpha_{21}})$	$E(\bar{l}_{\alpha_{22}})$	$E(\bar{l}_{\alpha_{23}})$	$E(\bar{l}_{\alpha_{24}})$	$E(\bar{l}_{\alpha_{25}})$	$E(\bar{l}_{\alpha_{26}})$	$E(\bar{l}_{\alpha_{27}})$	$E(\bar{l}_{\alpha_{28}})$	$E(\bar{l}_{\alpha_{29}})$	$E(\bar{l}_{\alpha_{30}})$
0.051	0.124	1.049	1.472	1.345	1.383	0.739	1.222	0.299	0.672
$E(\bar{l}_{\alpha_{31}})$	$E(\bar{l}_{\alpha_{32}})$	$E(\bar{l}_{\alpha_{33}})$	$E(\bar{l}_{\alpha_{34}})$	$E(\bar{l}_{\alpha_{35}})$	$E(\bar{l}_{\alpha_{36}})$	$E(\bar{l}_{\alpha_{37}})$	$E(\bar{l}_{\alpha_{38}})$	$E(\bar{l}_{\alpha_{39}})$	$E(\bar{l}_{\alpha_{40}})$
0.555	1.472	1.409	0.506	1.181	0.898	1.497	1.472	1.533	1.250
$E(\bar{l}_{\alpha_{41}})$	$E(\bar{l}_{\alpha_{42}})$	$E(\bar{l}_{\alpha_{43}})$	$E(\bar{l}_{\alpha_{44}})$	$E(\bar{l}_{\alpha_{45}})$	$E(\bar{l}_{\alpha_{46}})$	$E(\bar{l}_{\alpha_{47}})$	$E(\bar{l}_{\alpha_{48}})$	$E(\bar{l}_{\alpha_{49}})$	$E(\bar{l}_{\alpha_{50}})$
1.383	1.250	1.005	1.591	1.317	0.088	1.222	2.092	1.446	0.036
$E(\bar{l}_{\alpha_{51}})$	$E(\bar{l}_{\alpha_{52}})$	$E(\bar{l}_{\alpha_{53}})$	$E(\bar{l}_{\alpha_{54}})$	$E(\bar{l}_{\alpha_{55}})$	$E(\bar{l}_{\alpha_{56}})$	$E(\bar{l}_{\alpha_{57}})$			
1.049	1.317	1.079	1.005	1.290	0.073	0.706			

由公式②③得到各指标的权重，见表3。

表3　57个指标的权重

ω_1	ω_2	ω_3	ω_4	ω_5	ω_6	ω_7	ω_8	ω_9	ω_{10}
0.0143	0.0217	0.0092	0.0203	0.0200	0.0212	0.0229	0.0210	0.0105	0.0149
ω_{11}	ω_{12}	ω_{13}	ω_{14}	ω_{15}	ω_{16}	ω_{17}	ω_{18}	ω_{19}	ω_{20}
0.0239	0.0093	0.0182	0.0157	0.0179	0.0121	0.0139	0.0106	0.0170	0.0169
ω_{21}	ω_{22}	ω_{23}	ω_{24}	ω_{25}	ω_{26}	ω_{27}	ω_{28}	ω_{29}	ω_{30}
0.0187	0.0161	0.0152	0.0231	0.0215	0.0163	0.0194	0.0201	0.0226	0.0188
ω_{31}	ω_{32}	ω_{33}	ω_{34}	ω_{35}	ω_{36}	ω_{37}	ω_{38}	ω_{39}	ω_{40}
0.0143	0.0164	0.0203	0.0209	0.0129	0.0205	0.0158	0.0231	0.0161	0.0204
ω_{41}	ω_{42}	ω_{43}	ω_{44}	ω_{45}	ω_{46}	ω_{47}	ω_{48}	ω_{49}	ω_{50}
0.0200	0.0223	0.0208	0.0143	0.0202	0.0191	0.0164	0.0137	0.0161	0.0188
ω_{51}	ω_{52}	ω_{53}	ω_{54}	ω_{55}	ω_{56}	ω_{57}			
0.0179	0.0223	0.0161	0.0217	0.0120	0.0103	0.0142			

由公式④得到综合评价得分为：

$$\bar{l}_\beta = \bar{l}_{0.992}$$

由结果可见，总体得分为 0.992 分，表明 S 大学创新创业教育质量总体情况良好。但是，从一级、二级和三级指标的得分来看，该校创新创业教育的某些方面仍有提升空间。得分最高的指标是"在校学生创新创业类竞赛的获奖情况"，为 2.092 分，说明 S 大学非常重视创新创业实践平台的建立和学生创新创业能力的培养，在鼓励、引导和指导学生参加创新创业类竞赛方面做得很好。得分第二高的是"出台弹性学制相关规定"，为 1.591 分，这是因为 S 大学进行了创新创业教育学制改革，在新学制中设置了合理的创新创业学分，将创新创业教育纳入学分管理。另外一个得分高于 1.5 分的指标为"支持学生成立创新创业协会、俱乐部等社团"，这些举措有助于提高学生在创新创业方面的积极性和投入度。

　　进一步分析指标得分的分布情况（见表 2）可以发现，指标得分集中分布在 1~1.5 分，有 34 个，说明 S 大学在创新创业教育的大部分方面都做得比较好。但仍有 20 个指标的得分低于 1 分，表现较为一般。从几个得分低于 0.1 的指标来看，"将创新创业教育理念融入教师岗前培训课程轮训、骨干研修中"及"大学科技园毕业企业数量多"得分均为 0.036，低于 0.05，可见 S 大学对创新创业教育课程体系建设还不够重视，对教师相关方面的培训还不够，因此创新创业教育理念与专业课程融合度还不够高。同时，学校孵化机制不够完善，导致创新创业企业不能快速壮大并完成孵化，这也成为孵化创业企业的短板。

五、结论

　　本文首先通过文献梳理以及运用德尔菲法构建了包含创新创业教育环境、创新创业教育资源、创新创业教育过程以及创新创业教育成果 4 个一级指标、12 个二级指标和 57 个三级指标的高校创新创业教育质量评价指标体系。其次，通过比较各种评价方法的应用领域，并根据高校创新创业教育质量评价的特点，确定了基于语言算子的评价模型。最后，将该评价模型运用于 S 大学，展示了评价过程，并根据评价结果为 S 大学提高创新创业教育总体质量提出了建议，证明了本文所提出方法的可操作性和有效性。

新媒体环境下高校学生创新创业实践能力培养的路径探索

杨琴

（党委学生工作部）

摘 要： 大学生是创新创业的主力军。随着新媒体技术的发展，大学生新媒体创业发展迅速，但也存在较多问题，如缺乏创业经验、创业成功率不高、对相关创新创业政策缺乏了解等。同时，高校创新创业教育的师资队伍建设也存在一定不足。针对以上问题，应借助新媒体拓宽学生创新创业视野，有针对性地、合理地制定创新创业指导方案，从培养学生创新创业实践能力出发构建多方协同育人体系，有效推进大学生创新创业实践能力培养。

关键词： 创新创业；实践能力；高校学生；新媒体

创新创业是一个国家及民族发展的重要驱动力，是衡量高校办学质量的重要指标，也是关乎大学生未来发展的重要因素。近年来，国家、地方政府和各高等学校不断出台各项方针政策扶持大学生创新创业，越来越多的大学生也参与到创新创业中并取得了一定的成效。新媒体创业作为当前十分热门的创业领域，吸引了大量创新创业者加入。因此，高校培养学生的创新创业实践能力，可以整合利用新媒体资源，创新大学生创新创业教育方式，有效提升大学生创新创业技能和创新创业实践能力。

一、创新创业和新媒体概述

创新创业是指基于技术创新、产品创新、品牌创新、服务创新、商业模式创新、管理创新、组织创新、市场创新、渠道创新等方面的某一项或几项创新而进行的创业活动。创新是创新创业的特质，创业是创新创业的目标。《教育部关于大力推进高等学校创新创业教育和大学生自主创业工作的意见》指出，大学生是最具创新创业潜力的群体之一，在高等学校开展创新创业教育，是深化高等教育教学改革，培养学生创新精神和实践能力的重要途径。[①]

新媒体是利用数字技术，通过计算机网络、无线通信网、卫星等渠道，以及电脑、手机、数字电视机等终端，向用户提供信息和服务的传播形态。可以从以下四个层面理解新媒体的概念：一是技术层面，新媒体是利用数字技术、网络技术和移动通信技术；二是渠道层面，新媒体通过互联网、宽带局域网、无线通信网和卫星等渠道；三是终端层面，新媒体以电视、电脑和手机等作为主要输出终端；四是服务层面，新媒体向用户提供视频、音频、语音数据服务、连线游戏、远程教育等集成信息和娱乐服务。[②] 以数字技术为代表的新媒体，其最大特点是打破了媒介之间的壁垒，消融了媒体介质之间、地域、行政之间，甚至传播者与接受者之间的边界。除此之外，新媒体还具有个性化突出、受众选择性增强、表现形式多样、信息发布实时等特点。

二、高校学生新媒体创业现状

1. 新媒体创业发展迅速

新媒体创业较其他创业项目来说进入门槛较低，所需要投入的成本比实体创业少，日常运营压力也相对较小，这是其他传统创业项目无法比拟的。随着互联网的迅速发展，学生以网络代理、网络开店等形式创业的越来越多。也有不少学生通过微信、抖音、快手等平台销售商品、提供服务，这些"C2C"的电子商务模式成为大学生新媒体创业的主流。

2. 新媒体创业成功率不高

大学生新媒体创业热情很高，但是成功率往往不高，可能有以下几方面原因：

一是创业经验不足。大学生大部分时间在学校度过，对创业仅有较为理想的认知，缺乏对市场现状的深入调查和分析能力。他们可能会过高地预测市场效益，忽视潜在的市场风险，对创业项目中可能出现的问题缺乏客观的分析。对于创业项目的选择，他们往往是出于激情，不善于用专业知识进行理性分析，以至于创业计划制订得不够全面。

---

① 教育部关于大力推进高等学校创新创业教育和大学生自主创业工作的意见 [EB/OL].（2010-5-13）[2022-6-30].http://www.moe.gov.cn/srcsite/A08/s5672/201005/t20100513_120174.html.

② 谭笑. 跨媒体营销策划与设计 [M]. 北京：中国传媒大学出版社，2016.

二是不能合理协调学业与创业的冲突。大学生最根本的任务是完成学业，掌握专业知识，培养自身专业素质，为以后的就业奠定基础。而创业往往需要耗费相当多的时间和精力，导致创业与学业之间产生冲突。面对学业的压力，部分学生只好放弃或者暂时中断创业。

三是对新媒体行业和创业相关支持政策了解不够。很多学生对新媒体行业仅有浅层了解，缺少相关专业知识，只能进行一些技术含量较低的创业。同时，大学生对国家的创新创业优惠政策、法律缺乏了解，对学校的创新创业奖励政策了解更少，在一定程度上影响了大学生创业成功率。

3. 创新创业教育师资力量不足

目前，高校创新创业教育指导老师主要有三类：一是具有经济管理类理论背景的专业教师；二是从事思想政治教育、职业指导等工作的思政队伍；三是具有创新创业经历的校外创业指导老师。无论是专业教师还是辅导员教师，大都缺乏创业经历，在面对一些实际的创业问题时，难以提供有效的指导。而校外指导老师虽然有创业经历，但受时间和空间的限制，往往难以及时有效地给学生提供指导。上述因素都会在一定程度上影响学生创新创业成功率。[1]

三、新媒体环境下高校学生创新创业实践能力培养路径分析

1. 通过新媒体多渠道拓宽学生视野，碎片化植入创新创业意识

大学生成功创业有赖于创业意识、创业知识、创业品质和创业实践的合力支撑。[2]首先，通过新媒体获取资讯更快，创新创业教育工作者可以通过新媒体平台了解最新的创业政策、创业理念，并将其及时传递给学生。其次，也可以对新闻报道中出现过的成功案例进行分析，帮助学生树立创业信心，引导学生正确认识挫折，让学生养成风险和危机应对意识。再次，结合学生习惯用微博、微信朋友圈发表见解、接收资讯的特点，创新创业教育工作者可以将创新创业的意义、身边成功创业的案例、创业动态等编辑整理，通过微博或者微信公众号发布，以"广撒网"方式滚动传播，满足学生碎片化阅读需求，将创新创业教育与新媒体进行融合，培养学生创新创业思维。

2. 运用新媒体合理制定创新创业指导方案，强化针对性

随着新媒体技术的发展，如何利用好新媒体为学生创新创业实践能力培养服务，是摆在高校创新创业教育工作者面前的重要课题。高校在培养学生创新创业实

① 叶紫茵. 新媒体环境下高校创新创业教育实践路径探索 [J]. 投资与创业，2021（4）：26-28.

② 陶佳，钱慧. 基于徽商精神视阈下的高校大学生创业品质塑造 [J]. 安徽农业大学学报（社会科学版），2012（1）：126-129.

践能力时，应该合理制定指导方案。例如，可以统计分析微信公众号中创新创业类推文的阅读量、转发量、点赞数、留言数等数据，找准大学生对创新创业的兴趣点，适量地增加学生感兴趣的指导，使创新创业指导更有针对性，以利于大学生创新创业实践能力提升。

3. 从培养学生创新创业实践能力出发，构建多方协同育人体系

大学生创新创业教育是一项系统工程，需要教师、学校、社会等多方面协同，共同参与。许多高校都设有创新创业学院，学校可以利用校内外资源，邀请创业、新媒体等领域的知名专家学者对创新创业教育工作者进行专业知识的培训；不定期选派相关老师参加政府或有关单位组织的课程培训，实现全面系统的学习；组织相关老师参与社会企业家、创业家等的创业报告会等活动，了解创业趋势和形势。高校还可以通过开放产学研培训基地、举办创新创业比赛等，激发大学生创新创业兴趣和潜力，提升大学生创新创业实践能力，并可以通过举办创新创业沙龙、创新创业教育研讨会等，让创新创业教育工作者在交流学习中提升能力。

浅析高校辅导员如何开展
大学生创新创业教育

姜丽

（外国语学院）

摘 要：目前，高等学校已将创新创业教育纳入育人体系中。创新创业教育也是思想政治教育的一方面。高校辅导员在提升自身专业素质的同时，也应根据学生的实际情况开展创新创业教育的指导和服务，积极引导学生参加创新创业，培养出适应社会发展需要的创新型人才，促进社会发展。

关键词：高校辅导员；创新创业；大学生

随着新时代中国特色社会主义事业的不断发展，我国明确提出要培育创新文化，加快建设创新型国家。"双创"教育已经成为时代的主流，同时也成为青年一代广泛关注的话题。面对新的发展趋势，高等学校已经逐渐将创新创业教育纳入育人体系中。[①]大学生创新创业教育也是思想政治教育的一方面。高校辅导员是大学生成长路上的引路人、指导者、陪伴者，肩负着塑造与引领大学生人生观、世界观和价值观的重任。高校辅导员在提升自身专业素质的同时，也应根据学生的实际情况开展创新创业教育的指导和服务，积极引导学生参加创新创业，培养出适应社会发展需要的创新型人才，促进社会发展。[②]

目前，各高校的创新创业教育大多是由教务处牵头，团委、党委学生工作部、

---

① 李晓虹. 新媒体时代高校思想政治教育创新研究 [J]. 长春教育学院学报，2013（5）：103.

② 鲁维颖. 大学生创新创业教育的辅导员工作介入研究 [J]. 科教理论，2018（6）：192-193.

招生就业处等部门联动配合，并通过第二课堂、"互联网+"比赛、"三下乡"社会实践调研、"挑战杯"竞赛、技能大赛等渠道落实。国内几乎所有高校都在大的政策背景下开展了创新创业教育，但指导教师往往以专业教师居多，辅导员指导学生开展创新创业活动的实例并不多见。这一方面是由于辅导员的专业知识与专业课程教师相比过于薄弱，不足以在理论知识层面指导大学生创新创业；另一方面是由于高校辅导员的工作内容繁杂，包括学生思想政治教育、日常管理、奖助贷工作、心理健康教育、党团班级建设等，没有充足的时间来指导学生开展创新创业活动。

辅导员是高校教师队伍和管理队伍的重要组成部分，具有教师和干部双重身份，是开展大学生思想政治教育的骨干力量。[①]事实上，辅导员直接面对学生，有更多的机会与学生接触。因此，辅导员完全可以从实际工作出发，结合自身所学专业和学生的具体情况，成为大学生创新创业服务、指导与管理队伍的坚实力量。[②]辅导员应结合学生日常管理，以思想政治教育为依托，从以下几个方面加强对学生的创新创业教育。

一、加强自身学习，提升专业素养

高校辅导员作为思想政治教育的骨干力量，首先应该积极响应国家政策号召，将创新创业教育贯穿到人才培养的全过程中。首先，辅导员应不断加强对国家创新创业政策的了解和学习，关注社会发展。[③]其次，"双创"教育涉及的领域甚广，辅导员也应加强对经济、法律、财务、管理等学科的学习，提升自己的创业知识和创新思维；积极参加创新创业相关课程培训和讲座，在理论知识上不断充实自己，深刻理解大学生创新创业教育的内涵和意义。在思政类课题中，也可以适当融入创新创业教育的理论研究和调研，以便获取更多创新创业教育的理论素材。最后，高校辅导员应积极参与第二课堂、"互联网+"比赛、"三下乡"社会实践调研、"挑战杯"竞赛、技能大赛等，在实际活动和比赛中加强对创新创业的理论学习，以便更好地开展大学生创新创业指导。

二、利用新生入学教育，增强学生的理论认知

新生入学教育是大学生进入大学后上的第一堂课，其质量对高校人才培养的质量有着非常重要的影响。而培养具有创新精神和创业能力的大学生是社会对高校的

---

① 谭燕.高校辅导员开展"双创"教育的现实意义及现状分析[J].科技资讯，2018（21）：240–241.

② 章小璇.高校辅导员创新创业教育和指导能力提升路径研究[J].智库理论，2018（48）：290–291.

③ 王艳.浅议高职院校开展大学生创新创业教育的工作方法[J].辽宁丝绸，2018（4）：55–56.

迫切要求，因此，将创新创业教育作为新生入学教育的重要内容，融入人才培养的全过程是非常有必要的。新生入学教育的基础性、导向性决定了其可以在培养高层次创新创业型人才中发挥更大的作用。辅导员应从新生入学教育阶段开始，根据学生的整体思想特征及个性化发展需求，精心设计入学教育方案和内容，将创新创业教育融入初始课堂，使大学生在理论上对"双创"有基础认知，从而对其今后的成长产生积极的影响。

新生入学教育可以从多个方面开启大学新生的创新创业意识。首先，可以有针对性地开展与学科知识相关的创新创业讲座，在激发新生创新意识的同时使其树立专业认同感；也可以邀请创新创业教育经验丰富的专业课程教师及创新创业学生团队进行交流和研讨；还可以邀请优秀的创新创业学长学姐为新生做经验分享，让年轻人之间的创新思想得以交流碰撞，激发新生的创新好奇心。其次，可以多挖掘社会资源，如邀请优秀的创业校友为新生做创新创业经验分享，用成功的实例引导新生增强创新创业意识。上述措施都会促使新生及时有效地了解大学科技创新活动的关键所在，树立远大的目标，做好自己的职业生涯规划，为创新创业打好坚实的基础。

三、以"形势与政策"课程为平台，加强日常教育

高校辅导员应主动承担"形势与政策"课程，以"形势与政策"课堂为阵地，加强对学生创新创业的日常教育。"形势与政策"课程的教学实效性主要体现为引导学生关注国际形势、关心国家发展，深入学习贯彻党和国家的方针政策，帮助大学生树立正确的世界观、人生观和价值观。高校辅导员在讲授"形势与政策"课时，应该坚持与时俱进，结合国家和社会发展的要求以及大学生思想动态的实际情况，不断加强"双创"教育，改进"双创"教育的内容、形式和方法，探索最有利的实施途径。

高校辅导员可以有效利用"形势与政策"课堂，及时宣传国家的"双创"政策，同时结合案例分析为大学生树立起"双创"榜样。不仅如此，辅导员也可以邀请"互联网+"大赛的获奖学生、"挑战杯"竞赛的获奖团队等前来分享经验，让学生在课堂上就可以深入了解身边的创新创业实例。

四、以社会实践等为契机，参与实际指导

目前我国高校里参与创新创业指导的多数为专业课程教师，究其原因主要是创新创业项目大都与学生的专业紧密相关。但在众多创新创业项目中也不乏跟专业的相关性不那么强的，因此高校辅导员可以主动承担此类项目的指导。例如，可在"三下乡"社会实践项目、第二课堂中挖掘出一些具有创新性的项目和课题，并在实际

执行过程中对学生加以有效指导。高校辅导员应该切实发挥作用，在各类社会实践中探索指导大学生创新创业的新方法，将理论知识运用于实践，帮助学生找准创新创业的定位。不仅如此，有效的社会实践既可以提升学生的创新创业实践能力，又可以培养学生吃苦耐劳、勇于担当的意识。

五、结语

　　高校辅导员应积极引导学生参与创新创业实践活动，在日常管理和思想政治教育中融入创新创业教育，以创新创业为价值导向，培养具有创新精神和社会责任感的新型人才。[1] 同时，高校辅导员也应加强自身的专业学习，多渠道、全方位给予大学生创新创业的指导与服务，将最新的国家政策及时有效地传达给学生，树立大学生创新创业的典范，激发学生的创新意识，培养学生吃苦耐劳、开拓进取的精神。[2] 因此，高校辅导员应认清形势、与时俱进，在大学生创新创业教育中切实发挥自身的作用，认真贯彻落实国家的政策方针，推动大学生创新创业发展，为国家和社会培养出堪当大任的创新人才。

---

[1]　袁博.高校辅导员在大学生创新创业教育中的角色定位[J].现代交际，2018（14）：111–112.

[2]　曹娟.高校辅导员视角下的大学生创新创业教育探索与实践[J].教育现代化，2018（46）：89–90.

利用"第二课堂"培养大学生
创业意识的研究

王娇

（材料科学与工程学院）

摘 要： 在"大众创业、万众创新"的时代，我国大学生的创业意识还不够强，创业成功率较低。在大学中利用第二课堂培养学生创业意识，抓好创业教育，营造良好的创业氛围，对大学生创业具有极大的推动作用。

关键词： 第二课堂；大学生；创业意识

大学生创新创业对于国家的经济发展起到了关键作用。加强大学生创业意识培养，对实现大学生高质量创业，满足国家创新性人才需求有着重要的作用。2015年5月4日，国务院办公厅印发《关于深化高等学校创新创业教育改革的实施意见》，指出进一步深化创新创业教育改革，是推进高等教育综合改革，促进高校将创新创业教育作为提高高等教育人才培养质量的内在需求。大学生作为创业的生力军，其创业意识的培养已逐渐受到重视。鼓励大学生创业，既能满足大学生自我实现的需要，又能为社会拓展就业渠道，解决大学生"就业难"的问题。因此，大学生要强化创业意识，主动适应社会与时代的需要。

当前，大学生创业情况仍不够理想。《中国本科就业报告2020》显示，大学毕业生的创业率仅为3%，而创业成功率更低，有许多毕业生在创业过程中遇到了困难和挫折，就会主动选择退出，转而寻求适合自己的全职工作。

大学生创业率与大学生在校期间创业意识的培养和创业能力的提升有着密切联系。创业意识是指一个人根据社会和个体发展的需要所产生的创业动机、创业意向或创业愿望。创业意识是人们从事创业活动的出发点和内驱力，是创业思维和创业行为的前提。创业意识是创业的先导，它构成创业者的创业动力，由创业需要、动机、意志、志愿、抱负、信念、价值观、世界观等组成，是人进行创业活动的能动性源泉，激励着人以某种方式进行活动，向自己提出的目标前进，并力图实现该目标。

一、大学生创业必先树立创业意识

大学生要成为创业者，在大学期间就应该着重培养自身的创业意识。不安于现状，不满足于已有的成绩，向着更高、更新的目标前进，是大学生树立自主创业意识的开始。勇于创新、大胆进取、不畏艰难、锲而不舍都是自主创业的大学生不可缺少的精神意识。大学生创业还需要面对现代社会的各类竞争，只有树立竞争意识，提升能力，才能立足于激烈的市场。大学生要能经过一番艰苦卓绝的拼搏之后获得成功，用自己的智慧和勤劳的双手创造美好生活，还应该培养自己艰苦创业的意识。当前大学生创业者群体中有一个普遍现象：对可能遇到的风险认识和准备不足，不敢决策或盲目决策。因此，大学生创业者还需要增强风险意识，经受历练和锻打，学会规避风险、化解风险，使自己成熟起来。

二、影响大学生创业意识培养的因素

（一）创业氛围

大多数大学生在高中阶段处于相对封闭的环境中，对社会需求不了解，不能把握经济发展趋势，无法将书本知识与实践相结合，缺少对创业的意识培养。再加上受家庭环境的影响，很多当代大学生更加青睐稳定的工作，导致大学生群体中创业氛围不浓，创业的种子很难在大学生群体中扎根。

（二）创业指导师资

大学生创业意识的培育，必须有优秀的创业导师予以积极引导。在创业初期，创业者会遇到种种难题与突发状况，就更需要导师的帮助。我国创业教育发展时间不长，不少教师对于指导大学生创业缺乏经验，教师团队中少有教师有过亲身创业经历，具有成功创业经验的更是缺乏。校友与前辈中成功的案例也十分有限，这会对大学生创业的积极性产生负面影响。

（三）创业实践的条件

大学生在培养创业意识的过程中，不仅需要积累创业知识，还需要丰富自己的创业技能，把握创业的本质，在创业知识的实际运用中摸清市场运行的规律。这就需要为大学生提供创业的实操或模拟环境。

三、利用第二课堂培养大学生创业意识

第二课堂是在第一课堂的基础上演变出来的新型教育理念，指运用独特的教学手段，借助全新的教学方法来实现对第一课堂内容的延伸，也是对第一课堂的有力补充，是高校培养学生综合能力的主要应用手段。与第一课堂不同，第二课堂更强调学生的自主性，保证学生主体地位，给予学生自由发展的空间。第二课堂的覆盖范围十分广，活动形式多样，课程设置灵活，容易激发学生兴趣，让学生在学习和参与活动的过程中实现自身多重能力的提升。

（一）利用第二课堂培养大学生创业意识的途径

第二课堂具有即时性、广泛性、实践性等重要特征，并且经过在各高校中的长期发展，相关课程体系已十分健全，相关的研究也非常丰富。近年来，各高校高度重视大学生综合能力提升，第二课堂已经成为大学生开拓创新和展现自我、提升自我的重要平台，对于大学生的全面发展有着重要意义。2016 年 11 月，共青团中央、教育部联合印发《高校共青团改革实施方案》，为高校第二课堂成绩制度的建设和发展提供了方向与方法，有力指导了高校围绕育人的中心任务，针对学生就业创业、创新创造实践、志愿公益服务、文化艺术等方面开展规范化、课程化的教育。第二课堂的教学有着自己独特的途径——实践。在实践中学习和运用知识，能更好地激发大学生创新创造的积极性和主动性。因此，基于第二课堂对大学生的创业意识进行培养是一项非常有效的方法。

利用第二课堂开展大学生创新创业教育可以开展创业讲座、创业实践、创新创业竞赛等活动。以四川大学材料科学与工程学院为例，2018 年学院整合企业资源、校友资源等，针对大学生创新创业开展讲座 12 次，邀请校外专家、企业代表、优秀毕业生授课，为学院的创新创业人才培养起到很好的引领、示范作用，营造了学生自主创新的良好氛围。同时开展创业经验交流会、材料知识互动交流会等，让大学生和创业导师当面交流、碰撞思想，使大学生尤其是低年级学生心中萌发出创业的意识。创业实践也是学生团队开展创业活动的重要途径。学生利用"i 创街"材料科学与工程学院、机械工程学院、华西口腔医学院共同打造的工坊，开展创新训练项目；利用学院开放实验室，在"大学生创新创业训练计划"的支持下，最终形成多个具有科技含量的创业设计方案。创业竞赛也是检验第二课堂教育成果、培养学生创新意识的重要抓手。在 2018 年，材料科学与工程学院除了积极输送作品参加"挑战杯""互联网 +"等各项创新创业大赛，还依托学院特色举行了"微晶玻璃创意设计大赛""第一届四川省大学生材料设计大赛"等,对于优秀作品提供师资、经费、实践等方面的保障,对作品进行全方位的打磨和孵化,大力提升材料及相关学科教育教学质量,切实增强大学生创新精神和实践能力,对全院大学生营造良好的创业氛围起到了积大的促进作用。

(二)利用第二课堂培养大学生创业意识的促进措施

首先,要完善第二课堂培养体系,建立健全相关制度,做好人员配备,使第二课堂与专业教育形成良性互补。可借助高校各类专项资金打造动态培育平台,将创业意识的培养融入大学生人才培养体系中。第二课堂的内容设置要合理,培养目标要明确,以实现在提升大学生综合能力的同时提升其创业能力。其次,要丰富和拓展第二课堂中关于创新创业的内容,从大学生意愿出发,与大学生成长成才相结合,针对不同年级大学生的创业需求,在宣传、内容、形式各方面下功夫,实现教学实践的合理配置,增强创业教育的趣味性和吸引力,让更多的大学生关注创新创业,同时推动第二课堂活动健康发展。再次,要打造一支专业化、高水平的导师团队,建立创业导师与大学生的联动模式,指导大学生组建创业团队,孵化创业项目,对大学生创业意识、创业知识、创业能力进行全方位指导。最后,需要建立第二课堂教育活动的评价与反馈体系,确保教育培养环节的完整性,及时搜集大学生参加第二课堂创业教育活动的效果反馈,对有浓厚创业兴趣和初步构想的大学生要定期跟踪,帮助其孵化项目、转化成果。

四、结语

通过第二课堂培育大学生创业意识,不但可以激发大学生的专业学习热情,还能培养大学生的创新思维,提高大学生的管理能力、人际交往能力、团队协作能力等创业必备素质。因此,高校应通过完善第二课堂建设、加强专业教师引导、加大经费投入等措施,保障大学生综合能力的提升。

参考文献

[1] 肖长刚.第二课堂与大学生创新创业能力培养协同机制研究 [J],科技·经济·市场,2018(6):153-154.

[2] 李斌,郭燕.基于利用第二课堂活动设计的大学生创业教育实践探索 [J],教书育人·高教论坛,2018(12):21-23.

创新型人才培养的校地企协同
育人机制研究

赵恺[1] 赵媛媛[2]

（1.基建处 2.发展规划处）

摘 要： 高校创新型人才培养在校地企协同的背景下具有重要意义和较大发展空间。该文探讨了校地企协同育人机制下培养新时代中国特色社会主义创新型人才的现状、问题，并就有针对性地加强校地企三方合作，推动高校利用各方优势资源搭建一个智慧与资本互融互通，与政府、企业互动共赢的创新创业教育平台提出建议。

关键词： 校地企协同育人；创新人才培养

一、研究背景

党的十九大报告中明确指出："创新是引领发展的第一动力，是建设现代化经济体系的战略支撑。"为贯彻落实十九大精神，在新形势下全面提高教育质量，扩大就业创业，推进经济转型升级，培育经济发展新动能，《国务院办公厅关于深化产教融合的若干意见》（国办发〔2017〕95号）提出要"统筹协调，共同推进。将产教融合作为促进经济社会协调发展的重要举措，融入经济转型升级各环节，贯穿人才开发全过程，形成政府企业学校行业社会协同推进的工作格局"。习近平总书记曾指出："人是科技创新最关键的因素。创新的事业呼唤创新的人才。我国要在科技创新方面走在世界前列，必须在创新实践中发现人才、在创新活动中培育人才、在创新事业中凝聚人才。"由此可见，培养新时代中国特色社会主义创新型人才是高校育人工作的重中之重，关系着高等教育内涵发展和质量提高，也关系着高等教育强国梦和中国梦的实现。

当前我国正处在经济转型升级的关键时期，创新人才培养机制、提高人才培养质量也随之进入一个十分重要和紧迫的阶段。近年来，教育部门和各高校在创新型人才培养机制方面进行了诸多探索，取得了积极进展，积累了有益经验，但我们必须认识到，创新型人才培养机制不够完善仍是我国高校面临的突出问题之一，其中，高校集聚社会资源共同参与人才培养的活力不够，特别是与有关部门、科研院所、行业企业协同培养人才的新机制还不完善，产教融合不到位，引人深思。

二、校地企协同育人机制的内涵及意义

为全面贯彻十九大精神，积极响应《国务院办公厅关于深化产教融合的若干意见》（国办发〔2017〕95 号），落实《关于深化人才发展体制机制改革的意见》（中发〔2016〕9 号）中"注重人才创新意识和创新能力培养，探索建立以创新创业为导向的人才培养机制，完善产学研用结合的协同育人模式"的要求，高校深入研究探索以创新创业为导向的校地企协同育人机制，是十分必要的。

校地企协同育人机制的内涵可以理解为通过深化地方政府、院校、企业合作，把教学、生产、服务、应用与高校创新创业教育有机结合起来，实现校地企合作机制和人才培养模式的协同创新，促进高校办学体制机制改革，提升人才培养质量。

从高校角度看，可以通过校地企联合培养，加强与地方政府和企业的合作，在产学研用结合上取得突破并实现学校与地方政府、用人单位的"三赢"，使人才培养符合企业和社会需要，提高学校教育水平。从地方政府角度看，高校拥有丰富的人才和技术资源，地方政府可以在更大范围内整合社会资源，助力区域经济的发展。从企业角度看，与高校合作培养人才，可以在一定程度上弥补企业自身科研能力不足、信息渠道不畅等问题，可以有效利用学校人力资源和研究平台，推动企业自主创新。可见，校地企协同育人，合作培养创新型人才是一项具有深远意义的事业。

三、探索校地企协同育人机制——成都高新区校地企合作分析

四川大学作为教育部直属的"双一流"建设高校，近年来着力推进教育改革创新，紧紧抓住创新创业意识培养、创新创业知识积累、创新创业能力提升、创新创业成果孵化四个关键环节，聚焦知识、能力、品质、实践四个要素，在全国率先制定了"创新创业教育改革行动计划"，实施了"万门课程建设"、"双导师"制度、"高水平互动式—小班化"课堂教学改革、打造创新创业教育平台和创新创业国际实践

平台、构建高质量众创空间、建设学术性社团、打造学生"创新创业能力培育一条街"、推行多元学籍管理制度、设立各级各类创新创业风险基金、建设智慧教学环境等共18条创新创业教育改革举措,在学生就业创业与科技创新等方面成果显著。但在产学研用相结合的校地企协同育人模式方面还有待加强。课题组针对这一问题,赴成都市高新区成都高新青年(大学生)创业示范园(以下简称"创业园")进行调研,深入了解校地企如何协作培养创新创业人才。

(一)创业园基本情况

创业园隶属成都高新区技术创新服务中心(以下简称"创新中心"),是按照成都高新区党工委管委会和团市委要求建成的创业就业载体,2006年被批准为全国首批"中国大学生创业园",2009年被评为"成都高新青年(大学生)创业示范园",2010年被评为"大学生科技创业见习基地",2012年被授予省级高校毕业生创业园区(孵化基地)。创业园在省、市、区各级各部门的大力支持下,经过多年的发展,初步形成了具有高新区特色的大学生创业孵化培育模式。针对大学生创业过程中凸显的技术、经验、市场、资金等方面缺陷,高新区在创业导师、大孵化启动资金、天使投资、项目申报等方面给予大力政策扶持,助推大学生创业促进就业。截至2016年,成都高新区孵化载体总面积超过275万平方米,孵化器和众创空间总数达75家,创新创业企业总数达12700家。

(二)成都市高新区校地企合作思路与优势

1.构建创新创业服务体系

成都市高新区按照"专业化服务、市场化运营、国际化整合资源"思路,构建布局合理、功能完善、便捷高效、产业链齐全的创新创业服务体系,并以"双创"交易大市场为表现形式,以创新信用券为运行机制,建成线上、线下两个部分,实现了对创新创业企业和团队要素资源的集群服务和动态适配,着力推动了"双创"向更大范围、更高层次、更深程度发展。创业园所具备的五大服务体系(详见图1)能够精准帮助高校大学生一站式创业,助力高校科技成果转化。

五大服务体系				
政务服务	商务服务	中介服务	平台服务	国际服务
综合服务	文印	法律服务	信息资源	国际资源对接
注册登记	票务	财务服务	公共技术	国际项目路演
会计服务	网络电话	知识产权	科技金融	国际文化交流
标准创新	商务办公	技术转移	知识产权	国际企业产品发布
项目申报	洽谈交流	成果转化	党群统战	国际创业项目孵化培育
专利资助			标准创新	
人力资源			九三专家	
社会保障			成果转化	

图 1　成都市高新区创业中心五大服务体系

2. 校地合作

成都市高新区与四川大学建立了全面创新战略合作关系，签订了大学生创业基地合作框架协议，共同探索大学生双创工作新路径。校地双方本着"优势互补、互惠共赢、相互支持、共同发展"的原则，充分发挥高校科技资源丰富、创新实力强和成都市高新区产业基础雄厚、创新体系完善、新兴产业蓬勃发展等优势，实现人才、技术、市场、资源的深度融合，探索产学研用结合模式下的大学生创新创业工作新思路和新路径。

3. 优势企业带动创新创业

现今，很多知名企业都在以不同的方式进行创新创业支撑服务。如阿里巴巴创新中心、腾讯众创空间都是企业自建的孵化基地。大型企业参与创新创业服务的优点在于其带来的产业优势、生态优势和资金优势。以酷狗音乐在成都菁蓉国际广场建立的孵化器为例，其以文娱产业为重点孵化方向，借助自身平台资源与音乐创业人合作，并接入自身的强势产业生态环境，这对相关产业的创业者无疑是一种巨大的吸引力。与此类似的还有天翼创投、微软云加速基地、阿里百川（成都）创业基地等等。优势企业对孵化服务的加大投入为创新创业服务发展带来了新动力，也给高校寻求校企合作带来了新的启发和契机。

（三）目前校地企协同育人存在的问题

1. "地方＋高校"合作模式较为单一，缺乏深入合作

成都市高新区的双创服务政策更多是通过校园宣讲会的方式进行宣传，普及度

和影响力有待提升。

另据负责人介绍，目前园区入驻项目多由大学生自主申请，而由高校推介的项目较少，校地双方的合作内容还较单薄，人才交流不够深入。

2. 创新创业人才培养缺乏完善的评估体系

据统计，园区入驻项目中，每年有约54%的项目因各种原因经营不善而退出。高新区对这些以失败告终的创业项目缺乏进一步分析。此外，园区内存在不少处于停滞状态的创业项目，对这些项目的分析属于评估体系中的重要环节。

3. 创新创业人才培养缺乏市场驱动力不足

在创新创业人才培养过程中，易出现项目与市场需求不符合，导致项目运营不佳的情况。由此可见，单方面的知识灌输培养机制容易使人才培养与市场需求脱节。

四、关于校地企协同育人机制的思考与建议

校地企协同培养新时代中国特色社会主义创新型人才的重点，是要搭建一个智慧与资本互融互通，政府、企业和大学互动共赢的创新创业教育平台。其中，政府重在打造好的创新创业环境，出台有利于大学生创新创业的优惠政策，搭建服务平台为创新创业人才培养提供保障。企业应积极与高校和政府共建创新创业人才资源库，加深合作程度，拓宽合作范围，创新合作形式。高校则应重点做好以下几方面的工作：

第一，拓宽政策宣传思路，使政府的双创优惠政策能够深入高校，使更多学生能够认识双创、接触双创，从而使双创资源能够被有效利用。

第二，主动完善融政府、企业、个人于一体的创新创业项目评估机制，对大学生创新创业项目进行及时评估，使其能够与市场需求结合，增强发展活力。

第三，人才培养需理论和实践相结合。创新创业课程培养体系应注重市场实践，校地企应联动构建市场化人才培养模式，使最后的双创项目能够在市场中站稳脚跟。

参考文献

[1] 王军云. 努力加强校地（企）合作 促进教育科技经济相结合 [J]. 河北农业大学学报，2003，5（1）：6–7，10.

[2] 刘玮. 基于"校地企合作"实践的创新创业人才培养模式研究 .[J]. 时代教育，2017（6）：140.

[3] 周捷信. 基于校企合作的创新创业人才培养路径的研究 [J]. 黑龙江教育学院学报，2016，35（2）：22–24.

[4] 占英春. 基于"政校企合作"的河南省高校创业型人才培养模式的构建 [J]. 新丝路，2017（4）：

13-14.

　　[5] 李德华，陈献宁 . 基于政校企融合的高校创新创业人才培养模式探究 [J]. 梧州学院学报，2017（5）：110-114.

高校主导下的大学生创业支持系统构建研究

姜丹蓉

（生命科学学院）

摘　要：高校是我国高素质人才培养的重要阵地，大学生是国家推动创新创业教育的主体力量。因此，高校是我国开展创业教育的主战场，是构建大学生创业支持系统的主导力量。在高校的主导下，政府、社区、企业及其他相关机构协同才能促进创业经济的发展和繁荣。本文对大学生创业支持系统进行了理论分析，并提出了高校主导下的大学生创业系统的构建模式。

关键词：高校主导；创业支持系统；构建

高校是国家创新型人才培养的重要阵地，肩负着为国家和社会输送高素质创新创业型人才的重任，对促进国家自主创新、转变经济发展方式具有至关重要的作用。构建大学生创业支持系统，培养符合国家和社会需要的德才兼备的创新创业人才，对我国实施创新驱动发展战略、形成国际竞争新优势、增强发展的长期动力具有战略意义，对我国提高经济增长的质量和效益、加快转变经济发展方式具有现实意义，对降低资源能源消耗、改善生态环境、建设美丽中国具有长远意义。

一、创业支持系统

创业教育与传统学科不同，它是一门具有实践性、社会性、开放性的学科，需要强大外部支持系统的支撑，政府、社会、高校及其他相关主体都是创业支持系统的重要组成部分。而对于大学生创业来说，高校更应该发挥其构建创业支持系统的主导作用。

对创业教育支撑体系的研究，不同学者有不同的视角。Gnyawali 等（1994）将创业支持系统分为政府政策和实施、社会经济背景、金融资助及非金融领域的服务支持四部分。我国学者符昱（2012）将大学生创业的支持体系分为政策支持、资金支持、创业教育与培训支持、公共服务支持四类。学者边社辉（2012）将大学生创业扶持体系分为创业人员、资金来源、企业设立与运行、法律政策环境四方面。

美国是世界创新创业经济最为活跃的国家，创新创业正是美国打开经济蓬勃发展大门的钥匙，推动美国成为全球经济转型中的竞争力强国。通过对美国创业支持理论和实践的研究，我们可以看出美国形成了以"三大主体、四大支柱"为特征的大学生创业支持体系。三大主体包括政府、社会和高校。四大支柱包括政策、资金、孵化服务和文化环境。良性循环的创业支持系统促进了创业人才培养，激发了创业活力，推动了经济增长和社会创新。

二、我国高校大学生创业支持系统现状

我国各高校在国家创业教育政策的指导下，依据自身特点与优势，均建立起了一些独具本校特色的创业教育模式。创业教育整体上从早期的竞赛功能向人才培养功能转变，从零散化和偶然性向制度化与战略化转变。各高校都逐步形成了包括创业课程体系、创业实践平台、创业指导队伍和创业协同机制在内的大学生创业支持系统。

首先，在国家引导和政策支持下，我国创业教育课程体系建设近年来取得了显著发展，创业课程体系逐步完善，逐渐丰富。当前国内多数高校已将创业课程作为通识教育课程，甚至将创业教育类课程列为必修课，向学生普及创新创业基本常识，提高学生创新创业意识和创新创业实践能力。很多高校在课程设计上进行创新，将创新创业系列课程以学分制的形式纳入各学科、各专业创新人才的培养方案当中，将创新教育融入整个课程体系中，培养具有突出创业意愿和实践能力的复合型人才。还有很多高校在课程内容上进行改革，开设创业理论与实务、创业实训与实践、毕业设计等完整的创业课程模块，并突出创业课程的实践性。

其次，许多高校不断尝试和摸索科技园、孵化器等方式培养大学生创业实践能力，将课题研究、学科竞赛、专业创新实践、创业实训模拟等整合为创业实践项目平台，将创业园区与创业实践基地建设整合为创业实践平台。这类科技园或孵化基地是高校开展创新创业教育、促进大学生自主创业的重要实践平台，整合了各方的优势资源，在开展创业指导和培训、开展创业实习和实训以及提供创业项目孵化的软件和硬件支持方面发挥了巨大的作用。

再次，各高校创业教育师资队伍越来越专业化，质量逐渐提升，结构日趋合理。

各高校均打造了专兼结合的多元创业教育教师队伍，各专业的专任教师为大学生创新创业提供科研指导；具有生涯规划特长的辅导员为大学生提供生涯规划和就业创业指导；商学院等相关专业教师为大学生创业提供创业商业活动的指导；学校产业集团内的企业经营管理人员、校友企业家以及其他外聘创业导师，也为大学生创业提供各类帮助和支持。

最后，高校主导下的创业协同机制已初步建立。高效聚合校外资源，与地方政府、社会机构、企业等建立合作伙伴关系，协同支持大学生创业活动。政府提供政策、资金的支持和保障；高校提供高新技术的研发成果支持，引导大学生识别创业机会、捕捉创业商机；企业参与高校创业教育，为大学生创业提供的资金支持、创业导师、创业实训等，为大学生提供市场行业动态，促进创业项目孵化。

我国高校主导下的大学生创业支持系统已初见规模，在出台相应扶持政策、打造实践平台、拓展融资渠道和建立多方合作联动等方面获得了持续发展和进步，但仍存在着很多不足。

第一，创业工作重"量"轻"质"。由于社会对高校就业率和创业率的高度关注，特别是在创业成为我国建设创新型国家的战略需要之后，高校面临的首要压力就是拿出"漂亮的创业率"。反映在工作中就出现了只重视创业"数量"，不重视创业"质量"，只重视创业结果，不重视教育和培养过程的现象。因此部分创业大学生并未将其专业知识应用于创业实践中，并且对创业企业的后续发展也缺乏跟踪与支持。只有通过加强创业教育，提高创业素质，对大学生创业教育工作进行战略规划与落实，才是实现提高大学生创业率和创业质量这一目的的有效途径。

第二，创业教育重"指导"轻"教育"。部分高校的创业教育内容上多以指导性内容为主，教育面过窄。注重对已有创业项目的指导和孵化，因而在开展创业教育时，以对创业项目进行政策解读、技术指导、市场拓展和财务分析为主，创业教育内容过于注重具体化，缺乏对全体大学生创业观念的植入、创业环境的营造以及创业生态的形成。还有高校在创业教育上有只注重已有创业团队建设的倾向，缺乏对全体大学生敬业爱业、诚信、团队精神、艰苦奋斗等方面的教育，导致部分大学生缺乏创业精神和奉献精神，享乐观念和个人主义严重。

第三，创业教育缺乏全程性和系统性。部分高校的创业教育没有贯穿大学教育的全过程，创业教育工作一般主要围绕当年的毕业生工作而展开，对于低年级学生的创业教育没有具体展开。与其他教育活动一样，创业教育活动需要一个长期的过程，是一个全程性、系统性的教育工程，不能仅仅依靠毕业前的一段时间突击完成。此外，部分高校的创业教育的内容务虚多，务实少，知识介绍多，能力培养少，脱离实际，纸上谈兵，流于形式。比如多停留在就业创业形势的一般介绍、创业政策及规定的解释，局限于提供政策法规、技术市场等应急性指导，忽视了创业理念的获得、对职业生涯的慎重思考、创业能力以及综合能力的培养。还有，创业教育实施形式比较单一。目前高校创业教育工作的实施形式主要是开设创新创业相关课程和组织各类创新创业竞赛为主。创新创业课程存在优秀师资缺乏及课程与实践相脱节、思考与体验相脱节等主要问题。创新创业竞赛存在竞赛作品转化为注册公司比例小，孵化体系不完善等问题。而创业教育作为实践性很强的应用型学科来说，不能单纯地进行理论灌输，也不能仅靠竞赛推动，需要形式多样的实践性教育。我们应使创业教育的实践形式丰富起来，例如，将行为训练、创新竞赛、社会实践、参观访问、专业实习及科学实验有机地结合起来，同时配以职业指导、创业指导、心理咨询、专题讲座、录像观摩等形式，全面提高学生的创业能力。

第四，创业教育资源缺乏有效的整合。部分高校创业教育工作队伍缺乏专业性，整体水平不高。部分教师没有相关的创业经验，没有企业管理的知识背景，甚至连相关的研究经验都比较缺乏，以此来指导研究生的创业活动，效果可想而知。还有部分导师由于科研任务大，精力有限，重视课题申请和科学研究，轻视教学和社会实践，缺乏对学生创业的重视和指导，没有加入大学生创业教育工作队伍中。此外，大部分高校对孵化器、创新业教育基地等创业教育资源都有建设和投入，但很多没有能得到最充分的利用，缺乏对入驻企业进行辅导和培育的能力，导致大学生创业企业无法发挥聚集效应。总之，高校创业的技术资源、人力资源、创意项目及孵化器等还未能得到最有效的整合。

三、我国高校大学生创业支持系统构建

高校是我国高素质人才培养的重要阵地，大学生是国家推动创新创业教育的主体力量。因此，高校是我国开展创业教育的主战场，是构建大学生创业支持系统的主导力量，在高校的主导下，政府、社区、企业及其他相关机构协同才能促进创业经济的发展和繁荣。针对我国高校创业支持系统存在的难题，政府、高校、社会等各部门应发挥联动效应，打造全方位支持网络，为大学生创业营造良好环境，提供政策、资金、平台等多方面的支持和保障。

第一，要培育浓郁的创新创业校园文化。文化氛围对人才的吸引力以及所蕴含的创造力是巨大的。因此当创新创业精神成为一种校园文化，创业能力和创业品质成为创业教育的主流价值取向，创业思想必然会深入到大学师生的思想之中，必然会体现在师生的行动中，必然会激发起学生的创业兴趣，必然会提高学生的创业实践能力。要培育浓郁的创业教育外围环境，学校应该为广大学生建立专业的促进创业发展的交流空间和支持平台；应该通过各种讲座活动、研讨交流、电子杂志、网站以及针对团体的咨询辅导等多元化的途径，为学生提供全方位的教育、指导和服务；应该在教育过程中加强创业意识和创业精神的培养，注重创业专门知识和技能的传授，提高学生实际创业的能力；应该鼓励学生除潜心科研外积极参与各类学科竞赛和创业竞赛，积极将科技成果应用于创业实践。

第二，要建立一支优良的创业师资队伍。优秀的师资队伍对创业教育的发展起着至关重要的作用。培养雄厚的创业教育师资，一方面，要加强对本校教师创新创业教育方面的培训，使其具备一定的创业指导能力，设置专职的创业指导教师，负责创业指导课、创业项目咨询等。教师经过专门的训练和培训后，才能充分保证创业教育的质量。另一方面，还可以吸引创业者、风险投资家以及有过在高新技术企业工作经历或者曾经有过创业过程体验的人士，他们将丰富的实践经验与创业教育的理论结合，将会提升创业教育教学效果。创业师资人员的多元化，将协助解决大学生在创业全过程中遇到的各种问题，为其提供全方位的咨询和支持，将能更好地激发大学生的创业热情和创新精神，提高大学生的创业实践探索能力。

第三，要设计一套完善的教学课程体系和实践活动体系。设计一套非功利性的系统性教学和实践体系，应打破单纯的学科划分的界限，把创业学作为一个跨学科的专业领域或者研究方向。创业教学体系应包括理论类课程和技能类课程。理论类课程主要包括思想观念性内容和知识性内容，如创业思想与观念的植入、当前形势与政策的解读、人生观与价值取向的引导，以及研究生对自身基本创业素质和创业技能的评估方法。技能类课程包括机会评估、风险判断、投资融资、公司经营管理等创业相关理论与技能。创业实践活动主要是开展多样化的创业活动，培养学生创业意识，激发学生创业热情，提高学生的创业实践能力。实践活动的形式主要有商业计划大赛、创业俱乐部、校外专家讲座、创业案例研究会、设立高科技园、提供孵化所及其他社会实践活动，通过活动使学生将创业理论知识运用到实践中。

第四，要整合创业教育资源搭建创业互动平台。高校应对丰富的创业教育资源进行有效的整合，关注自身与政府、企业、社区及企业家、校友会之间的互动，相互之间建立联系并保持良好的关系，共同关注创业教育的发展，形成高校良好的创业教育环境。政府的大力支持将使创业大学生及创业项目获得更好的政策、资金甚至具有公信力的媒体宣传等方面的扶持，如开通创业融资的绿色通道降低创业门槛、政府专项创业资金和补贴等。与企业良好的合作，将为创业教育的学生提供更多实习实践的机会，也可在企业的帮助下完成科技成果到创业项目的转化。高校的各项基金，多来自企业和校友的捐赠，与企业家和校友保持良好的关系，将获得专门用于开展创业研究和创业教育项目的资金赞助。由高校、政府、企业、社区及企业家、校友会搭建的融资平台、大数据信息共享平台、知识产权共享平台将整合资源、形成合力，共同构成大学生创业互动平台。

第五，要完善多样化的创业教育评价体系。当前的创业教育评价主要包括创业综合素质、创业能力提高、创业研究生数量三方面内容，然而仅此三方面并不能全面反映创业教育的情况。为保证创业教育的效果，确定创业教育实施情况，评判创业项目的成败，高校应构建健全的创业教育评价体系和实施良好的评价机制，以推动大学生创业教育工作健康持续稳定地发展。多样化的创业教育评价体系应体现在评价主体、评价内容、评价层次、评价方法等各个方面。评价主体可包括政府、社会、企业、媒体、高校管理者、教师和大学生自身等。评价内容可包括教学课程、师资队伍、服务保障能力、学生与教师的满意度、创业率、创业效果、创业贡献、社会影响力、校企合作、及外延拓展活动等。评价层次可进行多层级评价。评价方法可包括定量分析和定性分析等。

参考文献

[1] 高伟，谢峰，刘晓倩，等 . 大学生创业集群与区域经济联动发展模式研究——以松江大学园区为例 [J]. 生涯发展教育研究，2012（1）：11–18.

[2] 陈静 . 高校主导型创业教育生态系统构建研究 [D]. 长春：东北师范大学，2017.

[3] 赵金华 . 基于科技创新的我国理工院校创业教育 [D]. 南京：南京师范大学，2014.

[4] 林怡 . 大学生创业竞争力的提高 [J]. 今日财富，2017（5）：86–87.

[5] 吴茂辉 . 大学生创业关键影响因素分析 [J]. 科技创业月刊，2017，30（14）：31–32.

[6] 姜红仁 . 我国大学生创业支持政策研究 [D]. 武汉：武汉大学，2014.

[7] 孟莹 . 美国大学生创业的外部支撑体系研究 [D]. 杭州：浙江大学，2017.

双创教育实践探索

试论创新驱动引领下的
大学生逆商培养

韩纪梅

（材料科学与工程学院）

摘　要： 新时代呼唤新青年，新青年既肩负着建设创新型国家的重任，又肩负着实现中华民族伟大复兴的中国梦的历史重任。高校积极开展大学生逆商培养的教育活动，可促使其在逆境面前形成良好的思维方式、良好的行为反应方式，助力当代青年在实现民族复兴的赛道上奋勇争先。

关键词： 创新驱动；大学生；逆商培养

党的十九大号召加快建设创新型国家，培养造就一大批具有国际水平的战略科技人才、科技领军人才、青年科技人才和高水平创新团队。新时代呼唤年轻的大学生积极投身于建设创新型国家的洪流中去。但大量资料显示，在日趋激烈的经济新常态下，大学生创新创业是否成功，不仅取决于其是否有强烈的创新创业意识、娴熟的专业技能和优秀的管理才华，而且在更大程度上取决于其面对挫折、摆脱困境和超越困难的能力。众所周知，马斯克商业帝国的触角已经横跨多个行业，除了2022年花了440亿美元收购的社交媒体平台推特（Twitter），马斯克还是特斯拉（Tesla）、美国太空探索技术公司（SpaceX）、神经链接（Neuralink）、太阳城公司（SolarCity）、超级高铁技术公司（Hyperloop Transportation Technologies）等多家明星公司的掌门人，涉足领域包括电动汽车、太空旅行、太阳能发电、超级高铁，甚至是脑机接口，等等。他曾说，所谓创业，就是嚼着玻璃、凝视着死亡的深渊，"既然必须穿过地狱，那就走下去"。在接受《商业内幕》专访时，马斯克回顾了自己创办美国太空探索技术公司和特斯拉时多次濒临破产的经历。他表示，没有哪个创办汽车公司和火箭公司的人，会指望轻易获得成功。由此看来，高校教育工作者在实施创新创业教育的过程中，应该把大学生的逆商培养作为着力点，积极培养大学生的逆商，使其在逆境面前，形成良好的思维反应方式，增强意志力和摆脱困境的能力，助力当代青年在实现民族复兴的赛道上奋勇争先。

一、逆商及逆商培养的必要性

逆商（Adversity Quotient，AQ）全称为"逆境商数"，一般又被译为"挫折商"或"逆境商"。它是由美国职业培训师保罗·斯托茨提出的概念，是指人们面对逆境时的反应方式，即面对挫折、摆脱困境和超越困难的能力。心理学家认为，一个人事业成功必须具备高智商、高情商和高逆商这三个因素。在智商、情商跟别人相差不大的情况下，逆商对一个人的事业成功起着决定性的作用。那些具有较高逆商的人拥有不可思议的能力，既能够留心过去的接踵而至的困难，又能够拥有希望、保持乐观。而那些逆商较低的人则认为逆境会无休止地延续下去，即便事实并非如此。

大量资料显示，近年来，世界经济复苏乏力，国际金融市场跌宕起伏，贸易保护主义明显抬头。我国经济发展中结构性问题和深层次矛盾凸显，经济下行压力持续加大，遇到不少两难多难抉择。在充满逆境的当今世界，事业的成败、人生的成就，不仅取决于人的智商、情商，也在一定程度上取决于人的逆商。综观当代大学生的实际特点，一方面，他们虽然生活在丰衣足食的年代，但因为多数是独生子女，从小就承受着较大的思想压力，诸如长辈的期望、学业及综合素质提高的压力、未来就业的不确定感、环境的不适应，等等。另一方面，大学生正值青春年少，缺乏人生经验，抗挫折能力与调控能力较差，面对困境与重压，容易沉陷在消极的泥潭而不能自拔。例如：一些大学生不能承受学习成绩下降、失恋等带来的身心压力，表现出焦虑、失眠、抑郁、恐惧，个别学生精神崩溃甚至轻生……身心的失衡，不仅影响其智能的发挥，还会使其潜能的挖掘、综合能力的培养、人格的完备受到抑制。因此，高校积极开展培养大学生逆商的教育活动，促使其在逆境面前形成良好的思维方式、良好的行为反应方式十分必要。

二、从意志品质着手锤炼大学生的逆商

习近平总书记在党的十九大报告中指出：青年兴则国家兴，青年强则国家强。青年一代有理想、有本领、有担当，国家就有前途，民族就有希望。中国梦是历史的、现实的，也是未来的；是我们这一代的，更是青年一代的。中华民族伟大复兴的中国梦终将在一代代青年的接力奋斗中变为现实。人生是一次航行。航行中必然遇到从各个方面袭来的劲风，然而每一阵风都会加快航速。只要稳住航舵，即使是暴风雨，也不会使你偏离航向！加强对青年大学生独立与合作、敢为与克制、坚韧与适应等包含逆商品质的培养，必将有助于促进中华民族伟大复兴的中国梦早日实现。

（一）独立与合作

独立是一个人最基本的个性品质，其实质是能独立思考，善于独立地处理问题，并从对具体情况的决断和信念出发，规定自己的行为。陶行知先生在《自立歌》中写道："滴自己的汗，吃自己的饭，自己的事情自己干，靠天靠人靠祖上，不算是好汉！"这正是独立性的体现。大学生在生活道路的选择上，要拥有自己的主张，自我把握，这是独立意识的集中反映；在行动上具有按自己的主见将行动贯彻到底的倾向；较少受他人的影响和支配，并非人云亦云，见风使舵；在行为上要努力新辟途径，开拓新局面，而不是因循守旧，步人后尘，具有创新和独树一帜的进步意识。

合作是自我角色的社会认同感，青年大学生不仅要拥有独立的人格，还要乐于与人合作，善于交往，具有较为和谐的人际关系。因为创新创业活动虽然充满个人色彩，但它更是一种社会活动，是在人与人之间的交往、配合和协调中发生、发展和取得成效的。通过合作，能够取人之长，补己之短；通过交流，能够获取各方面信息。要培养大学生与各种人打交道的能力，使其能够在集体中与人自如地交往、交流，并积极主动地与人合作、互助。

（二）敢为与克制

青年大学生要有敢闯敢冒险的精神，真正的敢闯敢冒险总是有智慧与之相伴。闻名海内外的学者梁漱溟曾说过：没有智慧不行，没有勇气也不行……怎样是有勇气？不为外面威力所慑，视任何强大势力若无物，担荷任何艰巨工作而无所怯。大学生要是没有敢闯敢冒险的精神，将是无所作为的。在充满风险和曲折的创业道路上，无论是事业上受到挫折，还是生活上遭遇不幸，都不应采取回避、逃遁或自我陶醉、自欺欺人的态度，而应接受现实，迎接挑战，勇往直前，毫不退缩。要不断地寻找新的起点，看准机会便积极争取，表现出自信、果断、大胆和一定的冒险精神，一往无前地付诸行动。没有平时的锻炼和培养，不经过心理资源的逐步积蓄，很难在困境中表现出勇往无畏、奋力拼搏的精神。

与此同时，青年大学生要时刻保持清醒的头脑，善于控制自己的情绪，约束自己的言行。要分清勇敢与冲动，对盲目冲动和消极情绪高度克制，善于排除内外的干扰，坚决采取理智的行动，把种种消极情绪控制在一定的限度之内，不能让它们淹没自己的理智，摧毁自己的信念和动摇自己的人生目标。贝多芬在耳聋的不幸中曾写下"海利根遗嘱"。连续三届当选美国总统的罗斯福也曾因患上可怕的脊髓灰质炎而备受折磨。高尔基曾说："哪怕是对于自己小小的克制，也会使人变得更加坚强。"他们都是以巨大的自制力战胜不幸而成为强者的。

（三）坚韧与适应

坚韧是指对困难和挫折的强大心理承受力，这是当代大学生必须具备的极为可贵的个性品质。成功创业者的历史，大多是长期不懈，百折不挠，用他们奋斗的心血和汗水写成的。坚韧持久的奋斗，来源于对事业目标的执着追求。只有对困境的出现以及战胜困难的艰巨性有充分的思想准备，对持续的努力奋斗具有深刻的认识，才不会轻易动摇业已下定的决心，总是坚持不懈地朝着既定的目标前进。坚韧性必须与成功的可能性结合在一起，否则就是盲目、呆板和固执。

大学生要学会适应环境变化，主动把握机遇，充分认识和灵活适应这种变化，并根据自己的具体条件迅速做出反应，适时调整，使自己的行为更符合实际，更具有客观价值。个体的适应能力是走向生活的极其重要的基本能力。但是，这是一种综合能力，它不仅表现为对环境变化的适应性，而且表现为主动把握机遇，积极创造机会的能动性。因此，作为一名独立自主的社会成员，大学生要积极投入到社会活动中，在广泛的人际交往和社会实践中，不断获取信息，寻找机会，一旦发现目标，便果断、大胆地作出反应和抉择，通过有效的行动和艰苦的努力实现自己的愿望。

三、在创新创业实践中培养大学生的逆商

陆游在《冬夜读书示子聿》提到：纸上得来终觉浅，绝知此事要躬行。诗人就知识的获取，从两方面谈了自己的看法：一是要花气力，一是"要躬行"。诗中表达的思想不仅是冬夜读书的体会，更是诗人勤奋学习的经验总结。对大学生的逆商的培养也要在创新创业的教育实践中进行。我们来看看俞敏洪和任正非是怎样对待在创业过程中遇到的困难的。俞敏洪，新东方创始人，参加了三次高考才考上大学，好不容易上了大学，却又患上肺结核。1993 年，在一间仅 10 平方米且透风漏雨的小平房里，俞敏洪创办了北京新东方学校。他说："那时，我感到特别痛苦，特别无助，四面漏风的破办公室，没有生源，没有老师，没有能力应付社会上的事情，同学都在国外，自己正在干着一个没有希望的事业……"在吃过常人不能吃的苦后，新东方学校最终声名远播，而且成功在美国上市。任正非 44 岁时在经营中被骗了 200 万元，被国企南油集团除名，还背负 200 万债务。他创立华为公司，没有资本，没有人脉，没有技术，没有市场经验，靠着不断奋斗，成功"逆袭"，把华为带到世界通信行业的各个角落！

近年来，四川大学高度重视大学生的创新创业教育，在很多同学心中播下了创新创业的种子。在 2022 年的第十七届"挑战杯"全国大学生课外学术科技作品竞赛上，我校获得主体赛特等奖 2 项、一等奖 3 项，红色专项活动特等奖 4 项，"揭

榜挂帅"专项赛特等奖 1 项，"黑科技"专项赛"星系"级 1 项。我校获奖项目总分排名全国第三，获得"优胜杯"和高校优秀组织奖，优异成绩的取得彰显出科创报国的创新创业教育取得了丰硕的成果。创新创业的意识根植在同学们的头脑中并不断发芽、成长，在服务国家各行各业建设的过程中也结出了累累硕果。四川大学材料科学与工程学院 2013 届本科毕业生李洪旭同学大学毕业后回到农村老家，立志要带领乡亲们致富。他结合当地出产柑橘的特色，克服了没有规模化、标准化，缺少销路等困难，以"新鲜现摘"为经营理念，力求让更多人吃上新鲜、安全、放心的水果。现在，他们的产品已经借着国家"一带一路"的东风成功打入国际市场，李洪旭也实现了当初带领乡亲们共同致富的梦想，为完成国家的全面脱贫攻坚任务贡献了青春力量。

少年强则国强，科技强则国家在全球有影响力，青年创业强则中国产业强。逆商的培养必将助力青年大学生踔厉奋发，勇毅前行，在青春的赛道上奋力奔跑，跑出当代青年的最好成绩。

参考文献

[1] 习近平 . 在庆祝中国共产主义青年团成立 100 周年大会上的讲话 [EB/OL].（2022-5-10）[2022-7-20]. http://cpc.people.com.cn/BIG5/n1/2022/0510/c64094-32418823.html.

[2] 习近平 . 决胜全面建成小康社会 夺取新时代中国特色社会主义伟大胜利——在中国共产党第十九次全国代表大会上的报告 [N]. 人民日报，2017-10-28（1-5）.

[3] 姜鸿 . 新时代下大学生逆商培养 [J]. 科教导刊（电子版），2019（33）：29-30.

[4] 富婷，王海格 . 浅谈大学生"逆商"培养 [J]. 课程教育研究（新教师教学），2013（10）：279.

以第二课堂为依托的大学生
创新创业教育探索与实践
——以四川大学化学学院为例

来俏

（化学学院）

摘　要： 本文阐述了在"大众创业、万众创新"的时代背景下开展大学生创新创业教育的意义，分析了依托第二课堂开展大学生创新创业教育的优势，对以第二课堂为依托开展大学生创新创业教育和实践进行了探索。

关键词： 第二课堂；大学生；创新创业

创新创业能力已成为一个国家综合实力的重要标志，李克强总理在 2015 年的《政府工作报告》中就专门做出了"大众创业、万众创新"这样一个新的战略部署。在"大众创业、万众创新"的时代背景下，培养创新创业型人才成为我国建设创新型国家的重要任务。大学生是时代的先驱者，大学生的创新创业能力的高低直接关乎国家创新创业能力的高低。高校作为培养大学生的主要阵地，更加需要结合自身实际和特色，加强大学生创新创业教育，探索创新创业型人才培养模式，建立大学生创新创业教育体系。第二课堂为大学生创新创业教育提供了广阔的平台，为提升大学生创新创业能力，促进大学生综合素质的全面发展提供了重要途径。

一、开展大学生创新创业教育的意义

（一）大学生创新创业教育是服务于创新型国家建设的重大战略举措

习近平总书记在庆祝中国共产党成立 100 周年大会上庄严宣告，"经过全党全国各族人民持续奋斗，我们实现了第一个百年奋斗目标，在中华大地上全面建成了小康社会"。全面建成小康社会，创造了彪炳史册的人间奇迹，迈出了实现中华民族伟大复兴中国梦的关键一步。据 2022 年 6 月 6 日举行的"中国这十年"系列主题新闻发布会介绍，10 年来，我国科技事业发生了历史性、整体性、格局性重大变化，成功进入创新型国家行列。

大学生是最具创新创业潜力的群体之一，高等学校开展创新创业教育，积极鼓励大学生自主创业，对让人们认识到创新创业能力培养的重要性，在高校中逐渐形成普及"大众创业、万众创新"的局面具有重要意义。

（二）大学生创新创业教育是深化高等教育教学改革，培养学生创新精神和实践能力的重要途径

大学生创新创业教育以培养具有创业基本素质和开创型个性的高等教育人才为目标，培育在校学生的创业意识、创新精神、创新创业能力，同时进行创新思维培养和创业能力锻炼。创新创业教育能够让学生对所学知识的系统性、实用性更加关注，对知识的迁移运用能力得到提升，激发学生创新创业的热情。

（三）大学生创新创业教育是落实以创业带动就业，促进高校毕业生充分就业的重要措施

高校毕业生逐年增加，传统行业提供的岗位数量越来越有限，科技进步和劳动力成本的上升也无形中压缩了就业空间。这就要求高校主动适应，开展创新创业教育，培养更多创业型人才。大学生创业能够解决创业学生的就业问题，在一定程度上减轻社会的就业压力，还可以带动就业，促进高校毕业生充分就业。另外，创业就业教育可以使大学生综合素质得到更全面的提高，更快地适应工作环境，在工作中取得更大的成功。

二、依托第二课堂开展大学生创新创业教育的优势

高校第二课堂是学生素质教育的重要载体，是在课堂教学之外有组织地开展以提高学生综合素质为目的的形式多样的学习实践活动，按其类型可以分为思想教育活动、学术科技活动、文化艺术体育活动、团学活动、社团活动、社会实践、志愿服务等。第二课堂是第一课堂的延伸和发展，是大学生获取实践经验的主要阵地，在培养大学生创新创业实践能力等方面具有许多不可替代的优势。

（一）第二课堂是第一课堂的有益补充

第一课堂侧重理论教学和系统知识的传授，其培养目标和优势在于提高大学生的专业素质。第二课堂更加侧重实践锻炼和学生个性的发展，其培养目标和优势在

于帮助青年学生根据自己的兴趣或需求培养或拓展多方面的素质与能力。大学生在第一课堂教育中形成了对本学科全面的认识和系统的知识结构，形成了良好的知识基础和研究能力，为创新创业提供了前提。第二课堂则为大学生提供了把知识转化为实际行动进而转化为财富的过程指导，是第一课堂的有益补充。

（二）第二课堂能更好地满足学生创新创业的教育需求

创新创业教育以培养具有创业基本素质和开创型个性人才为目标。第一课堂解决了大学生掌握专业知识和解决专业问题的能力，第二课堂通过多样的实践育人模式，可以让学生了解建立事业的渠道和方法，潜移默化地启发学生的创业意识，完善学生的团队合作能力、任务执行力、人格品格等综合素质，进行创新思维培养，并在此基础上逐渐确立创业方向。

（三）第二课堂能为创新创业教育提供更加多样的开展形式

第二课堂整合学生业余时间，通过科研训练、学科竞赛、学术交流、社会实践等自由灵活的开放活动，强化学生在传统课堂吸收的科学技能知识，增强动手实践效果，开阔学术视野，培养创新意识，是对课堂教学内容时间和空间上的延伸、广度和深度上的强化。在校学生的创业意识、创新精神、创新创业能力除了需要专业的知识构架，更需要通过第二课堂这样多样的形式来培养。

三、以第二课堂为依托开展大学生创新创业教育的探索和实践

（一）以学术科技活动促进创新创业人才培养

学术科技活动是大学生在学校组织、教师指导下，自主开展的学术、科研、创新、创业类活动。近年来，学术科技活动在培养学生创新精神和创业意识方面发挥了非常重要的作用，成为高校创新创业教育的重要载体和平台，对创新创业人才培养起着重要的促进作用。

以四川大学化学学院为例，近年来，学院积极建构大学生学术科技创新活动的新内容和新形式，拓宽培养大学生创新创业意识和能力的途径，加强学生理论联系实际和团队精神的培养，吸引、鼓励广大学生踊跃参加课外科技活动。学院陆续创办了贯穿本科学习阶段的多项具有鲜明专业特色的大学生科技创新类活动，例如，面向大一新生举办化学知识竞赛，面向大二学生开展水质调查活动，面向大三大四学生举行化学科技创新活动和化学实验动画制作大赛，旨在指导学生正确认识化学学科，将理论与实践相结合，在实践中锻炼调研、分析、设计、制作的综合能力，

促进创新创业人才培养。

历经十余年之久的化学科技创新活动主要由职业生涯规划指导、科技创新讲座、科技创新竞赛和就业创业指导四个部分组成。其中最核心的部分是化学科技创新竞赛。该竞赛主要针对大二大三学生。参赛学生在接受关于研发提案报告的书写及研讨相关培训的基础上，通过对人类生活现状的认识和分析，运用已学到的化学知识，设计出一种具有一定的理论可行性的分析检测仪器，以团队形式准备参赛报告，并通过市场调查和商业分析，制定出营销策略，在演讲比赛中进行方案论证，接受专业评委和大众评委的审查。可见，该类活动锻炼了大学生多方面的素质，对他们创新创业能力培养起到了重要的作用。

（二）以学术型学生社团建设推动大学生创新创业教育

学术型学生社团是有一群有志于某一学科或某一研究领域的学生自愿组织而成的群众性团体。学术型学生社团能为优化学习实践氛围、培养大学生对专业知识的学习兴趣提供有利环境，是培养大学生团队合作精神的有形载体，已成为大学生创业就业教育、创新实践能力培养的重要平台。

近年来，四川大学化学学院依托学科优势，发挥专业特色，以多元化的创新人才培养模式打造出丰富的学术型学生社团。学术型学生社团活动既具有严谨性，又富含趣味性，吸引了众多热爱科技创新的优秀学生。创意化学社在成立之初，主要以提高同学们对化学的科学认识程度，培养本科生对化学学习的兴趣为目的，举办了许多具有专业特色的活动。社团成员们以例行趣味实验活动为基础，不仅活跃在四川大学大学生创新创意实现平台（智造梦工场）的创意工坊平台，还组建起创业团队，以自制的趣味科普型化学实验课程为主营产品，成为大学生创业大军中的一员。

（三）以"第二课堂成绩单"制度助力大学生创新创业人才培养

"第二课堂成绩单"制度，是新形势下高校共青团工作规范化、课程化、制度化的新探索，围绕高校育人工作中心，充分发挥第二课堂内容广泛、形式多样、方式灵活等特点，辅之以细致、量化、可操作的考评体系，满足学生们的学习兴趣与爱好，调动学生参与的积极性和主动性，构建以培养大学生良好的政治素质与思想修养、创新思维与创新创业能力、人文艺术素养与全球化视野、较强的团队意识与实践能力为目标的育人模式。"第二课堂成绩单"制度的实行是高校共青团深化改革和服务青年学生的重要举措，也为创新创业型人才培养模式改革提供了新的机遇。

实行"第二课堂成绩单"制度，不仅可以真实、客观地记录学生参与各项创新创业实践活动的情况，而且可以科学、准确地对学生在创新创业学习实践中的综合表现进行评价，从而全面、高效地促进学生创新创业能力的提高，为学生将来更好地融入社会打下坚实的基础。

参考文献

[1] 何桂玲，夏丹，陈泽凡.基于第二课堂的大学生创新创业能力研究 [J]，岳阳职业技术学院学报，2016，31（1）：46-49.

[2] 郝平平，林勇.如何利用第二课堂开展创业教育 [J]，西部素质教育，2018，4（2）：64-65.

[3] 张朝伟，段星梅，吴世坤，等.关于通过第二课堂提高大学生创新创业能力的几点思考 [J]，佳木斯职业学院学报，2018（3）：232-233.

[4] 于海，赵雅静，付凤至.浅析大学生学术科技活动对创新创业教育的促进 [J]，高教学刊，2015（14）：16-17.

基于多学科交叉融合双创实践平台的探索与思考

——以华西口腔医学院 3D 打印工坊为例

张金军　谭静

（华西口腔医学院）

摘　要： 多学科的相互交叉与融合是高等院校创新型人才培养的有效途径，在未来的高校学科发展中将发挥越来越重要的作用。本文以华西口腔医学院 3D 打印工坊为实证研究对象，从多学科交叉融合视角，探索 "1+2+N" 双创人才培养模式，以期对创新创业教育模式提供一定的借鉴。

关键词： 多学科交叉；双创实践平台；3D 打印工坊

知识融合与学科交叉是当代知识创新发展的重要特征，国务院在《关于深化高等学校创新创业教育改革的实施意见》中指出："高校要探索建立跨学科、跨专业交叉培养创新创业人才的新机制，促进人才培养由学科专业单一型向多学科融合型转变。"2018 年 5 月 2 日，习近平总书记在北京大学师生座谈会上指出，在形成高水平人才培养体系的过程中，"要下大气力组建交叉学科群……加强学科之间协同创新"。5 月 28 日，在两院院士大会讲话中，习近平总书记再次提出 "交叉融合" 这个关键词。由此可见，从国家到高校都非常重视跨学科交叉平台的建设。本文将以华西口腔医学院 3D 打印工坊作为实证研究对象，从多学科交叉融合的视角，探讨了多学科交叉人才培养的必要性，提出了 "1+2+N" 双创人才培养模式，以期对创新创业教育模式提供一定的借鉴。

一、多学科交叉人才培养的必要性

2018 年，教育部、财政部、国家发展改革委制定了《关于高等学校加快"双一流"建设的指导意见》（简称"《意见》"）。《意见》强调打破传统学科之间的壁垒……整合相关传统学科资源，促进基础学科、应用学科交叉融合，在前沿和交叉学科领域培植新的学科生长点。研究成果表明，多学科交叉融合符合当前社会经济与科技发展的趋势，有助于改善学生的知识架构和思维体系，培养学生的创新意识与创新能力，提高学生的实践与应用能力。

（一）多学科交叉有助于改善学生的知识架构和思维体系

多学科交叉的一个重要表现是知识的跨越。在学科交叉的学习平台上，学生摆脱了单一学科的隔阂和限制，其知识架构和思维体系处于一种开放状态，能将各个学科的知识有效地结合起来，从而形成自己的知识系统，为未来学习打下更为宽广和厚实的知识基础。

（二）多学科交叉有助于培养学生的创新意识和创造力

创新精神是国家和民族不断发展的不竭动力，创造性思维是创新精神的核心。多学科交叉具有跨学科的特点，可以孵化出大量实际交叉问题和创新点，能够唤起学生创新意识，激发学生思维，强化创新意识，维持创新兴趣，有助于培养学生的创造性思维。

（三）多学科交叉有助于培养学生的创新实践能力

多学科交叉还具有创新性和应用性的特点，这就决定了它在锻炼学生创新实践能力方面的独特功能。同时，多学科交叉具有强烈的问题解决意识和鲜明的实践导向，有利于拓宽学生知识基础，培养学生的创新精神，锻炼学生的实践动手能力，开发学生的研究创新能力。

当前，高校普遍存在学科之间壁垒重重、学科交叉融合度低，科学研究分散、封闭，资源共享不足，科研人员多学科交叉融合意识不强，适应多学科交叉融合的体制机制尚未建立和完善等诸多问题。

二、多学科交叉融合双创平台的实践与探索

为了满足多学科交叉人才的培养，华西口腔医学院积极探索，形成了"1+2+N"的创新创业模式，即依托了一个平台——四川大学 i 创街 3D 打印工坊，利用了两个抓手——学术型社团和模拟诊所创意大赛，孵化了 N 个双创实践品牌活动。

（一）构建多学科交叉双创实践平台，培养学生交叉创新能力

多学科交叉融合对于科学进步、知识传承、人才培养意义深远。华西口腔医学院以组建学科交叉融合学术创新团队为纽带，以四川大学i创街3D打印工坊为平台，让不同年级、不同学科、不同专业的学生共同参与，发挥专业特长，加强团队科研项目训练，实现多学科交叉融合。目前，3D打印工坊建立了"教师指导下的学生自主管理"基地运行模式，常驻团队学科跨文理工商医，包括华西口腔医学院、机械工程学院、材料科学与工程学院、商学院、高分子科学与工程学院、艺术学院等，最大限度地为大学生提供多元化的创业成长土壤。3D打印工坊依靠材料、机械制造、计算机、口腔医学等多学科交叉优势，瞄准3D打印技术前沿，面向口腔医学等领域，致力于基础研究、技术开发、装备制造及产品应用的深度融合。工坊以3D打印产品应用为牵引，借助跨学科合作，构建3D打印产品增材制造的研发、应用、人才培养及创新创业的完整链条。同时，工坊面向全校大学生开放创新创业的科研活动与课题研究，并结合教学需求，探索建立的跨学科课程体系和教学模式。此外，工坊还定期举办跨学科学术交流活动、设计比赛，向全校师生提供3D打印体验，以期更好地为口腔医学应用、材料创新及技术研发服务。

综上，3D打印工坊充分挖掘多学科交叉优势，依托工坊学生已申报专利、课题项目、双创比赛等，进一步开阔了学生学科视野，培养了学生交叉创新及跨界融合能力，全面提升了学生的综合素质。

（二）共建跨学科学术型社团，助推学生双创能力提升

高校学术型社团是大学生致力于某一学科、课程或科研领域研究，在专业教师指导下，依托共同的学术兴趣和爱好组成的大学生社团。它以加强学生学术交流、拓展学生学术视野、增强学生双创能力为目的，是高校第二课堂建设的重要组成部分。华西口腔医学院非常重视学术型社团建设与学生双创能力培养的一体化发展，将学术型社团发展与双创示范基地建设相结合，通过精心培育创新型学术型社团，营造学术创新氛围；通过举办学术科技活动，提高学生研究创新能力；通过跨学科共建学术社团，让学生适应多学科交叉合作，培养学生的团队协作精神和社会担当能力。

华西口腔医学院目前有18个学术型社团，包括华西口腔智慧医疗协会、口腔临床前技能研究社、启航创就社等一批跨学院、跨学科的学术型社团。同时，依托3D打印工坊与机械工程学院共建增材制造及其自动化学术型社团，邀请双创达人举办"漫谈智造"学术交流会，共同探讨创新创业经历、3D打印科技前沿等话题；开展"触碰智造"3D打印体验活动，让全校学生零距离接触3D打印，用双手创建智慧未来；开展"共享智造"对外交流活动，积极对外交流，见证3D打印发展

历程。

总之，跨学科共建学术型社团有利于培养创新思维及专业能力，增强创新创业意识；有利于开展专业性强的双创竞赛，提升双创能力；有利于增强双创活动的积极性和吸引力，营造双创氛围。

（三）搭建多学科交叉赛事平台，促进创新思维与创业实践的有机融合

华西口腔医学院充分利用四川大学综合性大学优势，结合各学科专业特色，按照"激发创意—实践创新—孵化创业"的思路，搭建多学科交叉赛事平台，孵化精品创新创业活动，培育和提升大学生创新创业能力。学院积极举办诸如"3D 打印创意设计大赛""模拟诊所创意设计大赛""树叶画大赛"等跨学科赛事，充分调动学生主动创新创业积极性。"3D 打印创意设计大赛"是涉及口腔、机械、材料、艺术等多个学科，旨在提升学生创新、创意及动手实践能力的比赛，要求学生以 3D 设计软件自主建模，在 3D 打印工坊打印出来参与评比，取得了良好反响。模拟诊所创意大赛是四川大学最负盛名的大型赛事之一，比赛是医学＋多学科的大范围协作，它以医学元素为核心，并要求学生具有法学、商学、建筑学、经济学等多方面知识储备。同时它也是学生进入职业前的模拟尝试，能够促进创新思维与实践的有机结合。比赛的各个环节分别针对创业的不同阶段，给出不同的目标和要求，提供更加真实的模拟创业体验和更加丰富的实地训练经验。

三、多学科交叉融合双创实践平台的成效与思考

（一）成效

基于多学科交叉融合双创实践平台，学院探索的"1+2+N"双创教育模式，在创新创业人才培养方面取得了显著成效，产生了良好的社会效益和辐射作用。

1. 组建了多领域 3D 打印专业团队，推动多学科交叉融合

3D 打印工坊目前由华西口腔、机械、材料三个专业团队组建而成，拥有小型 3D 打印机 20 台，3D System Cube pro 打印机 2 台，大型 FDM3D 打印机 1 台，光固化 3D 打印机 1 台。目前，3D 打印工坊面向全校师生提供 3D 打印体验，并举办学术研讨交流及相关设计比赛。不同专业的学生在创业导师指导下进行口腔医学应用、材料创新及技术研发等多学科探究，极大地提升了学生创新思维、交叉创新及跨界融合能力。工坊已孵育出 10 余项跨学科的大学生创新创业项目，发表了相关学术论文，并积极组织学生参加各类双创比赛，取得京都大学生国际创业大赛金奖、第三届"中国创翼"创新创业大赛创翼之星奖、"互联网＋"四川省金奖等多项奖项。

申请 3D 打印相关专利达到 12 项，并成立创业公司，从 3D 材料、设备、应用全方位推动科研成果转化。

2. 培养了一批有创意、能创新、善创业的新时代人才

对大学生而言，创新能力决定着一个人的发展潜力和发展高度，有创意、能创新、善创业是新时代人才的重要标志。在学院创新创业教育引导下，学生中形成了浓厚的创新创业氛围，学院的双创工作也取得一定的成效，孵化出一批优秀的创业项目，在"互联网 +""创青春"等大赛中多次荣获全国金奖；涌现出一批杰出的创业群体，如医联创始人兼 CEO、企鹅医生 CEO 王仕锐，尚善口腔联合创始人贺刚，成都艾视美文化传播有限公司 CEO 王秋实，本科生"双创达人"林培雅等。

（二）总结与思考

1. 协同创新：探索跨学科交叉人才培养新模式

当今世界，学科前沿的重大突破和重大创新成果，大多是多学科交叉、融合和汇聚的结果。目前高校单一学科的人才培养模式已经不能满足学科发展的需求，需要积极探索构建跨学科交叉人才培养的新模式，以满足学生多样化、多层次、多方面的成才需求。基于多学科交叉实践性的特点，更需要高校树立多学科视野，打破固有学科领域界限，建设体现高校优势与特色的专业集群，推动多学科交叉融合协同创新。

2. 融合发展：推进专业教育与创新创业教育的有机融合

高校应将创新创业教育贯穿于大学生培养全过程，将课外学术科技活动、社团活动、志愿服务与社会实践、双创教育等第二课堂与第一课堂融合发展，努力实现创新创业教育与专业教育有机融合。同时，完善"双创"教育课程体系，在创新创业教育中开设跨学科专业的交叉课程，探索设置学科前沿课程、交叉学科研讨课程，强化创新创业实践，有利于人才培养由学科专业单一型向多学科融合型转变，有利于提高大学生的实践能力。

综上，多学科交叉融合已成为当下知识创新和科学发展的时代特征，推动学科交叉协同创新，是推进高等教育内涵发展、培养高校创新型人才的关键之举，更是国家实施创新驱动发展战略的必经之路。

参考文献

[1] 王牧华，袁金茹. 交叉学科培养本科拔尖创新人才的机制创新与体制变革 [J]. 西南大学学报（社会科学版），2015（3）：66-72.

[2] 李涛，宗士增，徐建成，等. 构建多学科交叉融合创新实践平台的探索与实践 [J]. 中国大学教学，

2013（7）：79-81.

[3] 王红梅，邹艳，王吉华 . 多学科交叉创新实践育人平台的研究与实践 [J]. 实验技术与管理，2014（11）：23-25.

[4] 王根顺，汤方霄 . 基于交叉学科的研究型大学创新人才培养研究 [J]. 教学研究，2011（1）：16-19.

[5] 程光德，高慧 . 增强高校研究生创新创业教育实效之对策 [J]. 武汉理工大学学报（社会科学版），2017（11）：158-161.

[6] 郑友益，赵宇，李婕 . 浅析跨学科交叉专业建设中的人才培养模式 [J]. 科技信息，2008（9）：12-13.

[7] 教育部　财政部　发展改革委印发《关于高等学校加快"双一流"建设的指导意见》的通知 [EB/OL].（2018-8-20）[2022-6-30].http：//www.moe.gov.cn/srcsite/A22/moe_843/201808/t20180823_345987.html.

[8] 国务院办公厅印发《关于深化高等学校创新创业教育改革的实施意见》[EB/OL].（2015-5-13）[2022-6-30].http：//www.gov.cn/xinwen/2015-05/13/content_2861327.htm.

基于创新思维培养的
医学拔尖创新人才发展路径探索 ①

伍艳

（华西临床医学院）

摘 要： 医学拔尖创新人才培养对于我国医疗卫生行业服务质量的改善和医疗科学水平的提升有重要而深远的影响，创新创业教育改革对于改善医疗资源不平衡不充分间矛盾的重要途径。本文通过分析新时期拔尖医学人才培养目标、存在的问题，基于医学学科专业特色，探索以创新创业教育改革为突破口的医学拔尖人才培养模式，提出具有坚定理想信念、良好职业素养、扎实专业知识和实践技能、卓越创新创业能力、宽广国际视野的新时代复合型人才培养目标和途径。

关键词： 拔尖人才；专业素养；创新创业；人才培养

高校思想政治工作关系到高等教育"培养什么样的人""如何培养人"以及"为谁培养人"的根本问题。人才培养是高等学校的核心使命，也是研究型大学的中心任务。教育部高等教育司在 2018 年工作要点中提出全面实施"六卓越一拔尖"人才培养计划 2.0 版，为教育界未来工作重点指明方向。医学教育承担着培养国家医药卫生事业发展所需的高级专门人才的重任，医疗模式正经历从传统的经验医学、生物医学到循证医学、精准医学的变革，医学生培养需契合时代发展需要，与未来人才培养的模式相符。本文在分析医学人才培养教育的现存问题，探索以医学生创

① 本研究获得四川省科技厅软科学研究项目（2021JDR0289）、四川大学研究生思想政治理论研究课题（2021YSZ19）、四川大学研究生教育改革项目（GSSCU2021038）资助。

新创业教育改革的优化途径，提出拔尖医学人才培养目标，助力医学人才培养。

一、拔尖医学人才培养目标

　　教育部、卫生部共同出台的《关于实施临床医学教育综合改革的若干意见》和《关于实施卓越医生教育培养计划的意见》为医学教育改革做了顶层设计。2015 年，国务院出台了《统筹推进世界一流大学和一流学科建设总体方案》（以下简称方案）并指出统筹推进世界一流大学和一流学科建设，是党和国家顺应世界高等教育发展趋势而推出的"中国战略"。创新驱动，核心是人才驱动，实施创新驱动发展必须有创新型人才。拔尖医学人才的标准是应当具有坚定理想信念、良好职业素养、扎实专业知识和实践技能、卓越创新创业能力、宽广国际视野的新时代医学复合型人才。

二、医学人才培养教育存在的问题

（一）日益扩大的医学研究生规模与当下不完善的培养体制之间的矛盾

　　从 1999 年开始，研究生开始扩招，年均增幅约 20%。近年来，研究生招生规模平均每年维持 6% 左右的增幅，所占比重最大的前三个学科分别是工学、管理学、医学。医学研究生教育规模不断扩大的同时，教学质量却没有紧紧跟上。国家医学考试中心数据显示：2011—2015 年，137 所院校临床专业学生的国家执业医师资格考试通过率存在较大的差异，首次参加执业医师资格考试平均总体通过率为64.42%，最高可达 93.37%，而最低为 24.56%。根据教育部提供的 2015 年医学门类各专业、各层次招生人数的数据可知，可以参加执业助理医师资格考试专科临床医学专业的年招收人数达到 6.5 万余人，比本科临床医学专业的招生人数少 2 万人，该类学生首次参加执业助理医师资格考试平均通过率仅为 25.86%，通过率为本科临床医学专业的 40%。医学水平可以反映出一个国家的综合科技水平，而医学科学的发展是要靠培养的医学人才去推动和创新。

　　当下医学人才教育主流方式为 5+3+3（本科 + 硕士 + 博士）模式、本硕博八年制和 5+X（住院医师规范化培训）模式，培养模式分为学术型和专业型，招录的主要方式为考试选拔，单一的考核体制限制了创新人才的发挥，学术型医学人才生源质量待优化，专业型医学人才培养模式仍要探索。目前大多数医学院校认识格局还有局限，对医学研究生培养存在"重临床轻科研，重创新轻创业"的错误认识，表现为管理机制和体系的不健全，研究生理论和实习教学方式仍以传统灌注式或填鸭式教学模式为主，而且多局限于医学知识与技能的讲解和传授，医学生的逻辑思维能力、解决问题的能力和创新创业的能力得不到有效锻炼，难以满足新时代拔尖医学创新人才的培养要求。此外，毕业后教育制度尚不完善，政策落实程度不够，区域之间和基地之间人才培养质量存在差异，部分医学院校入学标准和师资队伍水平较低，教学质量较低，办学资源不足，人才培养质量不能达到国际最低标准。医学研究生规模的不断扩大导致参差不齐的医学人才培养质量难以满足人民群众日益增长的健康需求，成为制约医学和教育事业发展的"瓶颈"。

（二）高标准的创新创业人才培养目标与相对落后的创新创业教育现状之间的矛盾

美国一些高校早在 20 世纪 50 年代就开始重视对学生的创业教育，并进行了积极的探索和实践。哈佛大学商学院早在 1947 年就引入了创业课程，创业教育首次在大学出现。1983 年美国得克萨斯大学奥斯汀分校举办的首届大学生创业竞赛拉开了大学生创新创业活动的帷幕。英国政府 1998 年启动了大学生创业项目，5 年期间参与此项目的大学生就超过 1 万名，从中诞生了很多大学生创业成功的企业。我国的创新创业教育起步较晚，教育部从 2002 年开始选定清华大学等 9 所大学作为创业教育试点院校。近几年，国家号召"大众创业、万众创新"，国务院、教育部先后出台系列创新创业相关文件，创新创业教育成为各高校"十三五"教育教学改革的重点工作。四川大学于 2016 年入选国家首批双创示范基地，在高等学校开展创新创业教育，是服务于创新型国家建设、深化高等教育教学改革、培养学生创新精神和实践能力的重要途径。对医学研究生而言，除了需要掌握扎实的专业知识和临床技能外，将这种知识和技能储备转化成创新精神、意识和能力尤为重要。

当前国内高校普遍陷入学生"创业"有余而"创新"不足的困境。蔡珍珍等关于医学生创业意向及现状的调查研究指出：39% 的医学生认为自身不适合创业，进一步分析创业困难的原因，主要为缺乏创新创业经验和启动资金（78%）。在高校的创新创业人才培养中，影响创新创业人才评价的主要因素包括专业知识、能力素养、创新创业意愿等，但目前高等学校缺乏针对创新创业教育教学质量的评价体系，也很难综合评价这几个维度，高标准的创新创业人才培养目标与相对落后的创新创业教育现状之间的矛盾日趋激化。

三、基于"专业素养＋创新创业能力"的医学拔尖人才培育模式的探索与实践

基于"专业素养＋创新创业能力"的医学拔尖人才培育模式，通过建立拔尖

医学创新人才培养新格局，制定分层分类的培养目标、培养计划，设计创新教育教学内容，设置匹配的教学方法并形成拔尖创新人才的评价考核体系，全面提升医学生职业胜任力、批判性思维和创新能力，实现"授课式"—"形成式"—"转化式"教育的转变，使学生从死记硬背式的学习转化为整合信息，在团队协作和平台资源中获取创新的核心能力。

（一）转变教育理念，建立以专业为基础、以科研为主导、科研临床相结合的培养模式

四川大学早在 2011 年便启动全面推进启发式讲授、互动式交流、"探究式—小班化"讨论的课堂教学改革，为教学育人寻找突破口，建立和实施"非标准答案考试、取消 60 分及格"的课堂教学评价体系，提高个性化教育质量，提高学生学习的主动性。医学院课程教学除了介绍相关疾病的基础知识外，还采用了虚拟现实（VR）和增强现实（AR）技术进行解剖等人体教学以及以问题为基础的学习（Problem-based Learning，PBL）、以团队为基础的学习（Term-based Learning，TBL）、以案例为基础的学习（Case-based Learning，CBL）等多种教学方法，以提高学生学习的兴趣、主观能动性，进而提高学生分析和解决问题的能力。在课程设置中，为学生选课创造了极大的自由度，学生既可以在必修课的基础上根据自己的兴趣爱好来选择喜欢的选修课，也可以选修时政解读、医学人文、生命科学、创新创业等方面的综合素质课程。当前在我国医学生教育中普遍存在"重书本知识，轻科研能力"的现象，华西临床医学院在 20 世纪就重视学生英语能力和文献阅读能力的培养，倡导早进实验室、早进课题组、早进科研团队的"三进"制度。依托国家重点实验室等资源和开放式科研平台，邀请院士、长江学者、四青人才（青年千人计划、青年长江学者奖励计划、万人计划青年拔尖人才、优秀青年科学基金项目获得者）为医学生讲解最前沿的技术和方法，培养学生科研创新意识，强化科研思维，提升转化能力。医学研究生第一作者 SCI 论文的发表量占了全院总论文数的 60%以上，在全国医学高校位居前列。此外，医学研究生除了完成基础的科学研究以外，还要每周上门诊，每个季度进临床，可以针对临床问题开展基础研究，同时将基础研究的成果转化为实际临床患者的疾病预防、诊疗预后的评估，实现从"实验室到床边"的转化，又从"床边到实验室"的良性循环。

（二）完善培养体系，精益提升创新创业能力，推行开拓视野的国际化培养方式改革

第一，保障创新创业教育贯穿医学人才培养全过程。强化医学生分类培养和个性化指导，构建高层次、多类型的研究生培养新模式和体系，将创新意识、创业能力的培养贯穿医学教育全周期。

第二，引进国内外优质教育资源，完善课程体系。在课程建设中，依托与国外高校的合作，坚持"高水平、国际化、硕博贯通"的标准，采用线上线下相结合的混合式教学，分层分类设置课程：打造双语教学课程和创新创业课程，拓宽学生国际视野；嵌合必修课程、综合素质教育课程、专业课程、实践性教学环节课程，同步进行优化。教学过程强调教与学双方深度互动，保护教师的教学热情，激发学生的好奇心和主动学习热情，提升学习能力和解决问题能力。

第三，培养具有国际竞争力的高端医学人才。加大研究生国际合作与交流力度，多渠道统筹研究生教育经费，设立医学生专项科研创新基金项目，建立创新创业学分积累与转换制度，完善弹性学制相关规定。加强以医学生社会实践、双创指导为龙头的第二课堂建设，结合学科专业实际，依托大学科技园、大学生创业园、创业孵化基地和小微企业创业基地等，建设学生校外实践教育基地；成立学生创新创业协会、创业俱乐部等，借助导师智库帮学生寻找创业机会与组建团队，加强全球胜任力的培养，提高研究生的综合素质，并形成拔尖创新人才形成性评价和终结性评价体系。自 2007 年至今，学院共有 300 多位研究生参加了国家建设高水平大学公派留学 CSC 项目，先后赴哈佛大学、耶鲁大学、斯坦福大学、麻省理工大学、剑桥大学、牛津大学等世界名校进行联合培养或学术访问。与国际高水平院校建立稳定的合作关系，拓展了国际合作培养医学生的资源，为学生国际化视野的开拓提供了良好的平台。

（三）以创新竞赛为抓手，培养学生创新精神，强化创业意识，提升创新创业综合能力

互联网＋、物联网、大数据、深度学习、云计算、人工智能等新兴技术的蓬勃发展已经对传统医疗模式产生了深刻影响。兴趣是最好的老师，是学生学习创新的强大推动力，教师要合理引导学生在实践中亲身体验和认识培养创新思维和创新能力的重要性。高校要加强创新创业师资培养与管理，配齐配强创新创业教育与创新创业指导教师团队，建立创新创业教育考核机制，积极引导医学生在临床工作中、社会实践里发现问题、思考问题、解决问题。

笔者团队经过多年的探索和实践，构建了基于专业素养提升和创新创业能力提高的医学拔尖人才培育模式，取得了系列成果，为学生创新创业能力的提高起到了积极作用。中国"互联网＋"大学生创新创业大赛和研究生创新实践系列大赛被誉为中国大学生/研究生最高规格、最具权威、最有影响的创新创业实践赛事。医学研究生在学校的支持以及导师的指导下，在这两项顶级赛事中取得了全国最好成绩，连续四年斩获中国"互联网＋"大学生创新创业大赛总决赛全国金奖，累计获得 7 项金奖；连续两年荣获研究生智慧城市技术与创意设计大赛全国第一名，学生的创新意识、创业能力得到了充分的发挥与展示。这一成果的取得与"专业培养＋

能力提升"协同育人保障体系分不开。学院建立了以学术思想交流、科研能力培养、创新创业能力提升、综合素质提高为目的的学术型社团,举办"互联网+智慧城市"总结分享会,同时给予大赛配套奖金奖励支持。定期邀请校内外导师举办创新创业训练营,不仅面向大学生群体,同时面向研究生导师、青年教师群体,建立参加国内外各类学术科技创新赛事的项目库和人才库,出台相应的政策大力支持医学生参与"双创活动",依托专业领域的沉淀,整合各级资源发挥多学科交叉优势,激发大学生创新创业意识,提升大学生的创新创业综合能力,推动科学研究转化。建立适宜的创新创业教育工作机制,专人负责定期研究相关工作,促进成果落地转化,让优秀项目茁壮成长,将众多创新成果捏合成引领时代发展的重大创制成果。

四、医学拔尖人才培育的实践与总结

人才培养是一所大学的根本与核心,高校作为创新创业高端人才培养的主阵地,在大学实施创新创业教育,建成拔尖医学人才创新创业能力培养体系,培养出更多具有创新精神、创业意识和创新创业能力的优秀人才,是全面提升教学水平和人才培养质量的现实需求。拔尖创新人才是新思想的启蒙者、新技术的发明者、新知识的创造者和新产业的开拓者。树立创新创业教育理念、深化创新创业教育改革、培养创新创业人才,是高等教育主动适应经济社会发展的迫切要求,也是高等教育自身改革发展的迫切需要。对高校而言,无论是站在响应国家发展战略的角度,还是站在增强高等教育发展的内生动力,抑或是促进青年学子将个人价值实现同国家发展结合起来的角度,创新创业教育都具有重大现实意义。高校应充分利用课程教学第一课堂、科研临床实践和创新创业训练等第二课堂的资源优势,积极探索研究型大学优秀人才成长规律和探究式学习方法,在培养方案个性化、教学方法多样化、学生管理科学化、创新创业多元化等方面进行全方位的探索和改革,在实践中创新,在创新中实现发展,不断培养和提高学生的专业素养和创新实践能力,培养具有新时代竞争力的医学拔尖人才。

参考文献

[1] 万学红.全球医学卫生教育专家委员会21世纪医学教育展望报告的启示[J].中国循证医学杂志,2011,11(5):477-478.

[2] 张玉辉.研究生创新创业能力培养的系统论解析[J].科技创业月刊,2015,28(20):12-15.

[3] 周祖翼.加强创新创业教育 提高人才培养质量[J].中国高等教育,2013(8):42-43,47.

[4] 丛明,寇福生,王诗白."互联网+"背景下的研究生创新创业能力培养研究与实践[J].时代教育,

2017（9）：44-45.

[5] 刘健."互联网 +"时代下的民办高校大学生创业能力培养探索 [J]. 求知导刊，2016（5）：37-38.

[6] 国务院办公厅关于深化高等学校创新创业教育改革的实施意见 [J]. 中华人民共和国国务院公报，2015（15）：51-54.

[7] 刘延东 . 深入推进创新创业教育改革培养大众创业万众创新生力军 [N]. 中国教育报，2015-10-26（1）.

[8] 夏欧东，郑玮，余杨 . "CDPS"医学生创新教育模式的探索与实践 [J]. 高教探索，2016（4）：70-72.

[9] 蔡珍珍，刘欢，郜莹，等 . 医学生创业意向及现状研究 [J]. 科技创新导报，2017，14（8）：233-234.

[10] 王占仁 . 中国高校创新创业教育的学科化特性与发展取向研究 [J]. 教育研究，2016，37（3）：56-63.

[11] 梅伟惠，孟莹 . 中国高校创新创业教育：政府、高校和社会的角色定位与行动策略 [J]. 高等教育研究，2016，37（8）：9-15.

[12] 向琳，刘瑶 . 从我校实施创新人才培养综合计划看医学教育改革 [J]. 高等教育发展研究，2014（3）：21-23.

[13] 刘孝利，吕弋 . 四川大学吴玉章学院拔尖创新型学生能力培养初探 [J]. 高等教育发展研究，2016（1）：11-14.

[14] 于兆国 . 高职学生创新创业能力融合培养模式探析 [J]. 黄河水利职业技术学院学报，2017，29（3）：65-68.

[15] 张喆，陈明伟，钟照华，等 . 加强基础七年制临床教学管理，培养医学拔尖人才 [J]. 基础医学教育，2013，15（7）：738-740.

[16] 陈文仪，崔华欠，李雨，等 . 从美国医学研究生招生角度探讨我国医学研究生招生制度 [J]. 中国高等医学教育，2016（6）：121-122.

[17] 杨慧，陈昊，李婧辰 . 医学生创新思维培养的探讨 [J]. 基础医学教育，2015（9）：835-837.

[18] 姜慧杰，姜昊，李鑫 . 医学研究生拔尖创新人才培养新思路 [J]. 中国继续医学教育，2017，9（2）：45-47.

[19] 安毅莉，赵伊昕，张梦华 .PBL,LBL 及 PBL+LBL 教学法在医学教育中的优劣 [J]. 医学教育研究与实践，2016，24（2）：275-277.

[20] 潘晨，刘莹，蔡红星 . 医学教育认证背景下学生评价改革初探 [J]. 医学教育研究与实践，2016，24（1）：30-31.

高校研究生创新人才培养现状及其系统化课程建设研究

邢海晶

（马克思主义学院）

　　摘　要：高校研究生教育与本科生教育存在着质的区别。高校研究生教育在于通过理论学习和实践来培养研究生在现实中发现问题、解决问题的能力，并促使研究生通过对实践经验抽象而进行理论和实践的创新探索。对研究生培养的创新性要求则直接反映在研究生创新人才培养的课程建设中。高校研究生创新人才培养素质拓展课程模块的建构和运用是研究生创新型人才培养的前提和基础，而其系统化的课程模块的建构和运用就成为具有重要教育意义的现实问题。

　　关键词：研究生；创新人才培养；系统化课程

一、研究生创新型人才培养的现实要求

　　根据教育部印发的《2019年全国硕士研究生招生工作管理规定》，"高等学校和科学研究机构招收攻读硕士学位研究生，是为了培养热爱祖国，拥护中国共产党的领导，拥护社会主义制度，遵纪守法，品德良好，为社会主义建设服务，掌握本学科坚实的基础理论和系统的专业知识，具有创新精神和从事科学研究、教学、管理或独立担负专门技术工作能力的高级专门人才"[1]。这是对我国研究生教育最

---

① 教育部关于印发《2019年全国硕士研究生招生工作管理规定》的通知[EB/OL].（2018-08-15）[2022-6-30]. http://www.moe.gov.cn/srcsite/A15/moe_778/s3113/201808/t20180821_345717.html.

基本的人才培养目标的直接反映。

研究生创新人才培养是社会发展的现实要求。新时代的中国面临着前所未有的民族复兴之历史机遇，而创新则是推动民族复兴的第一动力，创新性的实践中最为活跃的革命性因素则是人。所以说，实现民族复兴最根本的依托是人才资源。创新人才是实现民族振兴、赢得国际竞争主动的战略资源。创新人才的培养是关系到民族复兴、国家发展、社会进步的关键性问题，是社会发展的现实要求。

具有突出创新能力的高层次人才培养不仅是当前中国高等教育必须正视的现实，也是世界各国高度关注的问题。因为具有突出创新能力的高层次人才培养直接关系到一个国家的经济社会的发展潜力，甚至将决定民族国家的前途命运。全球最大的人力资源服务商欧洲德科集团（瑞士）最新研究数据显示：全球现有 7300 万年轻人处于失业状态，仍有 800 万个工作岗位找不到合适的人选，预计 2025 年一半以上的年轻人将从事当今社会并不存在的全新的工作。① 这是新兴行业与领域的人才需求与当前既有人才供给之间巨大落差的现实反映。这从本质上凸显了社会对于高校培养创新人才的现实迫切需要。

从中国当前实际出发，根据经济社会发展对产业调整和创新人才供给的需要，李克强总理在 2015 年《政府工作报告》中提出"大众创业，万众创新"②。2016年 5 月，国务院办公厅印发《关于建设大众创业万众创新示范基地的实施意见》，其中明确提出"高校和科研院所示范基地要充分挖掘人力和技术资源，促进人才优势、科技优势转化为产业优势和经济优势，重点完善创业人才培养和流动机制，加速科技成果转化，构建大学生创业支持体系，建立健全双创支撑服务体系"③。而满足市场对创新人才的需求最根本的还是要落脚在人才培养基地——高校。而中国高校所处的历史发展阶段决定了创新人才培养的重点在研究生教育阶段。

就创新人才培养而言，研究生教育不同于本科生教育。在高等教育大众化的今天，本科生教育更多的是侧重于相关专业学科最基本的理论知识以及学科最新成果的传授，而对于本科生的基本理论知识掌握程度，也是能够按照学科理论要求在实际工作中严格遵照规章流程实践操作。而研究生教育则更加注重创新能力培养。研究生在本科的理论知识传授和实践教学的基础上，更加注重专业理论知识学习的系统性，在理论储备的基础上，着重训练运用已有知识审视和解决现实问题的能力，并在实践经验的积累中完成理论和实践的创新。

---

① 赵继. 以"双创"教育理念引领本科教育改革 [J]. 中国大学教学，2016（8）：7-11.

② 2015 年 3 月 5 日李克强在全国两会上作政府工作报告 [EB/OL].（2015-3-5）[2022-9-30].http://www.gov.cn/guowuyuan/2015-03/05/content_2826522.htm?cid=303.

③ 国务院办公厅关于建设大众创业万众创新示范基地的实施意见 [EB/OL].（2016-5-12）[2022-9-30]. http://www.gov.cn/gongbao/content/2016/content_5076973.htm.

对研究生创新能力的培养，从国家层面而言，是对中国由大国走向强国，实现"两个一百年"奋斗目标的智力资源需要的回应；从社会层面而言，是对社会有机体结构自身不断进化以适应环境变化的人才结构需要之回应；从个人层面而言，是对在社会分工以及社会转型过程中，有志于创新的精英人才将个人自我价值实现与民族复兴、国家繁荣、社会发展相统一的需要之回应。因此，研究生创新人才培养具有重要的现实意义。

二、高校研究生创新型人才培养课程建设过程中存在的主要问题

党的十九大提出"建设知识型、技能型、创新型劳动者大军，培养造就高水平创新人才和团队"①的明确要求。这为高校研究生创新型人才培养指明了方向。在中国社会转型、经济新常态下，面对市场的创新型人才需求，高校开启了创新人才培养探索历程。但是当前我国研究生创新人才培养却面临诸多瓶颈，直接影响了其培养质量。其中尤为突出的是课程建设不足。

根据《教育部关于全面提高高等教育质量的若干意见》提出的"全面实施素质教育，把促进人的全面发展和适应社会需要作为衡量人才培养水平的根本标准"的高校研究生创新人才培养要求，以提升人才培养质量、增强创新能力为核心的研究生创新型人才培养课程建设成为主要突破口。鉴于创新型人才的综合素质要求，研究生创新型人才培养课程建设必然是系统工程，不是开设研究生公共课程或者专业课程，抑或推行第一课堂能够一蹴而就的，而是需要围绕培养目标设定、教育模式创新、素质平台构建、课程模块建设、队伍量化推进、社会师资兼聘、自主素质训练、保障条件完善等方面开展研究生创新人才培养系统化课程建设。

但是从我国高校研究生创新型人才培养课程建设现状来看，还远未达到系统化建设的要求。研究生创新人才培养将政治素质列为首位，正如《全国招收攻读硕士学位研究生招生简章》所列"高等学校和科学研究机构招收攻读硕士学位研究生，是为了培养热爱祖国，拥护中国共产党的领导，拥护社会主义制度，遵纪守法，品德良好，为社会主义建设服务"②。这也是十九大提出的"要坚持党管人才原则"③在研究生创新人才培养过程中的反映。只有政治素质过硬，人才在提升自身创新能力的过程中才能坚忍不拔，勇于挑战，坚持真理。所以这是根本立足点。同时，应

---

① 中国共产党第十九次全国代表大会文件汇编 [M]. 北京：人民出版社，2017：52.

② 教育部关于印发《2023 年全国硕士研究生招生工作管理规定》的通知 [EB/OL].（2022-9-5）[2022-9-30]. http://www.gov.cn/zhengce/zhengceku/2022-09/07/content_5708701.htm.

③ 中国共产党第十九次全国代表大会文件汇编 [M]. 北京：人民出版社，2017：106.

将马克思主义理论运用于指导各学科的理论创新中，保证创新实践的正确方向。然而，在当前的研究生创新人才培养中，虽然国家高度重视创新人才的政治素质，但是部分高校在实际教学过程中却存在重专业而轻思想的倾向。同时部分高校未能将马克思主义在科学研究认识论和方法论层面的指导贯穿各个学科教学课程始终，课程建设过程中难以做到真正的理论与实践相结合。那么在研究生创新人才培养课程建设过程中，教育模式就难脱单纯的课堂讲授、枯燥的理论论证之窠臼。研究生创新人才培养过程中对于形而上理论的执拗，限制了课程建设过程中实践素质模块的拓展，创新素质平台的搭建也多流于形式。研究生创新人才培养难以在产、学、研的系统化转换中带来社会价值。研究生创新人才培养不是紧跟社会发展需要，而是在自我封闭中与社会脱节。高校研究生创新人才培养的师资队伍更是热衷于精研高深理论，其自身社会功能定位本身就已经限制了在研究生创新人才培养中的效能。

综上，当前经济社会发展对于创新型人才的需要，以及当前高校研究生创新型人才培养课程建设中存在的问题，共同凸显了当前高校研究生创新型人才培养课程模块的建构和运用的重要性和必要性。

三、高校研究生创新型人才培养课程模块的建构和运用

要解决当前高校研究生创新型人才培养课程建设过程中的问题，需要依据当前经济社会发展对创新人才的需求，立足高等教育规律和研究生创新人才成长规律，统筹以人为本的专业知识教育体系和促进人的全面发展的思想政治教育体系两大创新人才培养体系，通过顶层设计、资源整合、院校联动、多元互补、方式灵活、分类指导、双向成长、系统保障的交互模式，围绕培养目标设定、教育模式创新、素质平台构建、课程模块建设、队伍量化推进、社会师资兼聘、自主素质训练、保障条件完善等方面推进研究生创新型人才培养课程系统化建设，从而实现具国际视野的高素质创新人才培养目标。

第一，研究生创新型人才培养课程建设要以马克思主义理论为指导，保证创新人才具有过硬的政治素质，其创新成果能够成为经济社会发展的根本驱动力。第二，要将马克思主义理论所揭示的高等教育规律、人才成长规律和知识创新规律相结合，统筹以人为本的专业知识教育体系和促进人的全面发展的思想政治教育体系，协同推进研究生的综合素质拓展系统化课程建设。要将马克思主义理论对于理论创新与实践探索的认识论和方法论贯穿于研究生专业知识教育课程始终。第三，高校要积极推动教育模式改革，将探究式教学、小班化教学、实践教学、网络教学等多种理论与实践创新相统一的教学模式融合，为研究生创新能力提升搭建创新项目申报、创新成果孵化、创新成果转化、创新项目融资等多元平台，为研究生创新人才培养提供动态服务和管理，对研究生创新能力提升提供动态跟踪和评估，并为研究生群

体当中具有创新潜力的个体和团队量身定做发展规划。第四，高校研究生创新人才培养要瞄准市场需要，优化师资队伍，提升创新人才培养实效。在既定的高校教学队伍推动理论教学的同时，应积极引入社会师资力量，调整教师队伍结构，打破理论教学和实践教学壁垒，在理论教学和实践教学相结合过程中，增强研究生素质拓展课程选择与组合的自主性和能动性，通过自助式的课程组合提升创新人才能力提升效率。第五，高校研究生创新人才培养是"三全育人"系统工程的延伸，是需要辅导员、班主任、党政管理干部、"两课"专业教师、图书馆工作人员、后勤服务人员等高校各职能部门的教学、服务、管理人员协同并进的系统工程，需要健全的制度保障各职能部门及其人员的高度配合，以发挥研究生创新型人才培养的最大效能。

高校研究生思想政治理论课
创新教育模式研究

薛一飞

（马克思主义学院）

摘 要： 研究生是高校当中重要的受教育群体。研究生群体的重要性使思想政治理论课教学面临严峻的挑战。研究生思想政治理论课教学如何能够充分利用极为有限的教学课时，保证思想政治理论课教学的实效性，已成为当前高校思想政治理论课教育改革的重要内容之一。

关键词： 研究生；思想政治理论课；教育模式

自 1999 年全国高校扩招以来，高校研究生培养质量提升面临着巨大压力，尤其是研究生的思想政治素质直接关系到高校研究生培养的社会效益，成为我国高等教育发展过程中必须高度重视的现实问题。为此，《教育部关于进一步加强和改进研究生思想政治教育的若干意见》（教思政〔2010〕11 号）文件提出："面对研究生规模扩大、培养模式和管理方式发生变化的新情况新要求，加强和改进研究生思想政治教育，是当前全面推进大学生思想政治教育工作中一项十分紧迫的任务。"① 然而，研究生群体的重要性使思想政治理论课教学面临严峻挑战，如何从研究生群体的特点入手，结合研究生思想政治理论课教学目标与要求，改进思想政治理论课教学方法和模式，提升研究生思想政治理论教学效果已经为高校教学改革

---

① 教育部关于进一步加强和改进研究生思想政治教育的若干意见 [EB/OL].（2010-11-17）[2022-9-30].http://www.moe.gov.cn/srcsite/A12/moe_1407/s6875/201011/t20101117_142974.html.

的重要内容之一。

一、当前高校研究生思想政治理论课教学面临的新局面

（一）研究生群体受教育的阶段性特征给思想政治理论课教学带来的挑战

高校研究生群体具有鲜明的群体性特征。经过本科思想政治理论课教育，研究生对思想政治理论课教学内容已经很熟悉，甚至一些研究生的专业就是思想政治教育教学研究。这决定了研究生群体具有本科生所难以比拟的专业知识积累与学术思维训练，能够对很多教学内容进行深度辩证的学术思考与追问。同时，经过从中学到大学本科阶段的思想政治理论课教育，他们对思想政治教育的相关教学方法与技巧已经了然于胸，绝大部分的思想政治理论课教学所要教授的理论内容他们都已经掌握。这极大地改变了思想政治理论课教学的过程中师生的结构关系。可以说本科教学阶段"师—生"之间的简单"传—受"关系已经被打破，教师的学术权威地位被削弱，研究生阶段的思想政治理论课教学过程中师生之间基本已经转变为平等的教学相长。虽然，在基本理论知识的储备"量"上，教师和研究生的差距已然不大，但是当许多研究生用已经掌握的理论知识去审视社会现实之时，又发现很多现实社会问题与理论相脱节，从而加重了其理论困惑。

同时，反观研究生思想政治理论课教师，如何在师生平等的互动性当中调动研究生的理论兴趣，继续深化与提升研究生的学术思辨能力，尤其帮助引导研究生在学习与掌握理论的基础上能够运用理论视野去发现与分析社会现实问题，提高研究生理论学习的致用之能，就成为当前研究生思想政治理论课教学的所必然要面临和应对的严峻挑战。

（二）网络新媒体技术的发展给思想政治理论课教学带来的挑战

当前，研究生群体已经习惯于网络化生存。《中国互联网络发展状况统计报告》（2017）统计结果显示：截至 2017 年 12 月，20~29 岁年龄段以学生为主体的网民依然是中国网民中最大的群体，占比达 29.7%，互联网普及率在该群体中已经连续三年处于绝对高位。[①] 根据统计结果可知：当代高校研究生群体已经成为网民最重要组成部分。在一定意义上可以说研究生群体受教育的阶段性特征也是网络传媒技术作用下的客观结果。从网络技术的接受程度、运用能力、普及程度而言，研究生

---

① 中国互联网络信息中心.第 40 次中国互联网络发展状况统计报告 [R/OL].（2017–8–4）[2022–9–30]. http://www.cac.gov.cn/2017–08/04/c_1121427728.htm.

群体的平均水平都高于教师群体。这也加速削弱了教师在思想政治理论课教学中的权威。因为，网络最大的特点就是迅捷、互联、信息海量。在思想政治理论课教学过程中，即使研究生与教师之间存在理论储备"量"上的差距，有了网络之后，研究生弥补这一差距就变得十分容易。甚至在运用互联网能力上，研究生群体超过了教师群体，在理论储备"量"上还具有相对优势。这就使得在研究生思想政治理论课教学过程中，教师不能再以"量"的优势换取研究生对课程以及教学内容的认同，而是需要在既定的知识储备"量"的基础上发挥"质"的优势，即运用既有的理论知识去发现现实问题、解释现实问题、探索对策，并尽可能地理论创新。进入网络时代，研究生虽然获得了信息获取量上的相对优势，但是并不意味着这一群体所面对的现实困惑就减少或消失了。网络为获取信息提供了便捷，但是却也存在信息过载的问题。当海量的相互矛盾甚至真伪难辨的信息充斥于网络之中，研究生在检索信息过程中其独立判断信息的能力，甚至验证信息真伪的能力还没有达成理论成熟之际，就会面临极大的困惑。这也对研究生思想政治理论教学提出了全新的问题。如何在网络条件下，提高研究生的信息辨别能力，以及在海量信息辨别过程中提升自身的理论思辨能力，以使其在政治上和理论上迅速成熟起来，这成为研究生思想政治理论教学无可回避的现实课题。

二、改进当前高校研究生思想政治理论课教学的有效对策

（一）改变研究生思想政治理论课教学理念

从研究生群体的阶段性特征以及网络新媒体技术的发展给思想政治理论课教学带来的挑战来看，最直接的影响就是需要思想政治理论课及时调整教学理念。

原来的研究生思想政治理论课教学过程中，教师具有绝对的信息和理论储备优势，教育过程中知识赋权决定了教师处于绝对的权威地位，而且教师对信息和理论知识的"垄断"决定了教师在教学过程中处于绝对的主导地位，其甚至可以对教学内容信息进行有目标的取舍，选择对教学目标有利的信息，却很少引起学生的质疑。这也决定了在"师—生"的"传—受"过程中，教师可以采取比较简单高效的灌输方式以实现教育目标。

然而，诸如前文所言，随着时代的变化，以及研究生群体自身的特点，教师在信息量的占有，以及理论知识的储备上已经不再具有相对优势。那么传统的教师以自身为中心的教育理念就难以适应新条件下高校研究生思想政治理论课教学的要求。

新条件下，在知识储备上和理论积累上的平衡决定了思想政治理论课教学理念要做出适应性调整，从原来的"师—生"的"传—受"之主客体关系的教育理念中

走出来，充分尊重研究生群体的独立性和自主性。体现在学过程中，就应秉承主体间性的教育理念，在师生的平等互动中走向理论的共鸣，在尊重学生主体性的前提下激发学生运用所掌握的理论知识去发现问题解决问题的能力，通过理论的学以致用，引导学生在学习实践中实现自我价值认可，同时也挖掘学生深入研究与探索的潜力和能力，已到达研究生思想政治理论课的教学目标。这种教学理念的转变以及由此决定的教育方法的选择对于提升研究生思想政治理论课教学质量将具有决定性意义。

（二）提升教师知识储备与理论修养，"质""量"并重

针对研究生群体受教育的阶段性特征及网络新媒体技术的发展给思想政治理论课教学带来的挑战，提升教师知识储备与理论修养，"质""量"并重，成为改进当前高校研究生思想政治理论课教学的必然举措。由于网络条件下，研究生群体所掌握的信息量和理论储备与教师基本持平，而且通过网络获取信息的总体能力甚至高于教师，因此，这对思想政治理论课教师的理论知识和信息储备提出了更高要求。传统的照本宣科已经难以满足研究生对于知识和信息的需求。教师在传统"师—生"的"传—受"之主客体关系下的选择性信息供给已经不能适应网络条件下思想政治理论课教学需要。教师为了实现教学目标以及自身观点而片面选择正面信息，则更多地会招致学生的理论质疑和情感逆反。因此，网络时代思想政治理论课教学不仅需要正面信息供给，还需要反面信息的辩证批判，以赢得学生的理论认同。这对教师支持储备提出了前所未有的"量"的要求。

网络条件下的研究生思想政治理论课教学要求秉承主体间性的教育理念，在师生的平等互动中走向理论的共鸣。但是这并不否定教师在整个教学过程中的主导作用，反而是对教师要发挥自身在研究生思想政治理论课教学过程中的主导作用的要求更高了。教师在教学过程中的信息量储备相较于研究生而言已不具绝对优势，那么教师要主导教学方向，最终实现教学目标就要通过理论的深度理解与运用能力了。如果教师在同样的既定理论上具有超出一般水平的深度理解，并且能够在理论假设的前提下，针对正反面信息都能够做出理性的理论回应，能够以理服人，这对已经掌握了一定的理论知识，并且具备了一定的学术思辨能力的研究生而言将具有极大的理论吸引力。教师能够以理论的魅力换得自身在研究生思想政治理论课教学过程中的主导权，而且理论支撑背后的价值认同将更加稳固，这样研究生思想政治理论课教学目标将在理论认同与价值信仰中实现。这是对研究生思想政治理论课教师理论修养的"质"的要求。高校研究生思想政治理论课也只有在教师知识储备与理论修养"质""量"并重中提升实效。

（三）研究生思想政治理论课教学，从内容到形式的优化

如果说本科教育是对高等教育大众化要求的回应，那么研究生教育则是社会对专业化精英人才需求的反映。专业化精英人才应该是具有过硬的政治素质、专业知识和实践操作能力的社会发展推动力量。而过硬的政治素质、专业知识和实践操作能力的提升需要系统性训练，对研究生思想政治理论课而言也要服从于这一教育目标。这也将直接反映在研究生思想政治理论课教学的内容和形式上。

如前文所述，当知识量的积累已经不再是研究生思想政治理论课教学最主要的内容时，其必然要从内容到形式进行全方位的优化。应该严格按照《教育部关于进一步加强和改进研究生思想政治教育的若干意见》（教思政〔2010〕11号）的要求，不仅注重理论教学，引导研究生确立坚定的马克思主义理想信念，还要提高其运用马克思主义立场观点方法分析和解决问题的实践能力。也就是在课程内容和形式的设计上，增加社会实践和志愿服务的内容，锻炼其为经济社会发展服务的实践能力，并强化其作为社会精英人才的社会责任感。还要为研究生量身定做具有一定理论创新性和实践挑战性的研究项目。在科研攻关中，增强研究生群体的理论创新能力，使其能够迅速成长为创新型人才。以上研究生思想政治理论课从内容到形式的优化也将为最终高校研究生人才培养目标的实现奠定坚实的基础。

吴玉章学院心理健康教育中融入创新创业教育的探索与实践

格桑泽仁[1]　王悦[2]　王英梅[1]

（1.四川大学心理健康教育中心　2.日本京都大学博士研究生）

摘　要： 创新是社会发展的不竭动力，也是当代大学生提升核心竞争力的必备要求。为将创新创业教育融入心理健康教育，笔者团队选取四川大学吴玉章学院作为试点，进行了一系列探索。本文分析了吴玉章学院学生的心理特点及创新创业与大学生心理健康的关系，并通过课堂实例，分享了将创新创业教育融入大学生心理健康课堂的方式方法，最后对创新创业与大学生心理健康的关系做了总结与进一步思考。

关键词： 心理健康；创新创业教育

今天的中国越来越倡导创新知识、创新经济、创新人才，科教兴国实际上就是人才兴国。大学是人才的摇篮，而健康优秀的人才必须具备良好的心理素质，所以中国高校越来越注重心理健康教育。四川大学吴玉章学院的学生是从川大新生中优中选优的一批精英。为培养好这批人才，使他们既具备创新思想，同时也拥有良好的心理素质和博大的胸怀，我们在心理健康教育课程的教学中探索出一套行之有效的方法，取得了良好的效果。

一、吴玉章学院学生的心理特质

（一）个性化心理特征明显

网络信息、旅游、各种学习和交流会议，使得大学生的视野变得越来越开阔。随之而来的，是大学生越来越个性化，越来越重视以行为、认知差异、能力强弱来外显其个性化的心理特征。当代大学生具有这样的特点：自律；爱学习；独立、自信；大部分个性张扬；有见解、有思想；缺乏生活经验和阅历，很多观点不成熟，较片面。所以，很有必要设定一种有别于常规教学的模式来引导他们。

（二）心理状态极易受到外界的影响

大学生处于心理变化的关键期，人生观、价值观、理想信念很容易受到外部环境影响。受当今多元化环境尤其发达的网络环境影响，加之社会经历和自我认知不足，大学生容易受到极为自由的网络言论诱导。因此，引导他们正确认知自我、调整心态，以积极的心态面对社会、走向社会，是高校心理健康教育的一项重要课题。

二、创新创业与大学生心理健康之间的关系

现代社会的发展对人的创新能力提出了更高的要求。研究结果表明，优秀大学生相比普通大学生具有更好的创造能力，这些学生同时具有过硬的心理素质，在学业、人际关系、社会适应性方面都表现得更优秀。大学生在创新创业的过程中无疑会面临屡次失败的考验，其中有天时、地利、人和等因素的影响，但是只要个人素质过硬，一时的失败只是暂时的，迟早能够获得成功。因此大学生的创新创业能力需要过硬的心理素质支撑，心理健康是大学生创业成功的必备因素之一。将创新创业教育融入大学生心理健康教育当中，能够有效引导大学生树立正确的价值取向，使其辨明人生方向，悦纳社会，积极正向地投入社会，并形成良好的抗打击能力与调剂自己情绪的能力，从而成为对社会有用的人才。

三、创新创业教育融入大学生心理健康教育的方法

为强化学生的创新思维，笔者团队在针对吴玉章学院学生开展的心理健康教育课程中，开展了一系列课程实践，创新教学组织形式，加强教学互动，获得了很好的教学成果。以"目标"课程为例，该课程着力于引领大学生确立自己的目标并为之不断努力，摆脱迷茫和学习过程中的摇摆不定。为将创新创业教育融入心理健康课程，我们采用了如下几种方式：

1. 写下 101 个目标

在课程中，要求同学们将目标分为健康、家庭、事业、学业、财富、奉献等几个类别，共写下 101 个目标，并邀请同学们分享自己的目标。同时，将目标与"目的""手段"区分开来。

例如，当同学说其目标为"雅思考试达到 7 分"时，要引领他探索其考雅思的目的。经历了一系列"为什么要"的探索后，我们得到的结果是：考雅思—出国—读研—学习生物医学—在生物医学领域做出自己的贡献。于是我们知道，他的目标是"在生物医学领域做出自己的贡献"，而考雅思、出国、读研仅仅是实现目标过程中的一个手段而已。

找到自己真正的目标后，学生会为之欣喜、激动。如果时间充足，还可以让他们把实现目标后的场景画出来，享受自己融入在目标中的感觉，这样就可以唤醒内心的动力，努力去实现它。而寻找到目标本身并不是一件容易的事情，这要求学生审视自我，倾听内心的声音，并且多问几个"为什么"。而只有目标明确的人，才能将其创造能力、分析能力、想象能力及批判思维应用在学习、研究过程中。而这些能力，正是创新思想的集中体现。

2. 算一笔"生命账"

课堂上，我们邀请了一位同学参与体验与分享。我们给出了他的预期寿命——100 岁，请他减去人生已经走过的岁月，再减去 1/3 的睡眠时间，将剩余的几十年分配给"家庭""事业"和"娱乐"，再将属于家庭的十几年时间分给父母、妻子、儿女以及爷爷奶奶外公外婆等亲人。细算下来，即使能活到 100 岁，我们能够与父母共度的时间也不过是短短一两年罢了。同样，能真正有效地用于事业、学业的时间也是如此短暂。

在整个过程中，我们带领同学们算清了他们自己的"生命账"，使他们对生命有更加切身的体会，进而珍惜时间，树立目标，培养创新思维，不人云亦云，用好仅有一次的生命。

3. 列出实现目标所需要的条件

在学生分享自己的目标后，询问其认为实现自己的目标需要哪些条件。在学生回答的过程中，教师做记录："知识""技能""朋友""金钱""地位""名誉"……之后，假设教室的高处——讲台上就是一名学生的目标所在地，并邀请这位"成功人士"——该学生背负着前面提到的必要条件"知识""技能""朋友""金钱"等（将这些概念用大大小小的书包代替）站上目标所在高点。同学们可以看到背着一大堆东西的体验者，费尽千辛万苦站到了讲台上。之后，我们对该学生进行了采访：

老师："你现在感觉怎么样？请抒发一下成功者的感言。"

学生："很开心。"（学生想了想，强笑着回答。）

（既然学生"很开心"，我们就暂时让他这么站着，继续讲其他的内容。很快，他就受不了，向老师发问。）

学生："老师，我可以下来吗？"

老师："下来干吗，你是成功者，正在享受成功的感觉，多好啊！"

学生："我是成功者，不过好累哦。"

全场大笑！教师趁机让学生分享看到什么、想到什么、体会到什么、学到什么。

分享完以后，我们要求该学生将身上的"包袱"——也是他曾认为十分重要的东西送给同学们。当他卸下身上的"名誉""金钱""地位"之后，让他再一次站上目标所在高处。再次接受采访和欢呼的时候，他说"这次轻松多了"。

就如同一个古老的寓言所说，有一个想要去远方的孩子，路过一片美丽的海滩时，为那些美丽的石子所迷惑，于是停下，在海边捡石头。他忙于挑拣石子，装满了口袋，手上也满满当当，日复一日，他终日捡石头却忘了最初想要去的远方。很多人在实现目标的过程中也一样，忙于追求那些"必需"的包袱或者美丽的石头，却忘了自己真正的目标。通过课堂引导及形象的演示，我们初步让同学们明白，不要做"捡石头的人"，而应该坚定目标，立足长远，放眼未来，走向终点，做"造石头的人""造梦的人""实现梦的人"。

4. 学生在课后的心得体会

课程结束后，大家收获颇多。此处仅列举一位同学的心得体会，全文如下：

作为四川大学吴玉章学院的一名学生，我有幸参与格桑泽仁老师讲授的"大学生心理健康教育"这门课程。格桑老师的每次课都给予我新的人生感悟与启迪，其中"目标"教学课给我留下很深的印象，形象、生动、有趣。斯大林讲："伟大的精力只是为了伟大的目的而产生。"这里"目的"即"目标"，是指引生命航向的罗盘。从幼时诵读"世上无难事""宝剑锋从磨砺出"开始，"志"就成为我们心底的一颗种子，但许多人并不能真正找到、利用这颗种子，即缺乏目标管理能力。从理论上讲，目标本身具有预见性、激励性。设立目标可以更好地调动人的主观能动性。首先，我们要确定目标。这个目标应该是详尽的、实在的、可行的。勾勒的未来越清晰，你越有实现它的动力。其次要有坚定的意志。所谓"坚持意志伟大的事业需要始终不渝的精神"，实现目标的过程，就是克服主观与客观障碍的过程。但要注意一点，我们应以乐观积极的态度去面对，不应该将设立的目标过分当作压力。作为当代大学生，我们应该有更卓越的个人目标与梦想。这个"卓越目标"可以是深造学业，成为高级知识分子；可以是到偏远地区支教，给贫穷的孩子更多精神养料。梦想，无贵贱。老师的课唤醒了我内心梦的种子，它将沐浴阳光，破土发芽，寻我的路，按我的心，一往无前。

四、创新创业教育融入大学生心理健康教育的问题及思考

1. 个性化与共性化培养的关系

在"心理健康教育"课程中，引导学生树立健康的人生观、价值观，坚定理想信念，培养创新思维，使他们能够正确地认识自我，以健康积极的心态完成学业、走向社会，这是共性要求。

在国际合作与交流日渐频繁的当代，大学生个性鲜明。在教育过程中，应根据其个性特点因材施教，尊重个性的发展，给予他们充分的个人发展空间，扬长避短，切忌"一刀切"。每个学生由于其兴趣、成长经历、生活环境的不同，其在逻辑推理、记忆、图像处理、语言文字等方面的能力存在一定的差异，应充分尊重其中的差异，鼓励他们发挥优势，敢于批判，勇于求新。只有在共性要求的前提下，充分尊重个性发展，才能更好地将创新创业教育融入大学生心理健康教育中，引领学生打破思维定式，提出新颖的观念、设计，敢于挑战权威，对事物有独特的见解。

2. 专才与通才培养的关系

现代社会在经济全球化的大背景下，各学科高度融合，人才流动日益频繁，不可避免地需要知识广博、具有丰富技能储备的复合型人才。但是，现代社会同样是个科技高度发展的社会，社会分工不断细化，自然也需要专才站在领域前沿，引领科技发展。而事实上，专才和通才的关系并不是一成不变的，两者可在一定条件下相互转化。

创新是现代社会发展的原动力。在专业领域内的深入研究有利于找到关键点，实现革命性、根本性的创新。但要实现创新，仅仅"求专"是不够的，这就要求新时代的人才在具备专业知识的同时，能够涉足多个领域，在学科交叉的领域促进学科间的融合与交流。在培养大学生时，既需要引导他们早日确立目标，寻找到自己需要专精的领域，成为一个领域的专才，也不可忽视他们在成为通才上的潜力，提醒学生多关注不同的学科领域，在单个的学科领域及学科融合中发挥主观能动性，找到不同点及相通点，培养创新思维，成为创新型的人才。

3. 教师观念与创新

创新是人类适应不断变化的世界的前提，教育创新是培养创新型人才的基础。教育创新包括教授内容的创新和教授方式的创新。

从内容上说，在过去几十年的教育中，我国教育者习惯于填鸭式教育，也就是告诉学生这是对的，那是错的，将前人的经验和总结无差别地输送给学生。诚然，站在巨人的肩膀上让我们少走了很多弯路，但在科技发展日新月异的今天，只有创新才能让我们的学生真正地走在科技的前沿。教育不再仅仅是知识的填充，更要关注大学生的思维，开发其个人想法和观念，让大学生更多地表达自己，质疑权威。在教授知识之外，更重要的是教他们学会学习和自主研究。

　　另外，教授方式也不应该局限于老师讲授、学生听这样一种单一的模式。在教授过程中，一是可以利用现在发达的网络、多媒体资源，拓展讲课形式，将课堂延伸到教室之外；二是在课堂教学中，应加强教学互动，鼓励学生表达自己，参与课堂，形式包括但不限于表演、成果展示、心得交流等。

参考文献：

[1] 郭志冬. 高职科技创业教育实践活动的模式研究 [J]. 无线互联科技，2018，15（24）：87-88.

[2] 张宜霞，杭瑞友，孙燕. 创新人才培养导向的高职美育课程体系构建 [J]. 当代教育实践与教学研究，2019（17）：103-104，143.

[3] 傅洪明，胡家敏. 浅谈新形势下创新型人才的培养 [J]. 教师，2016（30）：108-109.

个性化教育视角和心理疏导在高校创新创业教育中的价值实现

罗莹　王英梅　格桑泽仁　冯佳　唐加玥

（心理健康教育中心）

摘　要： 本文主要探讨了个性化教育视角下创新创业能力培养的实施途径和心理疏导在创新创业教育中的价值实现。加强大学生创新创业思维训练，遵循个体成长的多样性规律，因材施教，挖掘学生创新创业潜能，营造个性化的教育教学环境，以尊重学生个体化差异和主体地位为前提，实现学生的全面发展。将个性化教育与心理疏导贯穿于高校创新创业教育的整个过程，积极引导大学生培养健康向上的心态和个性创造力，在学生创新创业的工作实践中，全面提升学生个体的综合素质，实现个性化教育和心理疏导在高校服务育人中的价值。

关键词： 个性化教育；心理疏导；创新创业；价值实现

党的二十大报告指出："必须坚持科技是第一生产力、人才是第一资源、创新是第一动力，深入实施科教兴国战略、人才强国战略、创新驱动发展战略，开辟发展新领域新赛道，不断塑造发展新动能新优势。"这为深入推进世界重要人才中心和创新高地建设指明了方向。培养一批高素质、勇于探究的创新创业型人才是建设创新型国家的需要。我国传统教育对学生的培养模式较单一，在很大程度上忽视了受教育者的个性特点，扼制了其创新创业能力的发展。在这一背景下，以尊重个体独特性和差异性为前提，开展个性化教育和心理疏导，对促进大学生创新创业能力培养具有重要意义。

一、个性化教育对高校学生创新创业能力培养的主要作用

（一）个性化教育有助于培养学生的创新思维

个性化教育强调以个体为出发点激发学生的学习兴趣。而在传统的教学模式下，学生常常是被动接受的一方，知识传播者成为掌控话语权的主体。与传统教学方式相比，个性化教育更加人性化，不但尊重学生个体差异，而且显示出更多的人文关怀，更能促进学生创新思维的培养。

（二）个性化教育有助于培养学生的创业能力

个性化教育以学生个体性为根本，有尊重学生个性、因材施教、促进自主学习等特点，其教学理念可以更好地融入教学实践中。教师通过有针对性的指导，学生通过更适合自己个性和思维方式的学习，可以建立良好的沟通，这让学生更具独立思考能力和创新思维，具备分析与解决实际问题的创业能力。

心理学研究表明，人在发展和成长方面存在差异，每个人都具有不同于他人的个性特点。面对个性、潜能不同的大学生，采取有针对性的个性化培养方案，对他们进行全面、细致、系统的全过程的创业指导，这既是尊重大学生自身发展的个性需要，也是激发他们内在动力和积极性、挖掘自身潜力，促进他们主动、有计划、有步骤地实现自己创业理想的有效途径。因此，研究大学生个性化教育理论和实践，对大学生创业能力的提高必然有促进作用。

二、心理疏导在创新创业教育中的重要性

心理疏导是根据人的心理变化活动，通过心理学的相关知识和技能，运用语言或非语言的方式去疏导人们的思想。心理疏导的目的是让人们的思想、心理处于更加健康的状态。在创新创业教育工作中，我们应该重视学生的心理健康状态，关注学生的思想思维的发展，通过心理疏导的方式去解决学生在创新创业时遇到的各种心理健康问题。

个性化教育的人文关怀和心理疏导是相辅相成、互相影响的，这要求教师在进行创新创业教育时，多关注学生心理状态的发展，以心理健康教育作为重要依托，推动创新创业教育的发展。

大学生内在的潜能和创造力，通过人文关怀和心理疏导可以激发出来，进而有助于大学生适应社会发展和实现自身价值。因此，高校应结合当前实际，从个性化教育和心理疏导的角度去促进创新创业教育工作的发展。

三、个性化教育视角和心理疏导在创新创业教育中的实现

（一）遵循人才成长的多样化规律，因材施教

个性化教育，是以人的个性发展为出发点来展开的教育模式。其实，中国的个性化教育自古就有，如孔子就曾兴办私学，门人弟子中各种身份地位的人都有，且智慧和见识也各不相同。鉴于这种情况，孔子针对不同的人，采取了不同的教育方式，首开个性化教育的先河。在当今社会，个性化教育不仅成了时代发展的需要，更是教育自身发展的需要。因此，教育工作者要更新教育理念，因材施教，服务学生个性发展。这样既能很好地落实教学计划，又能满足不同素质的学生发展要求，更是对个性化教育的实践。

1. 针对学生成长特点实施分阶段培养

刚进入大学的新生，因为还没有适应大学的生活，对自身的发展目标和就业方向都没有明确的认识。因此这一时期的创新创业教育应该以引导为主，即引导学生进行创新思维的学习和树立明确的创业方向，进而根据自己的实际情况制订自己的大学学习规划。到了大二、大三之后，因为学生已经适应了大学的学习和生活，对自身的兴趣爱好、专业技能学习情况以及将来的就业方向都有了较为清晰的认识，因此在这一时期应该对学生进行全面且深入的创新创业教育，增强学生的创新创业能力。

2. 鼓励学生多参与社会实践

通过社会实践，学生一方面可以检验和提升自己的创新创业能力，另一方面也能为今后的就业积累一定的社会经验。

（二）加强大学生创造性思维训练，挖掘创新创业潜力

1. 改革课程设置，构建科学合理的创新创业课程体系。

在当前创新创业的新形势下，要改革原来的课程设置，增加与创新创业相关的课程，把创新创业教育纳入人才培养体系，构建理论课程、实践课程与素质拓展课程体系三位一体的创新创业人才培养模式。具体到课程，要明确哪些课程需增加创新创业内容，哪些课程的知识点需结合创新创业内容进行讲解，同时明确各任课教师的授课重点，以利于分工合作。此外，应以能力培养为导向编制大学生创新创业教育课程的教学大纲，建立教学案例库，将创新创业教育贯穿应用型人才培养的全过程，积极营造浓郁的创新创业氛围，提升大学生的核心能力，着力培养创新创业意识与创新创业精神。

2. 打造新型的创新创业教学团队

要培养创新创业人才，对高校来说，拥有一支创新创业教育队伍是十分重要的。

因此，学校应该安排教师多到企业或专业机构学习，参加相关的课程培训。一方面，可在有经验的教师队伍中组建一支有辅导热情、熟悉社会的创新创业教育团队，为大学生的创新创业提供专业而有效的指导，帮助学生了解创业的基本知识，形成科学的知识结构，树立和培养正确的创业观念。另一方面，学校还要有计划地邀请校外成功企业家、社会知名人士、创业成功的校友回校开设专题讲座，与学生互动交流，激发大学生创新创业的主动性、积极性和持久性。还可以邀请企业人士到学校担任任课教师，指导学生实训。

（三）营造个性化的教育教学环境，增强高校创新创业氛围

1. 营造个性化的教学环境

个性化的教学环境是激发学生创造性的重要外因，有利于发展求异思维，激发创新精神。

一是倡导民主、平等、和谐的师生关系，建立以尊重、自主、合作、探究为主要特征的开放式课堂，尊重学生个性发展。师生间建立友爱平等的关系，有助于学生身心的发展，从而营造一个尊重学习和创新的氛围。

二是大学生创新创业需要独立探究的精神，故教师可以打破课堂常规教学模式，改变以讲为主的教学方式，鼓励学生多问多想，训练批判性思维，独立判断和思考问题。同时，教师可大胆尝试运用各种有效的教学方式和手段，在潜移默化中启发大学生的创新创业思路，多带领学生亲身实践，进而拓宽大学生创新创业视野，保持个性的多样性和创新能力。

2. 建立创新创业激励机制

高校应鼓励学生积极动手实践，根据学生的兴趣和特长，给予学生更多的实践机会。此外，高校应设立创新创业奖学金，专门用于学生的创新创业以及校企合作实践，鼓励学生发挥自己的创新创业特长。

3. 加强校园创新创业文化建设

应加强校园内创新创业宣传活动，激发学生的创新创业热情。例如，通过举办校园创新创业大赛，可以直接引导学生参与创新创业活动，锻炼学生的创新创业能力。通过参加创新创业大赛，一部分学生还可以获得一定数额的创业奖金，帮助其将创新想法进一步变成创业现实。还可以在校园里建立创新创业社团，学校提供相应的场所和活动经费，并委派专业的创新创业教师对创业社团的相关活动进行科学的指导。学校还应发挥自身的资源优势，为创业社团和社会上的优质企业牵线搭桥，让高校的创新创业团队真正地走出去。

四、结语

　　本文主要探讨了个性化教育和心理疏导在大学生创新创业教育工作中的重要作用，以及二者在创新创业教育中的价值实现。大学生创新创业能力的培养，是一项需要长期坚持的工作。我们应该深入研究个性化教育和心理健康教育与大学生创新创业能力培养之间的辩证关系，充分发挥个性化教育在人才培养过程中的主体地位，提升大学生创业者的心理健康水平，从而培养时代需要的创新创业人才。

参考文献

[1] 卫泓男 . 高校思想政治教育中的心理疏导研究 [D]. 太原：山西财经大学，2013.

[2] 殷现元 . 大学生个性化教育与创新能力的培养 [J]. 教书育人，2013（18）：34-35.

[3] 周园园 . 论当前高校思想政治教育的人文关怀 [D]. 湘潭：湘潭大学，2011.

[4] 马超平 . 应用型人才培养视角下大学生创新创业教育的改革与实践——以广州工商学院为例 [J]. 湖北函授大学学报，2015（19）：22-23.

[5] 张杨 . 大学生创新创业能力培养机制探析 [J]. 教书育人，2014（10）：36-37.

[6] 张五钢，艾靓，郭永琪，等 . 当代大学生创新创业研究 [M]. 杨凌：西北农林科学技术大学出版社，2014.

[7] 赵蕾 . 个性化教育视角下的大学生创新创业能力培养 [J]. 淮海工学院学报（人文社会科学版），2013（23）：23-25.

"双一流"高校创新创业社团
在双创人才培养中的作用研究
——以四川大学i创街"创小管"为例

赵媛媛[1]　赵恺[2]

（1.发展规划处　2.基建处）

摘　要： 高校创新创业学生社团作为高校创新创业教育载体之一，其良好发展有利于提高学校创新创业教育和人才培养的实效性，提高学生创新创业能力。在双创背景下，以四川大学i创街"创小管"这一学生双创社团为例，通过总结梳理该社团建设与管理机制，分析社团开展的双创活动参与度和影响力，阐述了创新创业社团在学校创新创业教育中的必要性与积极意义，说明创新创业社团在培养大学生创新创业意识、提高创业综合能力方面的推动作用，并提出了引导创新创业社团良性发展的几点建议。

关键词： 双创社团；人才培养；作用；发展

一、研究背景与意义

创新创业（以下简称"双创"）在近年来备受关注，2015年"创客"一词首次出现在国务院政府工作报告中，李克强总理提出的"大众创业、万众创新"成为我国国家战略之一。"创新是引领发展的第一动力""鼓励创业带动就业"……关于创新创业，党的十九大报告中也多有阐述。作为教育培养青年人才的重要阵地，高校要深入贯彻落实十九大报告中关于青年学生成长成才的重要思想,着力培养"有理想、有本领、有担当"的青年创新创业人才。在高校中开展创新创业教育已经成为高等教育的重要任务。

创新创业学生社团作为高校创新创业教育的第二课堂、高校创新创业教育载体之一，其良好发展，有利于提高学校创新创业教育和人才培养的实效性，其重要作用也受到高校学生和社会的广泛关注。基于此背景，本文将以四川大学 i 创街学生双创社团"创小管"为例，围绕高校创新创业社团的作用展开研究。

二、以四川大学 i 创街"创小管"为例分析双创社团在创新创业人才培养中的重要作用

（一）"创小管"情况简介

i 创街位于四川大学江安校区内，总面积 3700 平方米，是四川大学结合国家双创示范基地项目"四川大学大学生创新创意实现平台（智造梦工场）"和"四川大学创新创业改革行动计划"全力打造的全国首个大学生创新创业能力培育及自我经营自我管理一条街。于 2015 年开始实施原商业街改造升级工程，2016 年 4 月正式建成四川大学创新创业实践基地（i 创街），并于同年 5 月成为全国高校类首批双创示范基地之一。该基地旨在提高学生创新创业实践能力，推动高等学校创新创业教育改革，促进高校毕业生更高质量创业就业，引领学生把自己的创新创业梦融入伟大中国梦。

经过不断升级改造后，截至 2018 年 12 月 31 日，i 创街已建立交流讨论的新工科创新实验室，学生自我经营、自我管理的商业实践区，典型团队加学术社团的"青创魔方"，校友企业进驻的众创空间，以及学科交叉的智造梦工场主题工坊五大部分。

而在 i 创街的背后，是学校高度贯彻"自我管理，自我经营"理念，成立的四川大学 i 创街学生自我管理中心（以下简称"创小管"）。

"创小管"成立于 2016 年 4 月，是由四川大学党委学生工作部直接指导的校级学生双创社团。"创小管"以"服务全川大"为理念，自主负责 i 创街的日常服务和管理工作，对 i 创街进行场地、安全及运营管理，并加强社会资源和大学生双创实践的对接支持；为四川大学大学生创业团队提供引导服务，协调创新创业基地各团队资源，提高资源利用率，促进学生创新创业团队的健康快速发展；在管理好 i 创街的同时，致力于四川大学创新创业相关活动的宣传组织开展，为学生"谋事业、创事业"提供实践平台，为学生实现创新创业提供有力保证，积极发挥创新创业带头示范作用，引领西部高校共同发展。

（二）"创小管"的建设与管理模式

"创小管"依托首批国家双创示范基地四川大学大学生创新创意实现平台（智造梦工场）建设，在四川大学党委学生工作部的指导下由学生自主负责社团的管理制度拟定和模式搭建，切实做到从学生中来，到学生中去，从而实现学生管理促学生经营，学生经营促学生管理，并向相关学术性社团寻求工商、税务、金融、法律帮助以充实壮大自己，使学生既学有所用，又在用中学，既注重创新创业能力培养，又注重实践能力的提高。

经过两次换届，"创小管"现有社团学生主席 1 人，副主席 3 人，部长 23 人，干事 104 人。主席团下设 6 个职能部门，分别为办公室、编辑部、宣传部、创拓部、活动部、外联部，各部门具体工作如表 1 所示。

表 1　"创小管"各职能部门主要负责事务

名称	主要负责事务
主席团	主席团由 3~4 名本科三年级同学组成，依据职能分管不同的二级部门，共同负责每学期双创工作和活动的总体安排筹划，对双创政策进行上传下达，并对其落实情况进行总结汇报以期不断改进、不断发展
办公室	办公室是"创小管"的中枢协调机构，负责各部门的统筹运行与管理，为"创小管"的顺利运转提供保障。主要工作包括：建立完善的物资管理制度；撰写例会会议记录；负责管理中心日常工作及活动所需文案的写作；建立学生干部及干事培养体系，定期组织干训会、素质拓展等团建活动
编辑部	编辑部是创小管的两个对外信息输出平台之一，负责对管理中心已收集信息的重新记录以及对外传播。除撰写新闻稿外，还实时跟进校内外的创新创业动态，出版了《吾双》《悟创》两本杂志，让同学们有更多机会和途径了解双创
宣传部	宣传部是"创小管"的两个对外信息输出平台之一，负责管理中心的信息收集、整理、输出和存档。常规工作主要分为新媒体运营、平面设计、新闻报道及图像资源管理等
创拓部	创拓部是"创小管"的督察机构，主要负责实时监管各创业团队日常的运营、安全、卫生情况；规范各创业团队营业工作；加强与各创业团队的沟通与交流；提高各创业团队的工作水平；制定并严格依据《创业基地自我管理中心检查考核评分标准》，对各创业团队进行考核
活动部	活动部是"创小管"的活动机构，通过举办创新创业类活动，进行创业启蒙，普及创业知识与经验，提高川大学子的创新创业能力。主要工作为举办创业相关的活动与比赛，促进创业团队的交流与分享，为基地的创业团队提供活动支持等
外联部	外联部是"创小管"的对外联络机构，主要工作为联系联络校内其他双创组织机构、创业团队、学院老师，以及校外各大高校、各大双创孵化器、相关企业、相关政府部门，是创业团队接触社会、了解社会、融入社会的主要渠道

六个部门的联合运转构成了"创小管"的整体框架，在整合了学校创新创业相关资源的基础上，社团建设和管理模式不断科学化、制度化、规范化，努力打造多元化、开放性双创培育平台，为社团发展提供有力支持。各学生创业团队在"创小管"的帮助和引导下增大创新创业资源的效用，促进自身良性发展。

（三）"创小管"双创活动的开展与影响力分析

"创小管"在成立之后，积极解读创新创业政策，努力打造自身特色，举办的活动涵盖了讲座、创业培训会、比赛宣讲会、品牌活动"创业体验周"等类型。活动范围涉及全校 32 个学院，受到了一致好评，有效推动了我校创新创业的相关工作的发展，促进了同学们对双创的了解，进一步营造了四川大学的校园创新创业氛围。目前"创小管"已成为校内知名度较高、影响力较大、学生参与热情较高的大型学生社团组织。

以 2018 年为例，在这一年，"创小管"共举办"创业嘉年华""井绘中国""i 创汇""玩创节""校园文创设计大赛""i 创体验周"等主题活动 15 场，承办"伯藜杯""APEC 未来之声西南赛区总决赛"大型比赛 2 场，在 i 创街多功能厅参与组织和举办活动 80 余场，参与学生 8000 余人。"i 创杯""i 创汇""i 创体验周""创意彩绘"等活动已经成为社团的特色主题活动。通过一系列活动的开展，短短三年，"创小管"已经成为认知度高、影响力大的校级组织，因此吸引了更多优秀学生加入社团，促进了创业社团更好地发展。

活动立足于 i 创街的特色，增强双创体验感，加深实践参与度，如定期举办的"i 创体验周"，邀请学生参赛队伍成为暂时的创业团队"负责人"，对 i 创街上的部分创业团队进行一周模拟运行和实战演练，活动宣传界面高达 6 万访问量，各家创业团队营业额及营业额增长率在比赛期间均有明显提升。如"DesigNow 之校园文创大赛"，立足于学生需求，与创业团队进行合作，定制出售取得优胜文创产品，参赛人数众多，参赛作品多达八十余种，包括具有川大特色和创意电子手账、雨伞、手机壳等。再如"筚路蓝缕启山林，改革开放辟征途"征文比赛，把握时代特色，结合《吾双》《悟创》杂志的优势，面向全校范围进行征文，更好带动高校学生双创思潮，营造双创氛围。

此外，部分活动在校外也产生了很大影响。2018 年 4 月，举办的"创意彩绘之井绘中国"活动结合时事热点与高校生的兴趣取向，通过策略性宣传部署，以校内宣传—官微发布—校外大型媒体合作助推为主，以大规模投稿、路演宣传为辅，约 2018 年 4 月 8 日 12 点左右，活动话题"高校井盖玩起了中国风""井绘中国"登上新浪微博热搜榜第 10 位，话题阅读量超 400 万，中国新闻网、人民网、紫光阁、新华社、意林杂志、海峡都市报、中国青年网等媒体相继报道。一些西南地区高校，如成都理工大学，于 2018 年 12 月主动联系前来交流学习。

自主管理促进自主经营，截至 2018 年 12 月，i 创街已累计入驻 48 家学生自主经营管理的创业公司，它们都依法注册登记，全部接受工商税务等相关部门的监督检查。组建 15 个跨学科交叉创新的"智造梦工场"主题工坊，4 个新工科创新实验室，涵盖了 20 多个学院学科。引入 5 家在福布斯上榜、获全国金奖的高新技术学生创业团队成立"青创魔方"带动项目孵化，引入 4 类学生学术型社团提供创新创业咨询，引入 4 家高水平创新企业提供专业训练、实习实训岗位。实现学生双创实践团队"零负担"入驻、"零距离"参与。

目前 i 创街已与学校的大学生科技产业园、成都市高新区的创新创业中心、百度公司、川大智胜公司等高新技术公司合作，共同探索校、地、企合作共享的科研产业模式，推动创新产业不断发展壮大。自"创小管"成立至今近三年，每年可带动 80 余个学生双创项目孵化，提供 3000 余个双创实习实训等兼职岗位，举办各类创新创业培训讲座、活动比赛几十场次，参与学生 25000 余人，充分发挥了在学生中的示范引领带动作用，构建了大学生"创意—创新—创业—创优"的双创服务链条，对"大学生创新创意实现平台"建设做出了示范性实践和创新性探索。

综上所述，创新创业社团在培养大学生创新创业意识、提高创业综合能力方面发挥着重要作用。

三、引导创新创业社团良性发展的几点建议

（一）依托创新创业示范基地或创新创业中心指导创业社团的建立和发展

学生社团活动目标不明确，缺乏目的性的主要原因在于缺乏活动平台和系统指导。双创社团的建立和发展依托学校的双创示范基地或创新创业中心有利于良性发展。双创示范基地或双创中心通过构建创新创业平台整合了学校创新创业相关资源，进一步推进大学生创新创业社团科学化、制度化、规范化建设，为社团发展提供有力支持。在该种模式下，示范基地或双创中心下设社团可共同使用中心各项软硬件资源，在基地或中心的指导下开展各种类型创新创业商业素质拓展、企业交流互动活动，增大创新创业资源的效用，促进社团自身良性发展。我校大学生"创小管"双创社团的建立就是充分依托于四川大学 i 创街双创示范基地，在建设和管理、开展各类活动中充分整合利用示范基地的软硬件资源和辐射效应，做到学生在进行社团活动的过程中有方向、有目标、有形式、有结果。

（二）加强社团指导老师队伍选聘，促进社团良性发展

要实现创业社团的良性发展，离不开高素质的创业导师队伍。双创社团的指导教师不仅要有引导社团良性发展的能力，更要具备深厚的创新创业理论功底，在创

业社团发展的过程当中，要充分利用校内外师资，引导教学、科研人员和成功企业家积极参与指导学生创业社团活动。我校"创小管"双创社团指导教师由党委学生工作部教师担任，他们同时具备创业导师资格证，确保社团活动健康有效地开展，同时还能够有效联系各个学院的教学、科研人员及校外优秀企业家不定期指导学生创新创业实践活动，为社团学生的双创活动提出科学建议，提高社团活动质量和影响力，提升学生实际双创能力。

（三）培养社团骨干，推动社团发展

双创社团能否获得健康发展，社团学生骨干的作用十分关键，因此，社团负责人的选拔是十分重要的环节。社团负责人不但要有能力，更要负责任和敢担当。除此之外，社团负责人和社团骨干还必须是学校创新创业教育和活动的主要实践者和榜样。"创小管"骨干成员都是积极的创业实践参与者，除了带领团队积极参加各类创新创业赛事，取得国家级和省级的优异成绩外，还积极投身实际创业，酝酿孵化了多个创业项目。如外联部涂良晨获得全国大学生生命科学创新创业大赛一等奖、第一届社团学生副主席石金玉创立了成都斐绣科技有限公司、第二届社团学生主席赵青垣创立了成都沐生文化创意有限公司等。

（四）打造社团特色活动，提高社团影响力

有特色的社团活动能吸引更多学生参与到社团中来，整体推进社团建设。"创小管"从成立至今，已经打造了一系列具有特色的创新创业活动，"i 创杯""i 创汇""i 创体验周""创意彩绘"等活动已经成为社团的特色主题活动。如前面提到的"i 创体验周""创意彩绘之井绘中国"活动均获得巨大成功，产生了广泛而深远的影响。通过主题特色活动的开展，该社团在学校里认知度高、影响力大，因此吸引了更多优秀学生加入社团，促进了双创社团更好地发展。

参考文献

[1] 国务院办公厅关于深化高等学校创新创业教育改革的实施意见 [EB/OL].（2015-5-13）[2022-8-30].http://www.gov.cn/gongbao/content/2015/content_2868465.htm.

[2] 王振兴 . 大学生社团管理的文献综述 [J]. 新西部，2011（8）：166.

[3] 杨单单，高布权 . 学生社团对大学生创新创业素质培养功效的探索 [J]. 学校管理研究，2014（15）：258-261.

[4] 李志义 . 创新创业教育之我见 [J]. 中国大学教学，2014（4）：5-7.

创新培育与素质提升：艺术型社团创新型人才培养探究 [①]

岳阳 赵帅

（艺术学院）

摘 要： 艺术学是一个既有广泛实践也有丰富理论的学科门类，包含着音乐、舞蹈、戏剧、影视、美术与设计等诸多专业。在不断适应新时代需求的背景下，艺术学不断诞生出许多新的交叉学科与分支学科，如艺术社会学、艺术营销学、艺术文化产业与非物质文化遗产学乃至对现代高科技人工智能、虚拟现实、元宇宙等在艺术领域的影响和作用研究等。高校艺术型社团可在深化"跨学科"探索和提升"创新创业"思维的过程中，在学生自主运行、自主管理的基本模式中，在老师指导、校院服务的体系内，完善以创新为导向、发展为路径的新思路，进而助力创新型人才的培养。本文即着眼于高校艺术型社团的发展与现状，着眼于艺术学门类的学科特点，在促进学科交融、丰富人文内涵、加强公共意识、拓展前沿科学等方面，探究艺术型社团在人才培育过程中，运行机制与管理机制的优化路径与发展前瞻。

关键词： 创新教育；艺术学学科；艺术型社团

一、高校艺术型社团的优势与特色研究

艺术类学生的思维特点与行为习惯均有其特殊性，学生课程设置、知识结构形

---

① 本研究获得四川大学 2023 年研究生培养教育创新改革项目的资助，系"'研究生综合素质系列课程'核心课程建设项目"的研究成果。

成、理论与实践衔接与其他学科有着较大的差异，学术型社团的形成与发展存在着实践与理论相结合的特点。在当下多元的艺术创作时代，美术人才的培养机制与当代艺术人才应具有的素质需求之间发生错位，当代艺术与当代艺术的生产机制有着鲜明的转换，更为强调艺术家由主体情感表达转向对外部世界的介入。

艺术学学科在人才培养中，注重高扬人文精神、拓展学术视野、强化思维训练、关注新兴媒介、培养介入能力，重视创作具有人文精神特性的视觉与听觉艺术作品。艺术型社团发挥着第二课堂的价值，依托这一平台可以增强学生主动介入社会现实的意识，引导他们承担社会责任与继承中国优秀传统文化。在艺术型社团中，社团成员通过艺术作品完成审美意象的孕育、形成和物态化的过程；作为艺术创作者，与校内外受众交流、同理论研究者互动。这就要求社团指导教师在指导学生的过程中，应当与多学院、多学科融合，符合不同专业学生提升综合素质的需求；将传统的以学科为中心的教学目标，转换为凝聚人文艺术精神特点的教学成果。

艺术型社团对社团成员艺术创作思维的培育有着积极的影响。具有不同经历与不同创作理念的社团成员聚在一起进行艺术创作，对他们的思考能力、创意能力和创新意识的培养有着显著的提升效果。在面对专业问题与理论研究对象时，他们运用艺术学思维理念，可以形成更为多元的解决思路与方法。

二、学科融合视野中的艺术型社团建设

随着信息化时代的到来和信息技术手段的广泛应用，艺术的边界与范畴在不断延展和拓宽。在2011年3月国务院学位委员会、教育部公布的《学位授予和人才培养学科目录》中，艺术学正式升格为一个独立的学科门类，成为继哲学、文学、历史学等学科之后的第十三个学科门类。回归艺术起源与艺术本质，艺术是思维的直接的早期形式。当思维还没有达到哲学与科学以前，它是精神的起点。艺术是"直觉"的体现，直觉是在概念形成之前的思维阶段。对艺术家来说，世界仅仅是知觉的外观，而艺术作品则是这一特殊意识状态的直接表现。因此，艺术家很容易与科学家和哲学家区别开来。对科学家和哲学家来说，直接经验只是达到抽象过程和形成概念的手段。艺术科学的真正目的，是对艺术本质的追问、对世界本源的思考、对社会现实的探索，艺术家在这一过程中获得全面而又完备的知识。

中国艺术史的发展历程，以"人文主义"为主线，从根本上说是对人的尊严与事业崇高性的定义，包含对人类的兴趣、价值、思想体系和行为的品质的探索与思考，更直指人之思想及其高贵行动的研究。在欧洲，"艺术"主要指"美术"，即由绘画、雕塑和建筑组成的美的艺术。这种由图像构成的美术与文字组成的语言，从古希腊以来，被认为是人类把握世界的智性双翼。正因为如此，图像与语词一直

是西方的重要哲学命题。在中国，最早的文献表明，图像与文字同体异功，相辅相成，也是把握自然宇宙与社会历史的两个智性手段。西方的"理学"与中国传统的"道"在不同文化中建构了两大世界观和信仰，它们与艺术和科学合成三套马车，并驾齐驱，牵引着人类文明的进程。

在"艺术与科学"的学科建设大环境中，以学生为主体，不断探索育人体系和方式，将传统的教学、科研、社会服务升级为服务于国家的现代化建设，是有着现实的需求的，它不仅符合整个人类文明的发展思维，而且符合国家"一带一路"倡议。这个命题背景下的社团建设，具有提升的空间，更需要深入研究。

三、高校艺术型社团体系架构与运行研究

（一）素质教育与扎根现实的育人理念

综合性高校"双创"工作的开展，学术型社团在其中发挥着重要的作用。社团的健康发展，在依托学校、教师导向的同时，更需要学生新的思想、技术与制度模式的提升。其中，艺术类学生的创造性思维为社团的良性发展、提升学生兴趣动力发挥着重要作用。

在学生社团建设中，应重视转变理念，发挥社团的主体价值。这不仅应重视高校教学、科研和育人中心工作与学生社团活动相结合，还应当树立"社团主体"的意识，坚持"宏观引导、微观探究"，将"领导"转为"引导"，将"管理"变为"服务"。应对社团进行价值体系、道德情操、思维模式等方面的积极引导，对社团内部的具体事务适时放手，从育人的角度挖掘社团成员的创新性思维，培养其自主性和积极的参与意识。

在社团的管理中，应当坚持宏观指导，适时调整格局，明晰成员需求，构建愿景图像。社团主管部门要善于明辨社团成员的需求，关注社团管理者出现的不适应现象，以社团特色、自身优势和社团成员需求为出发点，将艺术型社团的工作任务，如文化引领、校园美育、校内外艺术普及等外在需求内化为每一位成员的目标追求和心理期望，在营造校园文化氛围、推动校园文化建设的过程中，实现社团创新发展和个人成长成才。

在培养学生的过程中，应当明确社团文化培育体系的建设，通过社团活动的外在显现，引导参与者去认同、接受社团活动所呈现的价值观、所体现的社团精神。应在社团成员培育的过程中达到"以文化人"的目的，使社团成员熟悉社团制度，让文化建设成为一种自觉机制和习惯，从而影响人、感染人。这一体系在很大程度上决定了组织成员的行为方式，它代表了组织成员所持有的共同理念。社团活动不应单纯地追求表面的轰轰烈烈，而应注重内在的、本质的精髓，即社团精神。为此，

高校在鼓励社团创新发展的同时，务必要引导社团组织开展与社团文化、组织特色相匹配的活动，促成社团文化理念的形成，推动社团发展保持长久的可持续性。

（二）思维创新与生涯规划的组织构建

在艺术类社团运行过程中，通常采取教师主导、互动教学，学科交叉、年级相错、以老带新等多种方式；与指导教师、学院、学校主管教师沟通联系，总结艺术类学生参与社团、介入课题的途径与效果，探索整合资源的方式与方法；总结艺术型社团的成员在社团内获得的成果是否有助于个人的发展规划，尤其是发挥资源整合优势，探索社团成员依托社团平台在课题申报与研究过程中的多种可能。艺术型社团在大学生"双创"培育的过程中，有着多种优势，承担着"大创""挑战杯""创青春"项目人才孵化的重任，同时也是与社会实践相接轨的实践平台。艺术型社团通过艺术作品，在艺术传播的过程中，呈现出"内化于心、外化于行"的特点，承担着向社会公众普及美育的特殊责任。

社团在活动组织上要注重将各项活动同社会改革与发展的热点紧密联系起来，提升理论学习的专业性和层次水平；同时依托学校、学科、专业特长开展有针对性的社会实践活动，如艺术鉴赏和理论知识讲解、艺术图像与现代人机对话探索、视觉传统与产品设计宣传等。另外，社团需与相关企业、单位建立密切联系，将社团活动与热点问题、社会实践、毕业实习、择业就业等结合起来，这既对学生深入了解社会、积累社会经验有帮助，也可在一定程度上解决社团成员中高年级同学不足的问题，为其毕业与就业搭建桥梁。

艺术型社团应打破班级、年级、专业、院系甚至学校的界限，吸收多元知识结构的会员，为学科交叉和知识创新创造有利条件。课题组调研发现，由于不同专业、不同年级的学生排课时间不同，社团活动组织起来较难；同时在现有学分制下，参加学习型社团不仅花费时间、精力多，对完成学业似乎帮助也不大。这些因素均阻碍着学生社团的发展。为此，高校首先应加强学生的创新意识、创新思维的宣传教育，鼓励学生跨专业参加各类社团。其次，应通过统一安排全校某一时间为社团活动时间，给予选修学分的认定等，提升学生参加社团的积极性。最后，应在社团内部营造兼容并蓄、社团自治的氛围，推进学习型社团创新文化建设，创建学习型社团品牌。

（三）朋辈指导与学术研讨的运行导向

研究生培养机制改革，即在于强化硕士生、博士生原始创新能力，响应"强化研究生课程的系统性和前沿性，加强不同培养阶段课程的衔接，提升研究生课程教学质量"。在社团成员培育过程中探索"朋辈指导"新模式，这也是完善沟通机制、培养创新思维、提升综合素质和探索多学科交叉的基础。

艺术型社团的运行，需要在沟通与交流中不断丰富艺术作品成果，这就需要社团指导教师、社团成员有意识地拓展艺术传播的多种途径，包括校内交流、校际合作、校企协作等多种方式。艺术型社团的发展，在弘扬本校人文底蕴与悠久传统中，与其他学校艺术型社团合作，共同深化继承中国优秀文化传统，拓宽创作视野，甚或优化艺术作品成果。在"朋辈指导"的理念中，发掘社团人才资源，优化人才结构，深化成员合作与沟通。在开展艺术类学生社团工作时，学生活动形式的多样性、活动举办形式的大众参与性、活动时间的灵活性和活动举办期间的不可控因素等，给社团的运行与管理带来新的挑战。在这样的背景中，更需要社团成员在相互了解与充分尊重的基础上，不断探索适应艺术学学科特点的社团运行模式。在相对自由的创作氛围中，优化成员间的创作体验与交流协作方式。

"朋辈指导"在高校思政教育工作中发挥着积极的作用。社团指导教师在与社团成员的沟通过程中，往往以个人经验为出发点，难以形成合力与共鸣，学生接受与认可存有难度。在艺术型社团中，一批品学兼优、具有奉献精神与专业素养的高年级同学们，以"朋辈"的身份，在社团的运行过程中，与成员们展开帮扶活动。协助低年级社团成员制定符合个人成长的生涯规划，提供实践经验案例、做好导向工作。高年级与低年级同学以社团为平台，相互交流、共同进步。作为社团指导教师，也应当有意识的邀请不同行业和不同专业的优秀人才，深入社团，参与艺术作品的创作过程，深化理论高度，进而把握艺术型社团的学理化方向。鼓励社团成员，关注本土特色、挖掘本土文脉，从而传承与弘扬中华民族优秀文化传统。

四、高校艺术型社团人才培育路径前瞻

（一）学科交融探索：发挥艺术型社团的优势特色

习近平总书记在文艺工作座谈会上讲到："我们社会主义文艺要繁荣发展起来，必须认真学习借鉴世界各国人民创造的优秀文艺。只有坚持洋为中用、开拓创新，做到中西合璧、融会贯通，我国文艺才能更好发展繁荣起来。"[①]高校艺术型社团的成员构成，拥有不同专业和学科的知识背景，应当发挥自然科学、人文社会科学等不同学科的优势；在艺术史的漫长历程中，特别是在影响世界的艺术理论中，如现实主义、浪漫主义、古典主义、现代主义、后现代主义等重要的艺术思潮与艺术流派作品中，通过艺术的思维和方法深化学科交融。

---

① 习近平.在文艺工作座谈会上的讲话[M].北京：人民出版社，2015：26.

（二）强化公共意识：艺术型社团与社会服务接轨

在漫长的历史发展中，中国的艺术作品丰富多样又不断发展，形成了多样的艺术观念，他们都根植于历史文脉与社会现实，如儒家礼乐合一的艺术观念、道家自然自由的艺术观念、禅宗的艺术观念等，它们都产生了影响世界的艺术作品，彰显了时代特色与文化精神。艺术型社团要重新挖掘与演绎这些经典作品，探索符合新时代精神文化内涵的优秀原创作品。这就要求社团成员在融入社会、观察生活，讴歌时代的过程中，提升通过艺术作品服务社会的意识。

（三）提升综合素养：人文精神与学科视野的渗透

"人的本质力量是指人的一切主体能力，包括人的物质生产能力，也包括人在精神上把握对象的能力，这其中就包括审美能力。"[①] 在社会的发展进程中，特别是人在与自然相处与改造自身的过程里，逐渐形成了审美的能力。人的美感和艺术创作活动是人所具有的本质力量对象化的实践结果。艺术型社团给予社团成员思考自我、直面现实的平台，在创作艺术作品的过程中，审美能力和艺术精神得到了不断的丰富与发展。

人的审美能力、美感的认知和对客观事物的美的判断，都是在社会实践的过程中不断发展的，是对现实的积极观察与深入思考之后的反映。在这一过程中，人的综合素养与审美能力都得到了进一步的提升与完善。艺术型社团给予社团成员对美的探索的多种路径，在艺术创作的过程中，重新剖析个人生长环境、认知社会环境、挖掘人文历史，从而完善自我。

（四）动态管理服务：线上管理平台的开发

随着高校管理信息化、科学化和数据化日益显著，以社团为单位的学生团体已不拘囿于传统团队的管理模式，艺术类社团更以艺术化的思维，为社团组建与管理探索更多的途径。在社团宣传、活动监管、财务管理和信息处理中，大数据的处理模式通过 CI 设计与 UI 优化，已经介入组织框架与制度管理中。而依托于艺术设计学的知识储备与各学科展开互动，在公众平台、网络主页和软件平台等虚拟平台中，进行社团线上体验和操作，也成为社团发展的趋势之一。在"互联网+"等项目的催化下，以"互联网"思维介入社团管理渐成常态。

而传统社团模式中逐步形成的教师主导、互动教学，学科交叉、年级相错、以老带新等多种运行方式，也成为线上运行的主体模式，使环境、时间和效率都得到提升。

近年来，以复合型人才为主体的培养目标进一步优化了传统的教学思路和模

---

① 艺术学概论编写组.艺术学概论[M].北京：高等教育出版社，2019：22.

式，不同专业的互动与交流成为学科发展的新常态。艺术存在的意义逐渐得到了更加广泛的认同，它的审美认识功能、审美教育功能、审美娱乐功能和审美体验功能，在提升人的综合素养的过程中，也助益于不同专业和学科的探索和发展。社团成员在参与艺术类社团运行的过程中，不仅将新的研究视角、学术理念和管理模式带入社团中，使之进一步优化，而且也将融合不同学科背景和人生阅历的成果，影响每一位参与者。这种双向互动影响、共赢的运行模式逐渐在高校中形成良性的循环。

参考文献

[1]詹姆斯·C安德森.艺术的审美概念[M]//诺埃尔·卡罗尔.今日艺术理论.南京：南京大学出版社，2010：81.

[2]丁宁.绵延之维：走向艺术史哲学[M].北京：生活·读书·新知三联书店，1977：4.

[3]赵露，林茂，马涛.对当前高校学术型社团建设的思考：以四川大学为例[J].思想教育研究，2013（4）：97.

从 CC 课堂——创意化学趣味课程
项目看大学生创新创业

肖波

（化学学院）

摘　要： 近年来，"大众创业、万众创新"成为社会发展的需要。大学生是新时代的接班人，推动大学生创新创业能极大地促进我国社会和经济的发展，对我国创新创业工作起到极大的推动作用。高校中大学生自主创业的比例越来越高，他们具有较高的文化素质，富有激情，视野开阔，敢于突破思维定式。笔者结合自身指导学生自主创业的具体实践，对项目的定位、策划、融资等方面工作进行梳理，用实例验证大学生创业的可行性问题。

关键词： 创新创业；自主创业；可行性

2014 年 9 月，李克强总理在夏季达沃斯论坛上首次提出"大众创业、万众创新"（以下简称"双创"）的概念。2015 年 6 月，国务院下发《国务院关于大力推进大众创业万众创新若干政策措施的意见》，旨在以简政放权的改革为市场主体释放更大空间，在创造物质财富的过程中同时实现精神追求，激发民族的创业精神和创新基因。[①] 党的十八届五中全会将创新作为五大发展理念之首，把创新摆在国家发展全局的核心位置，不断推进理论创新、制度创新、科技创新、文化创新，让创新

---

① 国务院关于大力推进大众创业万众创新若干政策措施的意见 [J]. 中华人民共和国国务院公报，2015（18）：5–10.

贯穿党和国家的一切工作，让创新在全社会蔚然成风。[①②] 本文以 CC 课堂——创意化学趣味课程项目为样本，对项目的定位、策划、融资等方面工作进行了梳理总结，旨在为指导化学学科大学生创新创业提供参考。

一、项目简介

CC 课堂——创意化学趣味课程项目是由四川大学化学学院本科生团队自主设计构思的大学生创新创业项目，在实施之前，团队对其可行性进行了充分的调研和论证。

中国现行的中小学教育，其模式以理论知识单向输出的课堂讲授为主。由于不同学生的知识接受效率不一，对理论的认知方法和角度不一，纯粹依靠课堂讲授的教学方式很难兼顾和带动每一个学生的学习，并且这种方式还使得中小学课堂缺乏足够的互动性和供学生的主体性发挥的空间。

这一不足在中外中小学生想象力和好奇心的对比中表现得十分明显。教育进展国际评估组织 2009 年的调查显示，在 21 个被调查国家中，中国的中小学生中认为自己有好奇心和想象力的只占 4.7%，而希望培养想象力和创造力的只占 14.9%。这一数据虽存有争议，但的确能反映一定问题。就中美教育模式来说，美国教育历来以关注学生的独立性、独特性和创造力，重视孩子的自我主体意识和亲身参与经历见长；美国孩子从小的学习活动就以动手益智型为主，常被鼓励做义工、做自己设计的小发明或小作品，以此培养其动手能力和创造力。相较而言，中国的中小学教育在这些方面的确有所忽视。虽然不同国情、不同社会制度是各有与其内部需求相适应的教育模式的，生搬硬套美国培养孩子独立性、创造性和动手能力的方法也是行不通的，但动手能力培养的缺失确实是我国教育的一个痛点。

因此，为了弥补这一不足，CC 课堂——创意化学趣味课程项目团队颠覆传统课堂结构，设计出了针对中小学生的系统的趣味科普型化学实验课程。该项目寓教于乐，不仅通过微信公众号和小程序发布趣味化学实验教学短视频，还提供实验场地，使中小学生有机会走进实验室亲自操作，亲身体验，从而提高动手能力，培养创新思维。

该项目不会干扰现行中小学教育体制，而是能作为其有益补充，解决当前存在的教育痛点，即以新颖的体验式、在线式小课堂弥补中小学教师难以顾及的动手能力培养和课堂互动性的缺失。同时，该项目还从专业角度逐步加深中小学生对化学

---

① 关于全面推进大众创业、万众创新的意见 [J]. 四川劳动保障，2015（5）：34-36.

② 王克群，史书铄. 必须把创新摆在国家发展全局的核心位置——学习中共十八届五中全会精神 [J]. 理论建设，2015（06）：88-90，106.

学科的多元认识，为喜爱化学的学生提供学习和实践的平台，激发其学习兴趣和主动探索知识的热情，帮助其更深入地理解在传统课堂中学到的理论知识，促进传统教育教学质量的提高。

二、核心产品

该项目的主营产品是由团队自主设计的趣味科普型化学实验课程。其内容以有趣、易操作、安全性高的化学实验为主，以四川大学创意化学社成熟的例行实验活动为基础（如 DIY 口红、风暴瓶、香薰蜡烛、史莱姆的制作等），也包括化学常识、化学安全处理措施的普及。

上述课程又分为两种类型：第一种为线下实验课程，即在实验室中指导中小学生动手完成实验，又分为学校/兴趣班合作类课程、假期体验课程、夏（冬）令营三类；第二种为线上视频课程，包括可免费观看的趣味化学视频以及需要付费的初高中化学课程补充讲解视频。

三、市场分析

在宏观市场方面，由于"互联网＋教育"日益受到重视（2015 年 7 月国务院印发的《国务院关于积极推进"互联网＋"行动的指导意见》和《国家教育事业发展"十三五"规划》均提到"互联网＋教育"），网络教育相关法律法规逐步完善和生育政策的持续优化，该项目有良好的发展前景、制度保障和政策利好。自 2010 年始，全国人均教育文化娱乐支出保持年均 10% 左右的增速，全国对于教育文化类产品的消费需求总体保持旺盛，消费意愿持续高涨。

在技术方面，移动用户在线观看课程已十分方便；云服务、延时技术、大数据、移动计算等技术降低了互联网教育企业的开发和运维成本，保证了其服务质量。

在市场竞争方面，该项目相较于现有竞争者在价格、课程内容、专业化等方面都更有优势。潜在的竞争者若想进入该领域则将面临市场壁垒和资金壁垒，不易对该项目构成较大威胁。而相较于替代品（化学实验教材和老师），该项目产品与服务更生动、更有趣，受众群体将有较大倾向选择本产品。在议价威胁方面，由于是线上购买，消费者会自动减少讨价还价行为，其相对议价能力较弱；供应商方面，由于供应商数量众多，选择余地较大，供应商议价能力较低。

在目标客户群方面，该项目以 7~18 岁对实验感兴趣且勇于尝试的中小学生为主要目标群体，以对化学实验感兴趣或有意制作化学文创饰品作为礼品的社会各年龄层人士为另一目标群体。该项目依托四川大学创意化学社，产品与服务成熟，人力资源丰富，且得到四川大学化学学院的支持，在材料、场地等方面具有独特优势，并能与众多高校进行合作推广。

四、盈利模式与发展策略

该项目主要通过线下向广大中小学生提供进入实验室进行实际操作的体验性课程及承接中小学创意化学趣味课堂的开展和寒暑假期间夏令营冬令营的承办，以及外包实验室获得硬件盈利；通过为与化学实验相匹配的化学类型图书在本项目相关的网络平台进行广告宣传获得广告盈利；通过向出版社销售与化学书籍里的化学实验等内容相应的趣味化学实验视频获得盈利。

该项目营销计划分为三步：

第1—2年，在成都地区进行推广，与中小学校及出版社合作建立线下销售渠道；完成线上渠道（天猫专卖店、京东旗舰店、官网商城、微信店铺）的建设。

第3—5年，由成都推向整个四川，利用互联网以及线下方式进行广告宣传，并在四川范围内开展公益服务活动，建立品牌形象。

第6—10年，由四川推向全国，积极在全国范围内开展体验课堂、夏令营活动。

在产品推广上，采取产品差异化策略，即针对小学生和初中生分别提供以激发化学学习兴趣为主，讲解生动、清晰的简单试验，以及趣味性与知识性兼顾的进阶实验；通过广告、人员推销、特色活动（免费体验、公益活动以及一年一度的"CC夏令营、冬令营活动"等）、网络软文（微信或QQ软文、论坛发帖等）、节假日优惠活动等方式进行产品促销。

在产品定价上，将采取成本导向定价法和需求导向定价法，即结合技术成本、人力成本、信息收集成本、时间成本等成本因素定价，并根据市场的扩大和消费者的需求调整定价。

在营销渠道上，项目会同时打开线上渠道与线下渠道。线上渠道既包括团队自营微信公众号和小程序，也包括通过美团、大众点评、淘宝等购物软件进行体验性课程报名销售和视频课程销售。线下渠道是与各中小学、高校和化学协会、机构等建立长期合作。

项目计划初期融资额40万元，主要用于线上平台的开发与维护、前期的宣传与团队运营。后期五年内将扩大融资450万元，主要用于线下宣传和市场的扩大。根据预测，未来五年内主营业务收入由第一年120万元持续增长，且随着用户数量和市场规模的不断扩大，主营业务成本也将不断上升。但项目具有良好的发展前景与盈利能力，投资具有较短的回收期，且随着项目未来的发展，生产和运营将逐渐稳定，盈利能力将进入稳定增长期。

虽然本项目已经对项目实施做了较为完整的策划，但是在具体实施中还是遇到了重重困难。主要是因为高校中大学生自主创业的比例越来越高，这在一定程度上也意味着高等教育在培养创新性人才方面需要以新的培养模式和体系为学生提供支持；大学生在社会经验、投资环境方面存在薄弱点，更加需要政府、社会和学校给予必要的支持。同时，在大学生自主创业的过程中，如何选择企业的法律形式，则需要政策制定者在综合考虑的基础上，做出合理的制度安排，为大学生的自主创业行为提供扶持。高校也需要结合自身资源、专业情况，给出相应的指导。只有通过多方面的努力，才能降低风险、推动形成自主创业的良好局面。[①②]

五、总结与思考

CC 课堂——创意化学趣味课程项目，是本科生团队以四川大学创意化学社成熟的例行实验活动为基础构思而成。作为指导教师，在创业项目构思上，鼓励学生团队以"万物皆可创"为理念，敢想敢做、发散思维。与此同时，充分利用四川大学双创示范基地等平台，积极开展双创活动；指导学生参加"挑战杯"和"互联网+"等重要双创赛事，不断优化创业项目；充分利用四川大学创业基金、四川大学双创示范基地、成都市高新区孵化园等校园和社会的支持，鼓励双创实践，在努力营造"大众创业、万众创新"校园氛围的同时，为学生的创业项目保驾护航。

①　杨裴羿. 四川省大学生创新创业教育的思考与建议 [J]. 现代职业教育，2018（22）：142-143.

②　张佳铮. 国家重点产业政策对大学生创新创业的影响分析 [J]. 海峡科技与产业，2022，35（10）：66-68.

学术型社团促进大学生创新创业能力培养，助力"双一流"建设
——以四川大学为例 [①]

姜利寒

（化学工程学院）

摘　要：我国高校的创新创业教育尚处于起步阶段，其系统性、科学性和可操作性还不够完善。在这种情况下，以我国"双一流"A类高校四川大学为例，探讨学术型社团在国际视野下对大学生创新创业能力培养和"双一流"建设的促进作用。

关键词：学术型社团；大学生创新创业；"双一流"建设

一、大学生创新创业现状

我国的大学生创新创业教育起步较晚。1998 年清华大学举办的"创业计划大赛"是我国大学生创业教育的开端。有关调查显示，在我国的创业者群体中，"具有大学学历的创业者在全部创业群体中仅占 3.7%"，而在发达国家这一数据一般为 20%~30%。这说明我国高校的创新创业教育尚处于起步阶段，其系统性、科学性和可操作性还不够完善。《教育部关于做好 2022 届全国普通高校毕业生就业创业工作的通知》中明确指出：各地各高校要加大国家创新创业政策落实力度，加强创新创业服务平台建设，建立完善大学生创新创业信息服务平台，提供创新创业相关政策发布、解读、项目对接等服务。

大学生创业具有多方面的优势：①大学生往往对未来充满希望，充满激情；

---

①　本研究获得教育部 2021 年供需对接就业育人项目资助。

②大学生有较大的知识技术优势；③大学生具备一定的创新精神，有挑战传统观念和传统行业的信心和欲望；④大学生可以通过创业提升自我能力和实现自身价值。

同时，我们也要深刻认识到大学生创业存在着诸多弊端：①不少大学生缺乏国际视野；②大学生社会经验不足，对创业容易盲目乐观，没有充足的心理准备；③大学生对创业的理解更多地停留在想法和概念层面；④大学生创业易急于求成，缺乏市场意识及商业管理经验；⑤大学生市场观念淡薄，缺乏目标市场定位和营销手段组合等概念。

因此，在大学生创业过程中，亟待高校发挥积极的创业指导服务作用。然而当前部分高校在创业教育及服务中也存在以下问题：①高校对创业教育重视程度不足；②高校对学生开展创业的准备不充分；③师资配备和相关经费投入不足；④校内创业实践活动较少；⑤创业环境需要优化；⑥部分高校缺乏培养学生国际视野的理念。

结合国内外经济发展形势，针对当前高校开展创业教育的突出问题，我们要对国际视野下大学生创业能力培养的实践路径进行探究，从而实施系统化的创业教育，构建和谐的校园创业教育环境，培养大学生的创业意识和创业精神，提升大学生创业的综合素质。要通过构建多方位的创业教育服务平台，加强师资队伍建设，提供政策咨询和创业指导，发布创业项目，建立社团创业基地，实施创业助力计划。大学生创业指导服务体系应涵盖教育培训体系、政策法规指导体系、创业实践体系、创业保障体系和创业评价体系等组成部分。

二、大学生社团发展情况

我国建立现代意义上的大学还只有一百余年时间，相应地，大学生社团的发展历史也比较短暂。除了在五四运动前后、抗日战争和解放战争期间一度繁荣外，大学生社团真正走向大众化的发展阶段还是 20 世纪 90 年代以来的事情。随着国家对高等教育的重视和学校学术氛围的活跃，高校学术型学生社团如雨后春笋般成立发展，不少教育学者开始重视研究学术型学生社团的发展问题，社团也在发展中不断完善。

国外有关大学生社团的研究成果较丰富，对于大学生社团在思想观念上予以重视，认为大学生社团不仅仅是课堂教学的补充和点缀。以美国高校为例，美国各学校注重学生与社会的联系，学校也成立学生自治会以管理学生社团，其中就有专业性学术社团，社团管理形成体系。关于社团的成立有严格的规章制度，如每一个社团在成立时必须有负责人并聘请一名专业老师作为指导顾问等。在制度化和规范化下也有灵活性与自主性，不但提高了学生的参与度，也通过开拓经费来源渠道加大经费支持力度，并为学生提供参与社会、体验社会的途径。

我国高校学术型社团是某一学科的学生在专业老师的指导下，以学术研讨、课题研究、教学实践为活动形式的群众性自治组织。社团发展益处深远，在各高校的学术建设道路上也是不可或缺的部分。但目前的高校学术型社团建设仍普遍存在许多问题，例如：①缺乏规范的管理制度，社团的可持续发展受约束；②缺乏软性条件支持，指导教师和学生的积极性不高；③硬性条件受经费、学科实力限制较大；④与社会实际联系较少，很难发挥更大的优势。

在未来，学术型社团应该成为将传统课堂与现代科技结合，在健全的管理制度和坚实的硬件基础支持下的独立教学平台。在提高学生科研能力的同时，社团活动也会获得更多软件条件支持，使学术型社团不只是学生的兴趣、传统课堂的点缀，而变成一个联系学术知识在各方面实践的综合平台。

三、以学术型社团发展促进"双一流"建设

党的十九大报告中明确提出了新时代建设"双一流"高校的任务，即加快一流大学和一流学科建设，创办世界一流大学。2017年9月，教育部等三部委正式公布双一流建设高校及建设学科名单。四川大学入选世界一流大学建设高校A类名单，部分学科入选双一流建设学科名单。作为首批入选高校之一，四川大学坚持以习近平新时代中国特色社会主义思想为指引，以一流人才培养为核心、一流学科体系建设为基础、一流师资队伍建设为支撑、一流社会服务为责任。建设一流大学、一流学科，需要有一流的教师、一流的学生、一流的教育。

建设世界一流大学和一流学科，关键在于认真抓好内涵建设和综合改革，在办学理念和治理能力、人才培养和学科建设、队伍建设和文化建设等方面有所突破，而重要基础则是本科教育质量和水平。本科教育质量和水平的提升仅依靠课堂教育是远远不够的，还需要不断地创新第二课堂教育。

四川大学目前已有700多个学术型学生社团，它们作为学生第二课堂的重要组成部分，具有学术性、多样性等特点，在营造学生课外学习氛围、加大师生交流力度、提升科研创新水平等方面具有诸多优势，在助力四川大学"双一流"建设方面具有重要作用。

"双一流"建设的政策方针可有效改善高校发展状况。就高校学术型社团而言，随着资金和师资更加丰富、学科建设与管理体系更加完善，学术型社团将成为改进和加强大学生思想政治教育的新途径、加强优良学风建设的新载体、发展大学生创新能力的新平台。同时，大学生也将在社团活动中更有效地实践课本知识，参与更多的实验、竞赛，更全面地提升自身素质，加强与学校、社会乃至世界的联系，成为新时代需要的综合型人才。

高校学术型社团的发展与学校"双一流"建设的管理、教学、科研工作息息相关。

管理方面，学术型社团的制度需要不断完善，应明确社团隶属、资金来源、指导老师构成等。教学方面，学术型社团以专业领域研究为基础，对学生综合能力、专业实践能力的培养起到重要作用。科研方面，学术型社团立足于实验室、第二课堂，学生将在其活动中碰撞出思想的火花，在学术性竞赛中萌发出研究的新芽，因此学术型社团是学校科研发展的潜在力量。

四、学术型社团助力大学生创新创业能力培养

学术型社团为大学生创新能力的发展及学术经验的积累提供了可靠依托。作为载体，学术型社团有助于高校发展完善的学术性平台和高等教育，对大学生的未来发展有指导性意义。这将为广大学子提供一个更好的学术实践平台，一个制度规范、资源丰富、培养能力充足的研究园地。学生在其中会提升综合能力，实践创新想法，从而在未来发展中更具实力。

从更好的本科生教育入手，学术型社团可针对不同年级学生的不同需求，设置多种多样的课外活动，以达到个性化教育和综合教育的协同发展，激起同学的科研兴趣，引导更多的同学进入课题组、实验室，进行更高层次的科研思维和科研能力的训练。针对希望进入职场的同学，可利用学术型社团培养其职场思维，为他们提供职场教育、实习机会和面试技巧。例如，针对大一新生，应帮助其深入了解专业和搭建良好师生沟通渠道。学术型社团对大学生深入了解专业具有积极的推动作用，而对专业的清晰认识是继续深造的重要前提。学术型社团可通过开展新生研讨课、名师茶座、导生经验分享等活动丰富新生专业认知，同时可以让新生与高年级学长和老师进行良好的沟通。针对大二学生，应促进优良学风的养成。科研创新、学科竞赛等活动需要学生具有一定的背景知识，所以学术型社团的活动开展有助于加强学科交叉融合，促进优良学风校风的形成。通过开展"进实验室、进课题组、进创新团队"的三进活动，有利于形成贯穿本硕的学术交流混搭体系，培养学生对学习、科研等方面的强烈兴趣和较强的求知、探索精神。针对大三学生，应着重培养其学科竞赛能力，鼓励其在实验室继续探索。学术型社团对培养大学生参与学科竞赛及科研的能力有着积极的促进作用，是创新创业能力培养的重要保障。在学科竞赛上，应形成一套完整的竞赛体系，全程参与，鼓励老生带新生。针对大四学生，应鼓励其积极进行创新成果转化。学术型社团以其形式多样性、普及性和创造性等优势，能够吸引大学生就所关心的学科前沿、学术热点难点问题展开深入探究，对鼓励学生创新创业发挥着重要作用。

我国正处在全面建设社会主义现代化国家的关键时期，需要持续深化改革开放，加快转变经济发展方式。我国要成为人力资源强国、科技大国，需要一大批创新创业型人才。从这个意义上说，开展大学生创新创业教育和大学生自主创业工作

不仅是深化高等教育改革、提升高等教育服务社会能力的教育问题，也是转变经济生产方式、促进产业结构升级和科技成果转化的经济问题，更是保障和改善民生、发挥以创业带动就业倍增效应和建设创新型国家、提升民族创新力的战略问题。科学推进、加快实施《教育部关于大力推进高等学校创新创业教育和大学生自主创业工作的意见》，进一步研究探索有中国特色的大学生创业指导服务体系，对于全社会创业环境的形成、大学创新创业人才培养、建设创新型国家均具有十分重要的现实意义。

建设世界一流大学和一流学科，是党中央、国务院做出的重大战略决策，有利于提升中国高等教育综合实力和国际竞争力。学术型社团是使学生的理论知识与实践能力相结合的重要途径，能有效地引导学生掌握科研的基本方法，形成发现问题、分析问题和解决问题的综合能力，促进科研创新能力的提高。高校学术型学生社团作为大学生自我完善、自我发展的重要阵地和平台，作为第一课堂的重要补充，在国际视野下，可以有力地促进大学生创新创业能力培养，从而助力"双一流"建设。

参考文献

[1] 重庆大学广大研究生师生热切关注十八届五中全会创新创业热点话题 [EB/OL].（2015-10-29）[2022-9-15].http://ygb.cqu.edu.cn/info/1163/1065.htm.

[2] 教育部关于做好 2022 届全国普通高校毕业生就业创业工作的通知 [EB/OL].（2021-11-19）[2022-9-15].http://www.moe.gov.cn/srcsite/A15/s3265/202111/t20211119_581056.html.

[3] 彼得·德鲁克. 管理：使命、责任、实务 [M]. 北京：机械工业出版社，2007.

[4] 杨继瑞. 大学创业教育的国际借鉴 [N]. 光明日报，2011-2-23（16）.

[5] 于占水，李莲英. 对我国高校大学生创业教育的思考 [J]. 高教研究与实践，2011（1）：3.

[6] 孙继伟，窦鹃鹃. 大学生创业服务体系调查报告 [J]. 中国大学生就业，2007（14）：2.

[7] 刘巧芝. 浅谈大学生的创业实践教学 [J]. 教育探索，2012（4）：2.

综合性大学学生艺术团队
建设与管理的创新保障

杨晓琳

（党委学生工作部）

摘　要：随着素质教育改革的深入和现代社会对人才的要求升级，综合性大学学生艺术团凭借其在培养复合型人才方面的绝对优势，在各大综合性大学得到了蓬勃的发展。作为和谐校园的建设者之一，学生艺术团以其高雅的艺术魅力成为校园中一道亮丽的风景，吸引着广大师生的参与，营造出综合性大学特有的人文精神和大家气质，并在各种展演、比赛中将其传递到社会不同层面。基于综合性大学自身的特点，其学生艺术团在建设及发展中有其独特的管理机制和运行方式。本文从当前综合性大学学生艺术团的普遍特色和面临的难点出发，结合我校的实际情况，探析了我校学生艺术团的管理机制和运行方式，在制度创新与创新人才培养方面的经验和做法，以期对其他综合性大学的学生艺术团建设起到一些参考作用。

关键词：高校；艺术团；团队管理

一、综合性大学学生艺术团的普遍特色和面临的难点

（一）普遍特色

不同于专业艺术院校和师范类院校学科相对单一、专业相对细分等特点，综合性大学学生艺术团有其自身特色。首先，团员的文化背景和年龄不同。由于综合性大学开设有上百种专业，招收来自全国乃至全球各地的本科生、研究生乃至博士生，

其团员往往来自文、史、哲、理、工、医等各个专业，且年龄跨度较大。其次，团员的艺术水平参差不齐。加入综合性大学学生艺术团的学生大多都是兴趣使然，他们中有的接受过持续且专业的培训，有的从头到尾都是自己在摸索，有的则已经将自己的专长搁置很长时间，造成团员间艺术水平差异较大。最后，团员对艺术的热爱程度不同。综合性大学学生艺术团中，团员对艺术的热爱程度因人而异，加入艺术团的出发点也各不相同，有的出于对学生艺术团的好奇，有的出于对艺术真正的热爱，有的出于广交朋友的考虑。此外，不同于专业艺术类院校，综合性大学不仅对生源在艺术特长上有较高要求，而且对生源在文化课上的要求也颇高。

（二）面临的难点

综合性大学学生艺术团面临的难点很大一部分源于它的特色。首先，文化背景和年龄的不同造成了团员间思维方式和认知能力的大不相同，进而造成对团队的管理理念和方式的领悟与接受程度也不相同，加大了管理的复杂性。其次，艺术水平的参差不齐表明团员具有不同的艺术素养和艺术能力，造成了团员在艺术专业培养上的步调不一，影响了整个团队共同进步的步调。最后，对艺术的热爱程度的不同，容易造成很大的人员流动性，给艺术团的持续稳定发展带来很大的隐患。

二、针对综合性大学学生艺术团特色和难点的管理运行方式

（一）争取学校的大力支持

学校政策的有力保障和学校领导的大力支持对一个在非艺术专业学校内的艺术团体而言意义是非常重大的。我校学生艺术团的发展和学校对其的重视程度以及支持程度是密切相关的。在硬件上，学校为学生艺术团提供了器乐排练室、舞蹈室、表演厅等专业的艺术场地以及乐器、音响、话筒、灯光等各种艺术设施。在软件上，学校尤其重视师资配备，外聘了高水平的艺术专业老师担任艺术团的指导教师，聘请了专业指挥担任艺术团乐团的指挥，在一定程度上对艺术团的发展提供了质量上的保障。在制度上，学校积极鼓励学生艺术团参与各种展演和竞赛，并对表现优异和取得成绩的老师和队员给予相应的表彰。同时，将学生艺术团所获表彰纳入学校奖学金评比和推免考评，这既是对每一个团员的激励，也表达了学校对于艺术发展的认可态度。如学校每年举行的学生艺术团优秀干部和团员表彰大会，对于每一个团员而言，是对其过往付出的肯定，更是对其继续坚持艺术道路的肯定。

（二）完善管理制度

为提高管理效能，我校学生艺术团建立了规范的指导老师—团长—声部长管理制度。任何制度的良好运行都离不开畅通的信息沟通渠道，故在实践中，我校学生

艺术团针对团员分散的特点，建立了一条完善的沟通渠道：在每一名团员入团之初就为其建立完善的档案，统一存入艺术团的数据库，并对数据库进行实时更新；充分利用现代信息技术，建立了包括 QQ 群、微信群等在内的联系机制，既保证了信息能在第一时间上传下达，也为团员提供了交流沟通的平台。畅通的信息沟通渠道，也使指导老师、团长、声部长能对团员学习和训练所涉及的各方面工作进行逐级管理，形成明确的管理制度。[①]

（三）层次化培训提升

层次化是按程度、水平、能力等划分不同等级，以便分层指导。考虑到团员的个体差异和艺术本身的多样性，我校学生艺术团对团员实施了层次化培训提升方案，以梯队建设的形式，让团员在自身水平上尽量提高；对每一个梯队给予同等关注与重视，为每一个梯队确定不同的要求和标准，并及时对其能力与水平予以肯定。以我校的民乐团为例，二胡声部的人数较多，水平也大相径庭。因此，将二胡声部分为多个梯队，每个梯队分开训练，并在乐曲中担任不同声部。此外，我校学生艺术团还以艺术类型划分小组，分组排练，让同类艺术专业团员共同培训，相互督导，建立良好默契，以便共同进步。

（四）结合团队特点采用灵活的工作模式

不同于专业艺术团队，综合性大学学生艺术团在各个专业上的人数、水平等方面大都是不完善或者不协调的。针对这些特点，我校学生艺术团结合自身特点，灵活操作，以适应团队需要。如我校学生艺术团民乐团，根据团队的需要，让超员声部的团员进行跨相近艺术专业的培训，如古筝声部转为中阮声部，扬琴声部转为打击乐声部等；同时结合大学生中热爱吉他、小提琴的人较多的特点，努力引导，让其转为中阮、大阮声部和大提琴、倍大提琴声部等。基于团员本身的音乐素养和两个艺术专业的相似度，经过一到两年的专项培训，绝大多数团员也能在第二艺术专业中独当一面。由于不同团队有自己的实际情况，因此在培训的要求、选材上也颇讲究技巧。同样以民乐团为例，结合自身声部状况，量力而行，选取适应的曲目，做到扬长避短。在必要的时候，不必过于拘泥于传统，适当修改曲目细节，让每一个声部都能更好地适应及发挥，最终形成自己的特色团队和特色作品。

（五）加强团队凝聚力建设

对于团员多样性十分显著的综合性大学学生艺术团而言，团队的凝聚力尤为重要。为此，我校学生艺术团做出了很多尝试与努力：在文化课上，为多种学科的融

---

① 顾旻.大学生艺术团的管理与发展前景 [J].湘潮，2009（1）：78–79.

合提供平台，让团员在艺术培训之外的本专业学习上形成合作团队，既加强了团员之间的合作，又让艺术更便捷地与科技、人文等学科结合起来；在艺术专业上，开展各种展演、竞赛活动，让团员在艺术活动中提高自身艺术素质修养，同时通过默契的配合建立牢固的团队精神；在生活中，通过 QQ 群、微信群等交流平台，促进团员之间、团员与老师之间的交流，组织团队活动，发展兴趣小组，让大家在日常接触中增进感情和友谊。

三、取得的成果

（一）学校层面的成果

我校学生艺术团的一系列活动为大学生艺术素质教育提供了良好的支撑。一方面，通过艺术教育，大大提升了我校学生的艺术素养，使学生对艺术的欣赏从"看热闹"逐步走向"看门道"，有效地提升了学生的综合素质[①]；另一方面，各种艺术展演、竞赛，既活跃了校园氛围，又丰富了学生汲取艺术知识和人生经验的渠道。同时，通过不同层面的活动与宣传，也强化了学校的良好形象和艺术气质。

（二）团队层面的成果

我校学生艺术团目前已是我国西南地区的佼佼者，曾多次获得国家级及省级奖项。该团队积极响应教育部的号召，对周边院校起到引领的作用，同时在对外交流中也给外国团队留下了深刻的印象。

（三）团员层面的成果

在长期的艺术熏陶和艺术与学科相结合的趋势下，我校学生艺术团团员不仅在艺术专业上有所提高，而且其文化课也取得令人欣慰的成绩，其中不乏本专业成绩名列前茅者、各种奖学金获得者，不少学生获得推免资格或出国深造。在团队的活动中，他们也获得了良好的协作能力、交流能力和团队精神。

四、总结

大学生艺术团是校园文化建设的主力军，是高校校园文化的重要载体，对提升校园文化层次、营造健康向上的校园文化氛围、弘扬主旋律都具有极其重要的作用。重视加强综合性大学学生艺术团的建设与管理是一所综合性大学的智慧体现。艺术团队发展了，它的作用就不会局限于一个团队本身，而会向全校各个专业辐射，向

---

① 王廷信 . 我国综合性大学艺术教育的现状和发展趋势 [J]. 艺术教育，2009（10）：6–7.

所有的学生辐射。这关系到学生个体的全面发展，关系到学生感性能力的培养，关系到其鉴赏力和创造力的提升，意义非比寻常。

在新的历史时期，教育工作者应以新的思维模式探索大学生艺术团的发展问题。只有牢牢把握主旋律，加强制度建设和规范化建设，才能使大学生艺术团成为广大青年学生展现自我、塑造健康的人生观、培育创新思维的重要舞台。